A MODERNIDADE EM UM JULGAMENTO SEM FIM

A MODERNIDADE EM UM JULGAMENTO SEM FIM
LESZEK KOŁAKOWSKI

1ª edição

CIVILIZAÇÃO BRASILEIRA

Rio de Janeiro
2021

© 1990 by Leszek Kołakowski

Título original: *Modernity on Endless Trial*

CIP-BRASIL. CATALOGAÇÃO NA PUBLICAÇÃO
SINDICATO NACIONAL DOS EDITORES DE LIVROS, RJ

K85m

Kołakowski, Leszek, 1927-2009
A modernidade em um julgamento sem fim / Leszek Kołakowski ; tradução Renato Rezende ; revisão técnica de Larissa Drigo Agostinho. – 1. ed. – Rio de Janeiro : Civilização Brasileira, 2021.
322 p. ; 23 cm.

Tradução de: Modernity on endless trial

ISBN 9788520011607

1. Civilização moderna – Séc. XX. 2. Civilização – Filosofia. 3. Ensaios poloneses. I. Rezende, Renato. II. Agostinho, Larissa Drigo. III. Título.

21-69917

CDD: 891.854
CDU: 82-4(438)

Camila Donis Hartmann – Bibliotecária – CRB-7/6472

Todos os direitos reservados. Proibida a reprodução, o armazenamento ou a transmissão de partes deste livro, através de quaisquer meios, sem prévia autorização por escrito.

Texto revisado segundo o novo Acordo Ortográfico da Língua Portuguesa.

Direitos desta tradução adquiridos pela
EDITORA CIVILIZAÇÃO BRASILEIRA
Um selo da
EDITORA JOSÉ OLYMPIO LTDA.
Rua Argentina, 171 – 3º andar – São Cristóvão
20921-380 – Rio de Janeiro, RJ
Tel.: (21) 2585-2000.

Seja um leitor preferencial Record.
Cadastre-se no site www.record.com.br e receba informações sobre nossos lançamentos e promoções.

Atendimento e venda direta ao leitor:
sac@record.com.br

Impresso no Brasil
2021

SUMÁRIO

Prefácio   7

PARTE I
SOBRE MODERNIDADE, BARBÁRIE E INTELECTUAIS

1. A modernidade em um julgamento sem fim   11
2. Procurando os bárbaros: As ilusões do universalismo cultural   25
3. Os intelectuais   45
4. Por que precisamos de Kant?   59
5. Exaltação ao exílio   71

PARTE II
SOBRE OS DILEMAS DA HERANÇA CRISTÃ

6. A vingança do sagrado na cultura secular   79
7. Pode o diabo ser salvo?   93
8. Sobre a chamada crise do cristianismo   107
9. A ilusão da demitologização   117
10. A fé filosófica em face da revelação   133
11. De verdade em verdade   149

PARTE III
SOBRE LIBERAIS, REVOLUCIONÁRIOS E UTÓPICOS

12. A morte da utopia reconsiderada   161
13. A idolatria da política   179
14. O autoenvenenamento da sociedade aberta   199
15. A política e o diabo   215

16. A irracionalidade na política   235
17. Marxismo e direitos humanos   249
18. Revolução – uma bela doença   263
19. Como ser um "socialista-liberal-conservador": *Um credo*   275

PARTE IV
SOBRE TEORIAS CIENTÍFICAS

20. Por que uma ideologia está sempre certa   281
21. A teoria geral da não jardinagem   293
22. *Fabula mundi* e o nariz de Cleópatra   297
23. A lenda do imperador Kennedy: Um novo debate antropológico   305

Epílogo: Educação para o ódio, educação para a dignidade   313

Prefácio

Os trabalhos selecionados para este livro foram escritos em várias ocasiões e em vários idiomas, entre 1973 e 1986. Eles não pretendem oferecer nenhuma "filosofia". Na verdade, essas são prédicas semifilosóficas nas quais tentei abordar uma série de dilemas desagradáveis e insolúveis que surgem a cada vez que tentamos ser perfeitamente coerentes quando pensamos sobre nossa cultura, nossa política e nossa vida religiosa. Frequentemente queremos ter o melhor de dois mundos incompatíveis e, como resultado, não conseguimos nada; quando, em vez disso, empenhamos nossos recursos mentais em um lado, não podemos reclamá-los de volta, ficando presos em uma espécie de imobilidade dogmática. Nós podemos nos imaginar como caçadores de tesouros em uma floresta, mas colocamos nosso esforço em fugir de emboscadas e, se conseguimos, o nosso sucesso é precisamente este: fugir de emboscadas. Esse é um ganho líquido, é claro, mas não é o que pretendíamos.

Portanto, estes ensaios não são edificantes. Eles são, na verdade, apelos por moderação quanto à coerência – um tópico que eu tenho tentado olhar por diversos ângulos, durante muitos anos.

Uma vez que estes textos foram escritos separadamente e não havia nenhuma ideia de eles aparecerem juntos em um só volume, algumas observações podem se repetir aqui e ali. Isso não me preocupa muito, pois quem – além de mim, sob coação – seria persistente o suficiente para examinar todo o material, afinal?

Leszek Kołakowski, 3 de março de 1990

PARTE I

SOBRE MODERNIDADE, BARBÁRIE E INTELECTUAIS

1.
A modernidade em um julgamento sem fim[*]

Se formos acreditar em Hegel – ou em Collingwood –, nenhuma época, nenhuma civilização, é capaz de ser identificada conceitualmente. Isso só pode ser feito após sua morte, e, mesmo assim, como sabemos muito bem, tal identificação nunca é certa ou universalmente aceita. Tanto a morfologia geral das civilizações quanto as descrições de suas características constitutivas são notoriamente polêmicas e carregadas de preconceitos ideológicos, quer elas expressem uma necessidade de autoafirmação em comparação ao passado, quer um mal-estar do sujeito em seu próprio ambiente cultural e a consequente nostalgia dos bons tempos de antigamente. Collingwood sugere que cada período histórico tem alguns pressupostos básicos ("absolutos"), que é incapaz de articular claramente, os quais proporcionam uma inspiração latente a seus valores e crenças explícitos, assim como a suas reações e aspirações típicas. Se assim for, podemos tentar descobrir os pressupostos da vida de nossos ancestrais antigos ou medievais e talvez construir sobre essa base uma "história das mentalidades" (em oposição à "história das ideias"); mas estamos, em princípio, impedidos de revelá-los em própria época, a menos, é claro, que a coruja de Minerva já tenha alçado voo e nós estejamos vivendo no crepúsculo, no fim de uma época.

Então, aceitemos a ignorância incurável de nossa base espiritual e fiquemos satisfeitos com a pesquisa da superfície de nossa "modernidade", o que quer que essa palavra signifique. Seja qual for seu significado, é certo que a modernidade é tão pouco moderna quanto os ataques a ela. Os melancólicos "Ah, hoje em dia...", "Já não há mais...", "Antigamente...", e expressões simi-

---
[*] Revisado e reimpresso com permissão do editor de *Encounter* (março de 1986). Copyright © 1986 por Encounter, Ltd.

lares que contrastam o presente corrompido com o esplendor do passado, são provavelmente tão antigos quanto a raça humana; nós os encontramos na Bíblia e na *Odisseia*. Eu posso muito bem imaginar nômades paleolíticos raivosamente resistindo à ideia tola de que seria melhor para as pessoas terem moradas permanentes, ou prevendo a iminente degeneração da humanidade como resultado da nefasta invenção da roda. A história da humanidade concebida como uma degradação pertence, como sabemos, aos mais persistentes tópicos mitológicos em várias partes do mundo, incluindo o símbolo do exílio e a descrição de Hesíodo das cinco eras. A frequência de tais mitos sugere que, além de outras possíveis funções sociais e cognitivas, eles expressam uma desconfiança universalmente humana e conservadora a respeito das mudanças, uma suspeita de que o "progresso", quando pensado bem, não é progresso algum, uma relutância em assimilar as transformações da ordem estabelecida das coisas, por mais benéficas que possam parecer.

As mudanças acontecem, no entanto, e costumam encontrar um número suficiente de defensores entusiasmados. O confronto entre o antigo e o moderno é provavelmente eterno e nunca nos livraremos dele, uma vez que expressa a tensão natural entre a estrutura e a evolução, e essa tensão parece ser biologicamente enraizada; é, ou assim acreditamos, uma característica essencial da vida. É obviamente necessário que uma sociedade experimente tanto as forças da conservação quanto as da mudança, e é duvidoso que uma teoria jamais forneça ferramentas confiáveis para medir a força relativa dessas energias opostas em qualquer sociedade, de modo que pudéssemos acrescentá-las ou subtraí-las de qualquer outro vetor quantificável semelhante e construir sobre essa base um esquema geral de desenvolvimento, imbuído de poder de previsão. Podemos apenas imaginar o que dá a determinadas sociedades a capacidade de assimilar mudanças rápidas sem desmoronar e o que torna outras satisfeitas com um ritmo muito lento de desenvolvimento, assim como quais condições de desenvolvimento ou de estagnação, precisamente, levam a crises violentas ou à autodestruição.

A curiosidade, ou seja, o impulso independente de explorar o mundo desinteressadamente, sem ser estimulado pelo perigo ou pela insatisfação fisiológica, está, de acordo com os estudiosos da evolução, enraizada em determinadas características morfológicas da nossa espécie e, portanto, não pode ser erradicada de nossa mente enquanto a espécie mantiver a sua identidade. Como testemunham o acidente de Pandora e as aventuras de nossos progenitores no Paraíso, o pecado da curiosidade tem sido a causa principal de todas as calamidades e desgraças que se abateram sobre a humanidade, e essa tem sido indiscutivelmente a fonte de todas as suas realizações.

O impulso de explorar nunca foi distribuído de forma igual entre as civilizações do mundo. Gerações de estudiosos têm perguntado por que as civilizações que surgiram a partir de fontes comuns gregas, latinas, judaicas e cristãs foram tão excepcionalmente bem-sucedidas em promover e difundir mudanças rápidas e aceleradas em ciência, tecnologia, arte e na ordem social, ao passo que muitas culturas sobreviveram por séculos em condições quase estagnadas, afetadas apenas por mudanças quase imperceptíveis ou mergulhadas em torpor após breves erupções de criatividade.

Não há uma resposta boa para isso. Cada civilização é uma aglutinação de vários contingentes sociais, demográficos, climáticos e de circunstâncias linguísticas e psicológicas, e qualquer pesquisa por uma causa definitiva para sua emergência ou declínio não parece muito promissora. Quando lemos os estudos que se propõem a mostrar, por exemplo, que o Império Romano caiu por causa do uso generalizado de panelas de chumbo, que envenenaram e danificaram os cérebros das classes mais altas, ou que a Reforma pode ser explicada pela disseminação da sífilis na Europa, não podemos deixar de duvidar fortemente de sua validade. Por outro lado, a tentação de procurar "causas" é difícil de resistir, mesmo se supusermos que civilizações surgem e se desintegram sob o impacto de fatores incontáveis, independentes uns dos outros, e que o mesmo pode ser dito sobre a emergência de uma nova espécie de animal ou planta, sobre a localização histórica de cidades, a distribuição de montanhas na superfície da Terra ou a formação de línguas étnicas específicas. Ao tentar identificar nossa civilização, nós tentamos nos identificar, apreender o ego único, coletivo, que sentimos ser necessário e cuja inexistência seria tão inconcebível quanto minha própria inexistência o é para mim. E, assim, mesmo que não exista resposta à questão "Por que a nossa cultura é o que é?", é improvável que possamos excluí-la de nossas mentes.

A modernidade em si não é moderna, mas claramente os confrontos com relação à modernidade são mais proeminentes em algumas civilizações do que em outras, e esses nunca foram tão agudos quanto o são em nossa época.

A MODERNIDADE EM UM JULGAMENTO SEM FIM

No início do século IV, Jâmblico[1] afirmou que os gregos são por natureza amantes da novidade (φύσει γάί"Ελληνές εἰσί νεωτεροποιοί) e desconsideram a tradição, em contraste com os bárbaros, ainda que ele não elogie os gregos por essa razão, muito pelo contrário. Será que ainda somos herdeiros do espírito grego nesse sentido? Será que nossa civilização é baseada na crença (nunca colocada dessa forma, certamente) de que o que é *novo* é bom por definição? Será que esse é um dos nossos "pressupostos absolutos?" Isso pode ser sugerido pelo julgamento de valor geralmente associado ao adjetivo *reacionário*. A palavra é claramente pejorativa, e dificilmente encontramos pessoas dispostas a usá-la em uma descrição de si mesmas. E, ainda assim, ser "reacionário" não significa nada além do que acreditar que, em alguns aspectos, por mais secundários que sejam, o passado foi melhor do que o presente. Se ser reacionário automaticamente significa estar errado – e o adjetivo é quase que invariavelmente empregado com esse pressuposto –, parece que se está sempre errado em acreditar que o passado pode ter sido melhor em qualquer aspecto, o que significa dizer que tudo aquilo que é novo é melhor. No entanto, nós dificilmente afirmamos nosso "progressismo" de forma tão categórica. A mesma ambiguidade assombra a própria palavra *moderno*. Em alemão a palavra significa tanto "moderno" quanto "na moda", enquanto o inglês e outras línguas europeias distinguem os dois significados. Mesmo assim, os alemães podem estar certos – não é claro como essa distinção deveria ser definida, pelo menos em contextos em que ambos os adjetivos são utilizáveis. Com certeza, em alguns casos, essas palavras não são intercambiáveis; em expressões como *tecnologia moderna*, *ciência moderna* e *gerenciamento industrial moderno*, a expressão *na moda* não poderia ser utilizada, mas é difícil explicar a diferença entre *ideias modernas* e *ideias na moda*, *pintura moderna* e *pintura na moda* ou *roupas modernas* e *roupas da moda*.

Em muitos casos, o termo *moderno* parece desprovido de valor e neutro, não muito diferente de *na moda*: moderno é o que está prevalecendo em nossa época e, na verdade, a palavra é usada frequentemente de forma sarcástica (como em *Tempos modernos*, de Chaplin). Por outro lado, as expressões *ciência moderna* e *tecnologia moderna* sugerem fortemente, pelo menos no uso comum, que o que é moderno é, portanto, melhor. A ambiguidade de

---

[1] Jâmblico, *Mistérios egípcios* 7.5.

significado reflete talvez a ambiguidade que acabamos de mencionar e que assombra nossa atitude em relação a mudanças: estas são ao mesmo tempo bem-vindas e temidas, desejáveis e amaldiçoadas. Muitas companhias anunciam seus produtos com frases que abordam ambas as atitudes: "mobília boa como dos velhos tempos" ou "sopa como a vovó costumava fazer"; assim como "um sabão inteiramente novo" ou "uma empolgante novidade na indústria do sabão de lavar roupas". Ambos os truques parecem funcionar; talvez a sociologia da publicidade tenha produzido uma análise de como, onde e por que esses *slogans* aparentemente contraditórios mostram-se bem-sucedidos.

Não tendo uma ideia clara do que é a *modernidade*, nós tentamos recentemente escapar do assunto ao falar sobre *pós-modernidade* (uma extensão ou uma imitação das expressões de alguma forma mais antigas como *sociedade pós-industrial, pós-capitalismo* etc.). Eu não sei o que é pós-moderno e como este difere do pré-moderno, nem sinto que eu deveria saber. E o que poderá vir depois do pós-moderno? O pós-pós-moderno, o neo-pós-moderno, o neo-antimoderno? Quando nós deixamos de lado os rótulos, a verdadeira questão permanece: por que o mal-estar associado à experiência da modernidade é sentido de maneira tão ampla, e quais são as fontes desses aspectos da modernidade que fazem desse mal-estar algo particularmente doloroso?

Saber por quanto tempo a modernidade pode ser estendida depende, é claro, do que nós acreditamos constituir o sentido dessa noção. Se se trata do grande capital, de planejamento racional, do Estado do bem-estar social, e da burocratização subsequente das relações sociais, a extensão da modernidade deve ser medida em décadas, e não em séculos. Se pensarmos, porém, que a base da modernidade está na ciência, seria adequado datá-la a partir da primeira metade do século XVII, quando as regras básicas da pesquisa científica foram elaboradas e codificadas e os cientistas perceberam – graças principalmente a Galileu e seus seguidores – que a física não deveria ser concebida como um relatório de uma experiência, mas sim como uma elaboração de modelos abstratos que nunca seriam perfeitamente incorporados em condições experimentais. No entanto, nada nos impede de investigar mais profundamente o passado: a condição fundamental da ciência moderna foi o movimento de emancipação da razão secular em relação à revelação, e a luta pela independência das faculdades de artes das faculdades de teologia nas universidades medievais foi uma parte importante desse processo. A própria distinção entre conhecimento natural e conhecimento divinamente inspirado, como foi elaborada na filosofia cristã a partir do século XI, foi, por sua vez, a base conceitual dessa luta, e seria difícil decidir o que veio primeiro: a separação puramente filosófica das duas áreas do conhecimento ou o processo social através do qual a classe urbana intelectual, com suas reivindicações de autonomia, se estabeleceu.

Devemos, então, projetar nossa "modernidade" no século XI e fazer de Santo Anselmo e Abelardo seus protagonistas (respectivamente, um a favor e o outro contra)? Não há nada errado, em termos conceituais, com tal extensão, mas também não há nada de muito útil nela. Podemos ir indefinidamente longe, é claro, ao rastrear as raízes da nossa civilização, mas a pergunta a que muitos de nós têm tentado responder não é tanto quando a modernidade começou, mas qual é o núcleo – explicitamente expresso ou não – do nosso contemporâneo *Unbegahen in der Kultur* [Mal-estar na civilização],[2] amplamente difundido? De qualquer maneira, se a palavra *modernidade* deve ser útil, o significado da primeira questão tem de depender da resposta a essa última. E a primeira resposta que vem naturalmente à mente é resumida, é claro, no *Entzauberung* (desencanto) weberiano ou em qualquer palavra similar que abranja aproximadamente o mesmo fenômeno.

Nós experimentamos um sentimento avassalador e ao mesmo tempo humilhante de *déjà vu* ao acompanharmos e participarmos das discussões contemporâneas acerca dos efeitos destrutivos da assim chamada secularização da civilização ocidental, a evaporação aparentemente progressista de nossa herança religiosa, e o triste espetáculo de um mundo sem Deus. Parece que acordamos de repente e percebemos coisas que os humildes sacerdotes – não necessariamente muito bem instruídos – estavam vendo (e nos alertando a respeito) ao longo de três séculos e denunciando repetidamente em seus sermões de domingo. Eles vinham dizendo aos seus rebanhos que um mundo que havia esquecido Deus havia esquecido a própria diferença entre o bem e o mal, e tornado a vida humana sem sentido, afundando no niilismo. Agora, orgulhosamente recheados com nosso conhecimento sociológico, histórico, antropológico e filosófico, descobrimos a mesma sabedoria simples, que tentamos expressar em uma linguagem um pouco mais sofisticada.

---

2 O autor se refere a "O mal-estar na civilização", texto antológico de Sigmund Freud. [N. do E.]

Eu reconheço que, embora seja antiga e simples, essa sabedoria não deixa necessariamente de ser verdadeira, e de fato acredito que o seja (com algumas considerações). Teria sido Descartes o primeiro e principal culpado? É provável que sim, mesmo pressupondo que ele tenha codificado filosoficamente uma tendência cultural que já havia aberto caminho antes dele. Ao equiparar matéria com extensão e, portanto, abolir a variedade real no universo físico, ao deixar este universo obedecer infalivelmente a poucas e simples leis que tudo explicavam de mecânica, e ao reduzir Deus a seu criador e apoiador logicamente necessário – um apoio, no entanto, que era constante e, assim, subtraído de seu significado ao explicar qualquer evento específico –, ele definitivamente, ao que parece, acabou com o conceito de cosmos, de uma ordem intencional da natureza. O mundo se tornou sem alma, e somente a partir desse pressuposto a ciência moderna pôde evoluir. Milagres, mistérios, intervenções divinas ou diabólicas no curso dos acontecimentos não eram mais concebíveis; todos os esforços posteriores – e que ainda permanecem – para conciliar a antiga sabedoria cristã e a assim chamada visão de mundo científica, em conflito, não poderiam ser convincentes, por essa simples razão.

Certamente levou algum tempo para que as consequências desse novo universo se descortinassem. A secularidade massiva e autoconsciente é um fenômeno relativamente recente. Parece, no entanto, partindo de nossa perspectiva atual, que a erosão da fé, avançando inexoravelmente através das classes cultas, era inevitável. A fé poderia ter sobrevivido, protegida ambiguamente da invasão do racionalismo por uma série de dispositivos lógicos e relegada a um canto onde pareceria um tanto inofensiva e insignificante. Por gerações, muitas pessoas poderiam viver sem perceber que eram habitantes de dois mundos incompatíveis e, por uma linha tênue, proteger o conforto da fé, enquanto confiavam no progresso, na verdade científica e na tecnologia moderna.

Essa linha viria a ser rompida, e isso foi feito pela afiada filosofia de Nietzsche. Sua paixão destrutiva trouxe o caos à aparente segurança espiritual da classe média e derrubou o que ele acreditava ser a má-fé daqueles que se recusavam a ser testemunhas da morte de Deus. Ele foi bem-sucedido em atacar apaixonadamente a espúria segurança mental das pessoas que não conseguiam perceber o que realmente havia acontecido, porque havia sido ele quem havia dito, até o final: o mundo não gera nenhum significado e nenhuma diferença entre o bem e o mal; a realidade é sem sentido e não há outra realidade escondida por trás desta; o mundo como o vemos é o *Ultimum* – ele não tenta transmitir uma mensagem para nós, não se refere a nada mais, se esgota em si e é surdo-mudo. Tudo isso precisava ser dito, e Nietzsche encontrou uma solução ou um remédio para o desespero: esta solução era a loucura. Não muito poderia ser dito depois dele nas linhas que ele estabeleceu.

Pode ter parecido que era seu destino se tornar o profeta da modernidade. Na verdade, ele era muito ambíguo para assumir essa tarefa. Por um lado, afirmava, sob coação, as irreversíveis consequências intelectuais e morais da modernidade e vertia desdém sobre aqueles que timidamente esperavam salvar algo da velha tradição; por outro, denunciava o horror da modernidade, a amarga colheita do progresso; ele aceitou o que sabia – e dizia – ser aterrorizante. Ele elogiou o espírito da ciência contra as "mentiras" cristãs, mas ao mesmo tempo queria fugir da miséria do nivelamento democrático e buscou refúgio no ideal de um gênio bárbaro. No entanto, a modernidade quer estar satisfeita em sua superioridade, e não dilacerada pela dúvida e pelo desespero.

Portanto, Nietzsche não se tornou a ortodoxia explícita de nossa época. A ortodoxia explícita ainda consiste na conciliação. Nós tentamos afirmar nossa modernidade, mas escapar de seus efeitos por meio de vários dispositivos intelectuais, de maneira a nos convencermos de que o significado pode ser restaurado ou recuperado independentemente do legado religioso tradicional da humanidade e apesar da destruição provocada pela modernidade. Algumas versões da teologia *pop* liberal contribuem para esse esforço. Assim como algumas vertentes do marxismo. Ninguém pode prever por quanto tempo e em que medida tal esforço de conciliação pode ser bem-sucedido. Mas o anteriormente mencionado despertar dos intelectuais para os perigos da laicidade não parece ser um caminho promissor para sair de nossa situação atual, não porque tais reflexões sejam falsas, mas porque podemos suspeitar que elas nasçam de um espírito incoerente, manipulador. Há algo alarmantemente desesperador em intelectuais que não têm nenhuma ligação religiosa, fé ou lealdade e que insistem no papel educacional e moral insubstituível da religião em nosso mundo e deploram sua fragilidade, fragilidade da qual eles mesmos são testemunha. Eu não os culpo por serem não religiosos nem por afirmarem o valor crucial da experiência religiosa; eu simplesmente não consigo me convencer de que o trabalho deles possa produzir as mudanças que eles acreditam ser desejáveis, porque, para difundir a fé, é necessário ter fé, e não oferecer apenas uma afirmação intelectual da utilidade social da fé. E a reflexão moderna sobre o lugar do sagrado na vida humana não quer ser manipuladora, no sentido de Maquiavel ou dos libertinos do século XVII, que admitiram que, enquanto a religiosidade era necessária para os simplórios, a incredulidade cética era mais adequada aos esclarecidos. Portanto, tal abordagem, embora compreensível, não somente nos deixa onde estávamos antes, mas é em si um produto da mesma modernidade que tenta restringir e manifesta consigo a insatisfação melancólica da modernidade.

Devemos ser cautelosos, no entanto, quando fazemos julgamentos sobre o que em nossa cultura expressa modernidade e o que expressa a resistência antimoderna. Sabemos, por experiência histórica, que o que é novo em processos culturais muitas vezes aparece disfarçado de velho, e vice-versa – o velho pode facilmente colocar roupas da moda. A Reforma foi ostensiva e conscientemente reacionária: seu sonho era reverter os efeitos corruptores de séculos de desenvolvimento na teologia, no crescimento da razão secular e em formas de cristianismo institucionais, e recuperar a pureza primitiva da fé dos tempos apostólicos; mas, ao romper com a tradição acumulada como fonte de autoridade intelectual e moral, incentivou de fato um movimento que era exatamente o oposto de suas intenções; ela liberou o espírito da investigação racional nas questões religiosas porque tornou a razão – até então violentamente atacada – independente da Igreja e da tradição. O nacionalismo romântico muitas vezes se expressou como uma busca nostálgica pela beleza perdida do mundo pré-industrial, mas, dessa forma, louvando o *praeteritum*, muito contribuiu para o fenômeno eminentemente moderno que é a ideia de Estado-Nação; e um produto tão moderno como o nazismo foi um *revival* monstruoso desses devaneios românticos, assim, talvez, refutando a noção de que podemos medir adequadamente a modernidade no eixo "tradição-racionalidade". O marxismo era uma mistura de entusiasmo inequívoco pela modernidade, organização racional e progresso tecnológico com o mesmo anseio pela comunidade arcaica, e culminou com a expectativa utópica do mundo perfeito do futuro, em que ambos os conjuntos de valores seriam implementados e fariam uma liga harmoniosa: a fábrica moderna e a ágora ateniense de alguma forma se fundiriam numa só. A filosofia existencial pode ter aparecido como um fenômeno altamente moderno – o que era, de fato, em seu vocabulário e sua rede conceitual –, embora, da perspectiva de hoje, pareça mais uma tentativa desesperada de reivindicar a ideia de responsabilidade pessoal em face de um mundo onde o progresso insiste para que as pessoas humanas se tornem, com seu consentimento, não mais do que o meio pelo qual forças sociais, burocráticas e técnicas anônimas se expressam e no qual as pessoas não estão conscientes de que, ao se deixarem reduzir a instrumentos irresponsáveis do trabalho impessoal da sociedade, estão tirando de si sua humanidade.

E assim a "razão capciosa" da história provavelmente não deixou de funcionar, e ninguém pode imaginar, e muito menos ter certeza, se a própria contribuição para a vida coletiva deve ser vista em termos de modernidade ou de resistência reacionária a ela, nem mesmo qual dessas vertentes merece seu apoio.

Podemos nos consolar com a ideia de que as civilizações são capazes de cuidar de si mesmas e mobilizar mecanismos autocorretores ou de produzir anticorpos que combatam os efeitos perigosos de seu crescimento. A experiência que levou a essa ideia não é muito reconfortante, no entanto: afinal de contas, sabemos que os sintomas de uma doença são muitas vezes tentativas do organismo de se curar; a maioria de nós morre como resultado de dispositivos de autodefesa que nosso corpo aciona para combater os perigos externos. Os anticorpos podem matar. Dessa forma, o custo imprevisível da autorregulação pode matar uma civilização antes que essa recupere o equilíbrio procurado. É verdade, sem dúvida, que a crítica de nossa modernidade – a modernidade associada ao processo de industrialização (ou talvez colocada em movimento por ele) – começou juntamente com ela, e continuou a aumentar desde então. Deixando de lado os grandes críticos da modernidade dos séculos XVIII e XIX – Vico, Rousseau, Tocqueville, os românticos –, nós conhecemos em nossa época alguns pensadores proeminentes que evidenciaram e lamentaram a perda progressiva de sentido na *Massengesellschaft* [sociedade de massa], propensa à manipulação. Husserl atacou, em termos filosóficos, a incapacidade da ciência moderna de identificar seus próprios objetos de forma significativa, sua satisfação com a exatidão fenomenalista que aumenta o nosso poder de previsão e de controle sobre as coisas, mas que é adquirida à custa do entendimento. Heidegger viu a raiz da nossa decadência rumo à impessoalidade no esquecimento da visão metafísica. Jaspers associou a passividade moral e mental das massas aparentemente liberadas à erosão do autoconhecimento histórico e à consequente perda da subjetividade responsável e da habilidade para basear relacionamentos pessoais na confiança. Ortega y Gasset percebeu o colapso de padrões elevados nas artes e nas humanidades como resultado de intelectuais sendo obrigados a se ajustarem ao mau gosto das massas. Assim, em termos falsamente marxistas, também fizeram as pessoas da Escola de Frankfurt.

A crítica da modernidade, seja literária seja filosófica, pode ser vista, em sua imensa variedade, como um órgão de autodefesa da nossa civilização, mas até agora não conseguiu impedir que a modernidade avançasse em uma velocidade sem precedentes. O lamento parece a tudo permear; em relação a qualquer área da vida sob a qual viermos a refletir, nosso instinto natural é perguntar: o que há de errado com isto? E continuamos perguntando: o que há de errado com Deus? Com a democracia? Com o socialismo? Com a arte? Com o sexo? Com a família? Com o crescimento econômico? Parecemos viver com a sensação de uma crise generalizada, sem sermos capazes, no entanto, de identificar claramente suas causas, a menos que fujamos para pseudossoluções fáceis ("capitalismo", "Deus foi esquecido" etc.). Os otimistas com frequência se tornam muito populares e são ouvidos com avidez, mas enfrentam o escárnio nos círculos intelectuais; nós preferimos ser sombrios.

Às vezes temos a impressão de que é menos o conteúdo das mudanças do que seu ritmo atordoante que nos aterroriza e nos deixa em um estado de interminável insegurança, com uma sensação de que nada mais é certo ou está estabelecido e de que o que é novo provavelmente se tornará obsoleto em pouco tempo. Existem algumas pessoas entre nós que nasceram em épocas em que não havia carros nem rádios, e em que a luz elétrica era uma novidade emocionante; durante suas vidas, quantas escolas literárias e artísticas nasceram e morreram, quantas tendências filosóficas e ideológicas surgiram e desapareceram, quantos Estados foram construídos ou pereceram! Todos nós participamos dessas mudanças e, no entanto, as lamentamos, já que elas parecem privar nossa vida de qualquer substância na qual podemos confiar com segurança.

Foi-me dito que perto de um campo de extermínio nazista, cujo solo foi soberbamente fertilizado com as cinzas de incontáveis corpos cremados das vítimas, o repolho crescia tão rapidamente que não havia tempo para formar uma cabeça, produzindo, em vez disso, uma haste com folhas separadas que, aparentemente, não era comestível. Isso pode servir como uma parábola para pensarmos sobre o ritmo mórbido do progresso.

Sabemos, é claro, que não devemos extrapolar as recentes curvas de crescimento – algumas delas exponenciais – em várias áreas de civilização, e que as curvas devem declinar, de uma forma ou de outra, ou atenuar seu formato; tememos, no entanto, que a mudança possa vir tarde demais ou ser causada por catástrofes que destruirão a civilização ao curá-la.

Seria tolice, é claro, ser "a favor" ou "contra" a modernidade, *tout court*, não só porque não faz sentido tentar impedir o desenvolvimento da tecnologia, da ciência e da racionalidade econômica, mas porque a modernidade e a antimodernidade podem ser expressas em formas bárbaras e anti-humanas. A revolução teocrática iraniana foi claramente antimoderna, e no Afeganistão são os invasores que levam, de várias maneiras, o espírito da modernidade contra a resistência nacionalista e religiosa das tribos pobres. É trivialmente verdade que muitas vezes as bênçãos e os horrores do progresso estão inseparavelmente ligados uns aos outros, como o estão os prazeres e as misérias do tradicionalismo.

Quando tento, no entanto, salientar a característica mais perigosa da modernidade, tendo a resumir o meu medo em uma frase: "O desaparecimento dos tabus". Não há nenhuma maneira de distinguir entre tabus "bons" e "maus", apoiar artificialmente os primeiros e desaparecer com os últimos; a revogação de um, sob o pretexto de sua irracionalidade, resulta em um efeito dominó que traz o definhamento de outros. A maior parte dos tabus sexuais foi abolida, e os poucos remanescentes – como a proibição do incesto e da pedofilia – estão sob ataque; grupos em vários países defendem abertamente o direito de se envolverem em relações sexuais com crianças, ou seja, o direito de violentá-las, e pedem – até agora sem sucesso – a abolição das sanções legais correspondentes. O tabu relativo ao respeito pelo corpo dos mortos parece ser um candidato à extinção, e embora a técnica de transplante de órgãos tenha salvado muitas vidas (e, sem dúvida, ainda irá salvar muitas mais), acho difícil não sentir simpatia por pessoas que antecipam com horror um mundo no qual cadáveres serão não mais do que um estoque de partes de reposição para os viventes, ou matéria-prima para diversos fins industriais; talvez o respeito em relação aos mortos e aquele inspirado pelos vivos – e pela própria vida – sejam inseparáveis. Vários laços humanos tradicionais que tornam possível a vida comunitária, e sem os quais nossa existência seria ditada apenas pela ganância e pelo medo, provavelmente não sobreviveriam sem um sistema de tabu, e talvez seja melhor acreditar na validade de certos tabus, mesmo que aparentemente tolos, do que deixá-los desaparecer por completo. Na medida em que a racionalidade e a racionalização ameaçam a própria presença dos tabus em nossa civilização, eles corroem sua capacidade de sobreviver. É muito improvável que os tabus, que são as barreiras erguidas por instinto e não por um planejamento consciente, possam ser salvos, ou salvos seletivamente por uma técnica racional; nessa seara só podemos contar com a esperança incerta de que o impulso de autopreservação social será forte o suficiente para reagir à sua evaporação, e que essa reação não virá de forma bárbara.

    A questão é que no sentido normal de "racionalidade" não há mais bases racionais para respeitar a vida humana e os direitos do indivíduo do que, digamos, para proibir o consumo de camarão entre os judeus, de carne na sexta-feira entre os cristãos e de vinho entre os muçulmanos. Esses são todos tabus "irracionais". E um sistema totalitário, que trata as pessoas como partes intercambiáveis na máquina estatal, a serem usadas, descartadas ou destruídas de acordo com as necessidades do Estado, é, em certo sentido, um triunfo da racionalidade. Ainda assim, para sobreviver, ele é obrigado a restaurar relutantemente alguns daqueles valores irracionais e, portanto, negar sua racionalidade, provando desse modo que a racionalidade perfeita é uma meta autodestrutiva.

2.

Procurando os bárbaros:
As ilusões do universalismo cultural*

Eu não me proponho a desenvolver descrições históricas, nem estou interessado em profecias. Pretendo, em primeiro lugar, considerar uma proposta de natureza epistemológica e, em segundo lugar, expor um juízo de valor, que irei apresentar como tal. O juízo de valor diz respeito à defesa de uma ideia que, nas últimas décadas, tem sido objeto de ataques tão mordazes que já caiu quase totalmente em desuso – a ideia do eurocentrismo. A palavra em si, sem dúvida, pertence àquela categoria ampla de expressões genéricas usadas para todo o tipo de disparate: palavras que utilizamos de modo leviano, independentemente de suas definições, e que tendem a ser recheadas com uma mistura de absurdos tão flagrante que não vale a pena refutar; afirmações de fatos, verdadeiras ou falsas; juízos de valor, defensáveis ou não defensáveis. O ponto crucial sobre tais palavras é que, ao usá-las, dirigimos a atenção para os absurdos aos quais elas estão vagamente associadas, enquanto nosso objetivo é atacar ideias que valham a pena defender. Na verdade, a defesa de tais ideias pode vir a ser crucial para o destino da civilização.

Essas palavras, então, são ideológicas por excelência, não porque contenham elementos normativos, mas porque sua função é impedir a separação de questões que são logicamente distintas, escondendo o conteúdo normativo dentro de declarações que são ostensivamente pura descrição. No jargão jornalístico, a lista de tais palavras é longa, contendo, além do *eurocentrismo*, palavras como *elitismo, liberalismo* e *machismo*, bem como palavras com conotações positivas, como *igualitarismo, justiça social, humanismo, libertação*

---

* Traduzido do francês por Agnieszka Kolakowska de "Où sont les barbares? Les illusions de l'universalisme culturel", uma palestra proferida no Collège de France em março de 1980 e publicada na revista *Commentaire* (1980). Revisado pelo autor em inglês.

e assim por diante. A função da palavra *eurocentrismo* é destacar uma série de absurdos associados a ela e, ao enfatizá-los, desacreditar a ideia como um todo. As proposições a seguir são exemplos desses absurdos: os europeus não têm razão para estarem interessados no resto do mundo; a cultura europeia nunca pegou nada emprestado de outras culturas; a Europa deve seu sucesso à pureza racial dos europeus; é o destino da Europa manter eterna influência sobre o mundo, e sua história é uma história de razão e virtude, triunfante e imaculada. A palavra deve transmitir indignação com relação às ideologias dos mercadores de escravos do século XVIII (mercadores brancos, naturalmente) e dos partidários do evolucionismo simplista do século XIX. Mas sua verdadeira função é diferente: ela seleciona alvos fáceis como esses e junta-os em uma só massa, vaga e nebulosa, com a própria ideia de cultura europeia em toda a sua especificidade. Essa cultura, como resultado, torna-se vulnerável não apenas a ameaças externas, mas, talvez ainda mais perigosamente, àquela mentalidade suicida caracterizada pela indiferença à nossa própria tradição, pela dúvida, na verdade por um frenesi autodestrutivo, a tudo isso dando uma expressão verbal na forma de um generoso universalismo.

É perfeitamente verdadeiro que a cultura europeia é impossível de definir – em termos de geografia, cronologia ou conteúdo – sem se recorrer a determinados juízos de valor. Como podemos definir o território espiritual que é a Europa de uma forma que não seja arbitrária? Seu próprio nome, os estudiosos nos dizem, é assírio na origem; o seu texto fundador, o livro por excelência, foi escrito, em grande parte, em uma língua que não é indo-europeia; a vasta riqueza, exibida em sua filosofia, arte e religião, baseou-se nos conhecimentos da Ásia Menor, da Ásia Central, do Oriente e do mundo árabe, e os absorveu. E se perguntarmos *quando* essa cultura nasceu, encontraremos muitas respostas possíveis: com Sócrates; com São Paulo; com o Direito romano; com Carlos Magno; com as transformações espirituais do século XII; com a descoberta do Novo Mundo. Não é por falta de conhecimento histórico que é difícil dar um veredito preciso sobre o evento, mas sim porque cada uma dessas respostas é plausível se concordamos desde o início que tais e tais ingredientes são essenciais ou constitutivos da mistura, e *esta* decisão está na esfera de valores. Problemas semelhantes surgem quando passamos a falar de limites geográficos: devemos incluir Bizâncio? Ou a Rússia? Ou partes da América Latina? A discussão se arrasta indefinidamente, a menos que passemos à raiz da questão, não por um apelo à história – que poderia confirmar mais de uma dessas respostas – mas nos concentrando nos elementos que acreditamos serem componentes essenciais do espaço cultural que habitamos. Seria, então, mais uma questão de voto do que de pesquisa científica, não fosse pelo fato de que a abolição dessa cultura não pode ser votada por uma maioria que declara não desejar mais pertencer a ela, ou que tal cultura não existe; sua existência é garantida por uma minoria que insiste em acreditar nela.

É, como sabemos, uma questão de disputa saber em que altura os europeus se tornaram conscientes de pertencer a uma entidade cultural que era única; uma entidade cultural, pelo menos, que não poderia ser reduzida à unidade do cristianismo ocidental. Não há nenhuma razão para supor que aqueles que lutaram em diferentes períodos históricos contra os sarracenos na Península Ibérica, contra os tártaros na Silésia ou contra os exércitos otomanos na bacia do Danúbio compartilhavam tal consciência de identidade. No entanto, não há dúvida de que ela tenha surgido a partir da unidade da fé, e que tenha começado a se estabelecer em um momento em que essa unidade estava desmoronando, não apenas em ilhas de heresia, mas em toda a Europa. Esse foi também um tempo de movimento rápido e extraordinariamente criativo nas artes e nas ciências, que estavam se desenvolvendo em um ritmo cada vez maior e que culminariam em toda a grandeza e em todas as misérias do mundo de hoje. E hoje, já que os temores e as misérias são naturalmente dominantes em nossa sensibilidade, a própria ideia de cultura europeia está sendo questionada. O ponto de discórdia talvez não seja tanto a existência real dessa cultura como valor único, mas, acima de tudo, suas pretensões de superioridade, pelo menos em certos domínios de importância primordial. É essa superioridade que deve ser definida e confirmada.

Alguns anos atrás, visitei os monumentos pré-colombianos no México e tive a sorte, enquanto lá permaneci, de me encontrar na companhia de um famoso escritor mexicano, grande conhecedor da história dos povos indígenas da região. Frequentemente, enquanto me explicava o significado de muitas coisas que eu não teria entendido sem sua ajuda, ele ressaltava a barbárie dos soldados espanhóis que haviam triturado as estátuas astecas até que virassem pó e derretido requintadas estatuetas de ouro para cunhar moedas com a imagem do imperador. Eu disse a ele: "Você pensa que esses homens eram bárbaros, mas não seriam eles, talvez, verdadeiros europeus, de fato os últimos europeus verdadeiros? Eles levavam sua civilização cristã e latina a sério, e é porque a levavam a sério que não viram nenhuma razão para salvaguardar ídolos pagãos ou se revestir da curiosidade e do desprendimento estético dos arqueólogos ao considerarem coisas imbuídas de um significado religioso diferente e, portanto, hostil. Se estamos indignados com o comportamento deles, é porque somos indiferentes à civilização deles tanto quanto à nossa."

Isso foi uma brincadeira, é claro, mas uma brincadeira não inteiramente inocente, que pode nos estimular a pensar sobre uma questão que poderia muito bem ser decisiva para a sobrevivência de nosso mundo: é possível mostrarmos tolerância e um interesse benevolente para com outras civilizações sem renunciar a um sério interesse por nossa própria civilização? Em outras palavras, até que ponto é concebível afirmarmos nossa adesão exclusiva a uma civilização sem querermos destruir as outras? Se é mesmo verdade que, ao renunciar à barbárie, somente o fazemos no que diz respeito à nossa própria cultura, então as únicas civilizações capazes de não barbarismo são aquelas que não podem sobreviver – uma conclusão nada reconfortante e, creio, nada verdadeira. Eu acredito, pelo contrário, que o desenvolvimento de nossa civilização traz em si argumentos que corroboram sua falsidade. Em que sentido é verdadeiro dizer que os soldados de Cortés eram bárbaros? Não há dúvida de que eles eram conquistadores, em vez de conservadores de monumentos, e de que eram cruéis, gananciosos e impiedosos. Muito provavelmente eram também piedosos, sinceramente ligados à sua fé e convictos de sua superioridade espiritual. Se eram bárbaros, ou é porque todos os conquistadores bárbaros o são, por definição, ou porque não mostravam respeito por pessoas que tinham costumes diferentes e adoravam deuses diferentes; em suma, porque a virtude da tolerância para com outras culturas não existia neles.

Mas aqui surge uma pergunta difícil: em que medida é o respeito por outras culturas desejável, e em que medida o próprio desejo de não parecer bárbaro, embora seja admirável, se torna ele mesmo uma indiferença para com a barbárie, ou até mesmo sua aprovação? O termo *bárbaro* foi inicialmente usado para alguém que falava uma língua incompreensível, mas logo a palavra se tornou carregada de um significado pejorativo no sentido cultural. Qualquer um que tenha estudado Filosofia irá se lembrar do famoso prólogo de Diógenes Laércio, no qual ele ataca a noção equivocada de que havia filosofia antes dos gregos, entre os bárbaros, os ginosofistas indianos e os sacerdotes celtas ou da Babilônia: um ataque ao universalismo cultural e ao cosmopolitismo do século III. Não, diz ele, é aqui, aqui entre os túmulos de Musaeus, o Ateniense, e Lino, o Tebano, filho de Hermes e Urania, que a filosofia e a raça humana nasceram. Ele cita os costumes bizarros dos magos caldeus e as crenças selvagens dos egípcios e se mostra indignado com o fato de o termo *filósofo* poder ser aplicado a Orfeu da Trácia, um homem que não se envergonhava de dotar os deuses das mais vis paixões humanas. Aqui, nessa defensiva autoafirmação, escrita num momento em que os mitos antigos tinham perdido sua vitalidade ou sido sublimados na especulação filosófica, e quando a ordem cultural e política estava visivelmente em estado de decomposição, uma espécie de dúvida já começava a aparecer. Aqueles que herdaram aquela ordem eram bárbaros – a saber, cristãos. Às vezes imaginamos, sob a influência da filosofia spengleriana ou de algum outro tipo de "morfologia histórica", que vivemos em uma época semelhante, que somos as últimas testemunhas de uma civilização condenada. Mas condenada por quem? Não por Deus, mas por supostas "leis históricas". Porque, embora não conheçamos quaisquer leis históricas, somos de fato capazes de inventá-las de maneira bastante livre, e essas leis, uma vez inventadas, podem então ganhar existência na forma de profecias autorrealizáveis.

Mas o que sentimos em relação a isso é ambíguo e possivelmente contraditório. Por um lado, conseguimos assimilar o tipo de universalismo que se recusa a fazer juízos de valor sobre diferentes civilizações, proclamando sua igualdade intrínseca; por outro, ao afirmarmos essa igualdade, também afirmamos a exclusividade e a intolerância de cada cultura – as mesmas coisas que alegamos ter superado com aquela afirmação.

Não há nada de paradoxal nessa ambiguidade, pois, mesmo no meio dessa confusão, estamos afirmando uma característica distintiva da cultura europeia no auge de sua maturidade: sua capacidade de sair de sua exclusividade, de se questionar, de se ver através dos olhos de terceiros. Foi no início da conquista que o bispo Bartolomeu de las Casas lançou seu ataque violento contra os invasores em nome dos mesmos princípios cristãos que eles professavam. Independentemente dos resultados imediatos de sua luta, ele foi um dos primeiros a se voltar contra seu povo em uma tentativa de defender os outros e denunciar os efeitos destrutivos do expansionismo europeu. Foram necessários a Reforma e o início das guerras religiosas para espalhar um ceticismo generalizado sobre as pretensões da Europa à superioridade espiritual. Tudo começou com Montaigne e passou a ser comum entre os libertinos e os precursores do Iluminismo. Também foi Montaigne quem (seguindo Rosario, cujo nome mais tarde veio a ganhar reconhecimento por meio de um artigo no dicionário de Bayle) comparou o homem ao animal apenas para conceder superioridade ao último, e assim se iniciou a tendência, mais tarde tão popular, de se considerar a raça humana, como um todo, com desprezo. Ver a própria civilização através dos olhos de outro para atacá-la se tornou um maneirismo literário predominante nos escritos do Iluminismo, e os "outros" podiam ser tanto chineses, persas, cavalos ou visitantes do espaço.

Menciono todas essas coisas conhecidas apenas para dizer o seguinte: podemos muito plausivelmente afirmar que a Europa, ao mesmo tempo que adquiriu, talvez em grande parte graças à ameaça turca, uma consciência clara de sua identidade cultural, também começou a questionar a superioridade de seus valores, colocando, assim, em movimento o processo de autocrítica interminável que viria a ser a fonte não apenas de sua força, mas de suas várias deficiências e de sua vulnerabilidade.

Essa capacidade de duvidar de si mesma, de abandonar – mesmo com forte resistência – sua autoconfiança e autossatisfação, está no cerne do desenvolvimento da Europa como uma força espiritual. Ela fez o esforço de sair dos recintos fechados do etnocentrismo, e sua capacidade de fazê-lo deu a definição para o valor único de sua cultura. Em última análise, podemos dizer que a identidade cultural da Europa é reforçada por sua recusa em aceitar qualquer tipo de definição fechada, finita, e assim ela só pode afirmar-se na incerteza e na ansiedade. E embora seja verdade que todas as ciências, sociais e naturais, nasceram ou atingiram sua maturidade (maturidade em um sentido relativo, é claro, a partir da perspectiva do que elas são hoje) dentro da cultura europeia, há uma entre elas que, por conta de seu conteúdo, é a ciência europeia por excelência: a Antropologia.

O antropólogo (eu tenho em mente a Antropologia contemporânea, não a de Frazer ou de Morgan) deve suspender suas próprias normas, seus julgamentos, seus hábitos mentais, morais e estéticos a fim de penetrar tanto quanto possível no ponto de vista do outro e assimilar sua maneira de perceber o mundo. E apesar de que ninguém, talvez, pudesse afirmar ter alcançado sucesso total nesse esforço, mesmo que o sucesso total supusesse uma impossibilidade epistemológica – entrar completamente na mente do objeto de investigação, enquanto mantém a distância e a objetividade de um cientista –, o esforço não é em vão. Nós não podemos alcançar completamente a posição de um observador vendo a si mesmo de fora, mas podemos fazê-lo parcialmente. Parece óbvio para nós que um antropólogo não pode entender um selvagem completamente a menos que ele próprio se torne um selvagem e, portanto, deixe de ser um antropólogo. Ele pode suspender o julgamento, mas o próprio ato de suspendê-lo está culturalmente enraizado: é um ato de renúncia, possível apenas em uma cultura que, depois de aprender a se questionar, tem se mostrado capaz de compreender outra.

Por essa razão, a postura do antropólogo não é realmente a de um julgamento em suspenso; sua atitude surge a partir da crença de que a descrição e a análise, libertas de preconceitos normativos, valem mais do que o espírito de superioridade ou o fanatismo. Mas essa, tanto quanto seu contrário, é um juízo de valor. Não existe o abandono do julgamento; o que chamamos de espírito de pesquisa é uma atitude cultural, peculiar à civilização ocidental e à sua hierarquia de valores. Podemos proclamar e defender os ideais de tolerância e de crítica, mas não podemos afirmar que esses são ideais neutros, livres de pressupostos normativos. Se eu me vangloriar de pertencer a uma civilização que é absolutamente superior ou, pelo contrário, exaltar o bom selvagem, ou se, finalmente, disser que todas as culturas são iguais, estou adotando uma atitude e fazendo um julgamento, e não posso evitar fazê-lo. Isso não significa que não faça diferença se eu adoto uma posição ou outra; isso significa que, ao adotar uma, eu rejeito ou condeno outras. Não adotar nenhuma, mesmo implicitamente, é impossível, uma vez tendo tomado conhecimento da existência de outras civilizações.

Enquanto as duas primeiras atitudes que mencionei são suficientemente claras, a terceira – que parte do princípio de que todas as culturas são iguais – requer uma explicação. Se compreendida em seu sentido mais puro, parece conduzir a uma contradição e cair em um paradoxo análogo ao do ceticismo consistente.

A palavra *cultura*, na linguagem comum, engloba todas as formas de comportamento específicas dos seres humanos: técnicas e costumes, rituais e crenças, expressão artística, sistemas educacionais, leis. A extensão à qual todas essas esferas da vida podem ser universalizadas é, certamente, sujeita a uma gradação, começando, no degrau mais baixo, com a linguagem, a menos compreensível e a menos universalizável, e terminando com a matemática, sem dúvida a mais universalizável, tanto real quanto potencialmente. Quando dizemos que todas as culturas são iguais, temos em mente as disciplinas mais específicas, menos universais; estamos falando principalmente da arte, e parece que pretendemos, ao dizer isso, negar que exista uma norma supracultural, transcendental, que possamos usar como base para o julgamento estético e a comparação, em termos de valor, entre diferentes formas de expressão artística.

Não podemos mais discernir a presença de tais regras universais na vida moral e intelectual. Se existem regras supra-históricas, regras que valem para todas as culturas conhecidas, como aquelas da lógica bivalente ou a da proibição do incesto, não é prova de que tais regras sejam válidas no sentido transcendental.

No entanto, quando aplicamos o princípio de que *todas as culturas são iguais*, vemos que há uma diferença entre a expressão artística, por um lado, e as regras morais, legais e intelectuais, de outro. Na esfera da arte, a tolerância vem com facilidade, ou porque somos indiferentes, ou porque não vemos nada de errado logicamente no confronto de diferentes critérios estéticos. De fato, o universalismo nos tenta, e nós gostamos de imaginar que somos capazes de entrar na percepção estética de todas as culturas, como se a arte japonesa, por exemplo, fosse tão acessível para nós quanto o barroco europeu, como se nós fôssemos capazes de participar plenamente daquela percepção sem um *insight* igualmente completo dos rituais e da linguagem daquela civilização (na verdade, sem nenhum conhecimento deles).

Mas essa é a menos perigosa das ilusões do universalismo. É nos domínios com um impacto direto sobre o nosso comportamento que as confusões que o universalismo gera se tornam verdadeiramente ameaçadoras – nas esferas da religião, da moral, do Direito e das regras intelectuais. Aqui estamos diante de diferenças que são de fato contraditórias, normas genuinamente conflitantes que não podem coexistir com indiferença mútua, sendo expostas lado a lado como peças de museu de diferentes civilizações. Se a frase "Todas as culturas são iguais" significar mais do que o fato de que pessoas vivem e têm vivido em tradições diferentes e realizam suas aspirações dentro delas, então isso deve significar uma entre três coisas. Pode significar que eu vivo em uma cultura específica e outras culturas não me interessam; ou que não existem padrões absolutos, não históricos, por meio dos quais se possa julgar qualquer cultura; ou, finalmente, que, ao contrário, tais padrões existem, e de acordo com eles todas as regras conflitantes entre si são igualmente válidas. Enquanto essa última atitude, na medida em que assume a aprovação de regras mutuamente exclusivas, é impossível de se manter, a primeira pode, pelo contrário, ser sustentada com coerência. Mas, nesse caso, a forma como ela foi dita é enganosa, pois, se esse é o significado com o qual eu uso a frase, realmente não quero dizer que todas as culturas são iguais, mas sim que todas as outras culturas não me interessam e que estou satisfeito com minha própria cultura. É a segunda versão, então, que merece atenção genuína, já que predomina bastante e é provavelmente impossível de se manter com coerência.

É de fato possível argumentar que, fora a verdade revelada, todos os sistemas de valores são imunes a ataques lógicos e empíricos, desde que sejam consistentes internamente; não é possível provar – no sentido próprio da palavra – que a tolerância religiosa é na realidade *melhor* do que um regime no qual as pessoas são sentenciadas à morte por batizarem seus filhos, que a igualdade aos olhos da lei é superior a um sistema legal que confere privilégios a algumas castas, que a liberdade é melhor do que o despotismo, e assim por diante. Não adianta nada dizer que essas coisas são óbvias, porque nossa noção do que é óbvio e do que não o é também é culturalmente determinada; qualquer apelo ao óbvio, portanto, nos leva a um círculo vicioso. Ainda assim, não podemos evitar ter uma preferência em relação a tais assuntos, sejamos ou não capazes de justificá-la. Um europeu que diz que todas as culturas são iguais normalmente não quer dizer que ele gostaria de ter sua mão cortada se fosse pego falsificando seus formulários de imposto, nem de ser submetido a um açoitamento público (ou, no caso de uma mulher, a um apedrejamento) se fosse flagrado fazendo amor com uma pessoa que não fosse sua esposa (ou seu marido). Dizer, nesse caso, "Esta é a lei do Alcorão e nós devemos respeitar as outras tradições" equivale essencialmente a dizer: "Isso seria terrível se acontecesse aqui, mas para esses selvagens essa é a atitude certa". Desse modo, não é respeito por outras tradições, e sim desprezo, o que estamos expressando, e a frase "Todas as culturas são iguais" é a menos adequada para descrever tal atitude.

Mas se tentarmos persistir em nossas tradições enquanto mantemos o respeito por outras, logo iremos nos descobrir contra a antinomia do ceticismo mencionada anteriormente. Afirmamos nosso pertencimento à cultura europeia através da nossa capacidade de vermos a nós mesmos com distanciamento, criticamente, pelos olhos dos outros; através do fato de que valorizamos a tolerância na vida pública e o ceticismo em nosso trabalho intelectual, e reconhecemos a necessidade de confrontar, tanto na esfera científica quanto na legal, tantas opiniões quanto for possível; em suma, deixando o campo da incerteza aberto. E enquanto admitimos tudo isso, admitimos também, tácita ou explicitamente, que uma cultura capaz de expressar essas ideias de forma vigorosa, defendendo-as e apresentando-as, ainda que de modo imperfeito, em sua vida, é uma cultura superior. Se nos comportarmos fanaticamente, se protegermos nossa exclusividade a ponto de não considerarmos outros argumentos, se formos incapazes de nos questionar, acharemos que estamos nos comportando barbaramente; consequentemente, também devemos considerar como bárbaros os fanáticos de outras tradições, trancados, como nós, na própria exclusividade. Não se pode ser cético a ponto de não notar a diferença entre ceticismo e fanatismo – isso equivaleria a ser cético a ponto de não mais ser cético.

É claro que o paradoxo do ceticismo tem sido reconhecido desde a Antiguidade, e, para escapar dele, uma solução radical foi proposta: que o cético devesse permanecer em silêncio e, especialmente, que não poderia expressar seu ceticismo sem, ao mesmo tempo, traí-lo.

Essa solução é possível, sem dúvida, mas não é passível de discussão – uma vez que começamos a discuti-la, cairemos na própria armadilha da antinomia pragmática que estávamos tentando evitar. Podemos alegar que o cético perfeitamente coerente permanecerá em silêncio, e que por essa razão nunca saberemos os nomes dos grandes céticos, uma vez que eles nunca dizem nada. Mas assim que abrimos nossa boca nos encontramos sob coação.

O universalismo cultural esbarra exatamente na mesma dificuldade. Ele se contradiz se sua generosidade se amplia até o ponto de ignorar as diferenças entre universalismo e exclusividade, tolerância e intolerância, entre si e a barbárie; e se contradiz ainda se, a fim de evitar as tentações da barbárie, concede *a outros* o direito de serem bárbaros.

Minhas reivindicações são, portanto, casos de ceticismo e universalismo incoerentes: o ceticismo e o universalismo, em outras palavras, de um tipo que evita esse paradoxo ao permanecer dentro de certos limites, além dos quais a diferença entre eles mesmos e a barbárie se torna turva.

Dizer isso nesse contexto é afirmar a superioridade da cultura europeia como uma cultura permeada de incerteza com relação às próprias normas e condições e que permanece preservando essa incerteza. Portanto, acredito que exista uma razão importante para se preservar o espírito do eurocentrismo nesse sentido. E essa crença pressupõe que certos valores específicos para aquela cultura – a saber, suas capacidades autocríticas – devem não somente ser defendidos, mas na realidade propagados, e que por definição eles não podem ser propagados pela violência. Em outras palavras, o universalismo causa a própria paralisia se não se vê como universal apenas no sentido de ser adequado à propagação.

Essa discussão não é mero malabarismo de conceitos. A Europa está agora sob pressão da barbárie do totalitarismo, que se alimenta das hesitações do Ocidente com relação à própria identidade cultural e sua falta de vontade de insistir em sua universalidade.

Mesmo assim, reconhecer a universalidade da tradição europeia não implica, absolutamente, acreditar em um mundo ideal de homogeneidade, onde todos compartilham os mesmos gostos, as mesmas crenças (ou melhor, a mesma ausência de crenças), costumes e até o mesmo idioma. Pelo contrário, o que se pretende é uma propagação seletiva, por assim dizer, dos valores que eu tenho evidenciado e que têm sido a fonte de toda a grandeza da Europa. Claro que isso é fácil de dizer; as influências culturais agem de acordo com seus princípios de seleção, que são quase impossíveis de controlar. A primeira coisa que o resto do mundo espera da cultura europeia é a tecnologia militar; as liberdades cívicas, as instituições democráticas e os padrões intelectuais vêm por último. A expansão tecnológica ocidental implica a destruição de dezenas de pequenas unidades culturais e línguas, um processo que realmente não é motivo de regozijo.

Não há nada de edificante no fato de que uma grande família de línguas indo-europeias, o ramo celta, está morrendo diante de nossos olhos, apesar de todos os esforços para determos o processo de sua extinção. As grandes culturas antigas estão, naturalmente, resistindo, mas não podemos prever a extensão de sua transformação depois de apenas algumas dezenas de anos de influência ocidental. Mesmo as línguas de culturas antigas, como o hindi ou o árabe, estão dando lugar às línguas europeias no ensino da ciência moderna; não, é claro, porque elas sejam intrinsecamente incapazes de manter o ritmo dos desenvolvimentos científicos, mas por estarem sendo ultrapassadas pela competição. Um espetáculo triste e sobre o qual não podemos fazer quase nada. Se o nosso destino fosse aniquilar a diversidade cultural no mundo em nome de uma civilização planetária, isso provavelmente só poderia ser feito à custa de uma ruptura tão radical na continuidade da tradição que a civilização humana como um todo, não apenas civilizações específicas, estaria em perigo de extinção.

Considere a seguinte citação:

> Nossos próprios descendentes não serão apenas ocidentais como nós. Eles serão herdeiros de Confúcio e Lao-tsé, assim como de Sócrates, Platão e Plotino; herdeiros de Gautama Buda, assim como de Deutreo-Isaías e Jesus Cristo; herdeiros de Zaratustra e Maomé, assim como de Elias e Eliseu e de Pedro e Paulo; herdeiros de Shankara e Ramanujah, bem como de Clemente e Origines; herdeiros dos padres capadócios da Igreja Ortodoxa, bem como de nosso africano Agostinho e nosso Bento de Úmbria; herdeiros de Ibn Khaldun, bem como de Bossuet; e herdeiros, se mergulharmos ainda mais no pântano sérvio da política, de Lênin e Gandhi e de Sun Yat-Sen, assim como de Cromwell e George Washington e Mazzini.

Essa profecia otimista (otimista, pelo menos, em sua intenção) foi escrita em 1947, e seu autor é Arnold Toynbee.[1] Ela expressa o ideal de um mundo tornado radicalmente uniforme, e dá origem a sérias dúvidas, mesmo que concordemos com a crítica de Toynbee sobre as especulações de Spengler com relação aos ciclos históricos. O que, na realidade, significaria para nós sermos "herdeiros" de todos os profetas, filósofos e homens de Estado listados aqui? Em um sentido trivial, nós já somos os herdeiros de todos esses homens, na medida em que vivemos em um mundo que todos eles ajudaram a moldar, mas claramente Toynbee tem em mente uma herança num sentido mais forte, uma continuidade positiva de ideias. Mas, para que nossos descendentes possam ser herdeiros, nesse sentido, temos de admitir que tudo o que faz com que os valores e ideais dessas pessoas sejam incompatíveis hoje perderá seu significado; e, então, longe de tê-los todos como nossos antepassados espirituais, não teremos ninguém.

---

[1] Arnold Toynbee, *Civilization on Trial*. Nova York: Oxford University Press, 1948, p. 90.

A diferença entre católicos e protestantes pode desaparecer, mas, dessa forma, Bossuet e Cromwell não serão sintetizados por nossos descendentes, mas desaparecerão completamente, perdendo o que era específico e essencial para cada um deles; e a *herança* não terá nenhum significado perceptível. É igualmente difícil imaginar como alguém que valoriza a liberdade espiritual possa um dia se considerar um herdeiro de Lênin ou Maomé. Podemos imaginar a questão da liberdade perdendo todo o significado em alguma sociedade futura que seja inteiramente totalitária e aceita como tal por seus membros; nesse caso, nossos descendentes serão de fato os herdeiros de Lênin, mas não de George Washington. Em suma, imaginar nossos netos combinando todas essas tradições conflitantes em um todo harmonioso, sendo de uma só vez teístas, panteístas e ateus, defensores do liberalismo e do totalitarismo, entusiastas da violência e seus inimigos, é conjeturá-los habitando um mundo situado não apenas muito além do alcance de nossa imaginação e nossos dons proféticos, mas também além da possibilidade de qualquer tipo de tradição – isso significa que eles serão bárbaros no sentido mais estrito.

Novamente, não é uma questão de jogo de palavras ou malabarismo conceitual. Estamos todos bem cientes de que poderosas forças culturais estão mesmo nos empurrando em direção à unidade, uma unidade bárbara construída sobre a perda e o esquecimento da tradição. Uma dessas forças é a barbárie do totalitarismo de tipo soviético, que tenta, com um considerável (mas, felizmente, cada vez menor) sucesso, amarrar todas as forças espirituais ao serviço do Estado, nacionalizar tudo, inclusive o ser humano, a memória histórica, a consciência moral, a curiosidade intelectual, a ciência e a arte. Ela também manipula a tradição, deformando-a, mutilando-a sem cessar e falsificando-a de acordo com as necessidades do Estado. Outra força desse tipo, proveniente da Europa, é o espírito da tecnologia. Nascido dos sucessos extraordinários da ciência – incluindo sua luta contra a miséria, a doença e o sofrimento – e acertadamente orgulhoso de suas realizações espetaculares, levou-nos a duvidar do valor e da validade de qualquer tradição que não venha a contribuir para o progresso da ciência e da tecnologia. A redução gradual do lugar e da importância atribuídos às línguas clássicas e às disciplinas históricas como são ensinadas no Ensino Médio em todo o mundo testemunha sua influência destrutiva. É desnecessário dizer que essas forças não agem sem encontrar resistência; na verdade, os últimos anos viram, sem dúvida, um ressurgimento dessa resistência, ao testemunharem um renascimento parcial da tradição religiosa – mesmo que esse renascimento tenha, às vezes, tomado formas grotescas e macabras.

Não há nenhuma razão para se pensar que essas sejam ameaças mortais, ou que nossa civilização esteja acometida de uma doença incurável. Apesar das derrotas que sofreu, a despeito da grande quantidade de barbárie indígena contra a qual teve que lutar e deve continuar a lutar, nossa civilização não perdeu o ímpeto; o próprio fato de que muitas de suas maiores ideias foram verbalmente assimiladas no mundo todo, de que suas formas institucionais têm sido imitadas, de que regimes tirânicos insistem no uso de sinais e fraseologia europeus – tudo isso não é desprezível. Mesmo as tentativas mais ridiculamente ineptas de se assumir um disfarce europeu, desfilar vestido com roupas ocidentais, são a prova de que, se a barbárie está longe de ser derrotada, a vergonha de ser um bárbaro tem se expandido consideravelmente; e o bárbaro que se envergonha de sua barbárie já é um semiderrotado, apesar da forte resistência de sua outra metade.

É bem verdade que a ameaça que paira sobre a Europa não reside apenas em sua vontade enfraquecida de autoafirmação; alguns aspectos bárbaros da Europa são autóctones. As fontes de totalitarismo são, em grande parte, europeias, e podem ser rastreadas, nas suas diversas formas, por meio de toda a história das utopias socialistas, das ideologias nacionalistas e das tendências teocráticas. Acontece que a Europa não desenvolveu uma imunidade ao seu passado bárbaro, um passado cujas conquistas monstruosas vimos com nossos olhos, ainda que ela também tenha se mostrado capaz de mobilizar poderosos recursos contra ele.

Se tentarmos traçar as origens dessa resistência à barbárie, tanto estrangeira quanto autóctone, e se o que temos em mente é uma busca pela "matriz definitiva" da Europa, ficamos num impasse: todas as influências gregas, romanas, judaicas, persas e outras que se misturaram para produzir essa civilização, sem falar das condições materiais, demográficas e climáticas, cuja importância somente pode ser imaginada, não são, obviamente, passíveis de apresentação na forma de vetores, cada uma com seu poder respectivo, calculável. Mas se o que temos em mente é uma ideia do que constitui o núcleo dessa região espiritual, e se descrevermos esse núcleo da maneira que eu tenho sugerido, como o espírito de identidade incerta, incompleta e não estabelecida, iremos ver claramente como e por que a Europa é cristã de nascimento.

Pode-se suspeitar – seria pretensioso chamar essa suspeita de hipótese – de que há uma ligação necessária, um *vinculum substantiale*, unindo a tradição doutrinal do cristianismo ocidental ao impulso criativo que deu origem não somente às conquistas científicas e tecnológicas da Europa, mas também à ideia de humanismo como fé no valor absoluto do indivíduo e, finalmente, ao espírito de abertura e à capacidade de autoquestionamento a partir dos quais a civilização moderna surgiu.

Tal sugestão pode (na verdade, deve) parecer paradoxal, se levarmos em conta alguns fatos familiares: que muitos dos triunfos sociais e intelectuais do Ocidente foram conquistados diante de forte oposição da Igreja; que essa oposição se revelou ao mesmo tempo longa e obstinada; e que ela abrangeu também pontos cruciais na evolução das ciências, da formação das modernas ideias democráticas, instituições e legislação social – muitas coisas sem as quais a Europa como a conhecemos hoje seria impensável.

A história dessa oposição não é desprezível; não podemos desconsiderá-la como se fosse uma série de acidentes insignificantes ou esquecê-la como parte de um passado distante e há muito superado. Mas isso não tem nenhuma influência sobre minha pergunta. Em vez disso o que eu quero questionar é se existem motivos para a procura da inspiração cristã no movimento do Iluminismo, que esculpiu o seu caminho, em grande parte, desafiando a Igreja e muitas vezes também o cristianismo. Tenho em mente a iluminação no sentido mais amplo, de acordo com a descrição bem conhecida de Kant, como "o homem que emerge da imaturidade da qual ele mesmo é culpado": a totalidade do esforço espiritual que exorta as forças da razão e da imaginação seculares, da curiosidade científica, da paixão por dominar a matéria, da coragem para explorar e da habilidade para analisar, da desconfiança cética com relação a soluções simples e do hábito de questionar cada solução obtida.

Agora me parece que se pode ver a religiosidade cristã, tanto em seus aspectos doutrinários quanto no que diz respeito à sua sensibilidade particular, como o seminário do espírito europeu, e que se pode fazer isso sem minimizar o conflito dramático entre o Iluminismo e a tradição cristã ou reduzi-la a um mero mal-entendido. O contorno das minhas especulações é o seguinte:

Na fé cristã, como em outras grandes religiões, uma tensão inevitável persiste entre a ideia de um mundo finito através do qual o Criador é revelado, e a imagem daquele mesmo mundo como uma negação de Deus; entre a visão da natureza como exibição da glória e da bondade de Deus e uma concepção na qual a natureza, por sua corrupção e contingência, é vista como uma fonte de mal; entre o bíblico *cuncta valde bona* e a Terra como um lugar de exílio, ou mesmo, na sua versão extrema, quase como o fruto do pecado de Deus. A ideia cristã como tem sido desenvolvida e expressa ao longo dos séculos teve que travar uma batalha incessante com tendências heréticas que afirmavam um dos elementos dessa tensão enquanto negligenciavam ou esqueciam o outro. Quase toda a história das heresias, vista por meio das formas teológicas nas quais foi expressa, pode ser organizada dessa maneira, e os principais problemas da história dos dogmas e antidogmas aparecerão então como variações sobre o mesmo tema: a humanidade de Cristo *em oposição* à sua divindade; a liberdade do homem *em oposição* à graça e à predestinação; a Igreja visível *em oposição* à Igreja invisível; a lei *em oposição* à caridade, as escrituras *em oposição* ao espírito, o conhecimento *em oposição* à fé; a salvação pelas ações *em oposição* à salvação através da fé; o Estado *em oposição* à Igreja; a Terra *em oposição* ao Céu; Deus, o Criador, *em oposição* a Deus, o Absoluto. O equilíbrio mantido por essas fórmulas fatalmente ambíguas não poderia deixar de ser continuamente perturbado; e o que pendia nesse equilíbrio precário, sempre oscilante, não era a condenação de alguma heresia, nem a prisão ou a estaca para alguns espíritos rebeldes, mas sim, por vezes, o destino da civilização.

Sucumbir excessivamente à tentação gnóstica de condenar o corpo e o mundo físico como o reino do diabo, ou pelo menos como uma região da qual nada valioso poderia surgir, é declarar a indiferença sobre – na verdade, condenar – tudo o que ocorre dentro da civilização; é, moralmente, cancelar a história secular e o tempo secular. Trata-se de uma tentação que tem sido muito marcada ao longo da história conturbada do cristianismo, e uma tentação à qual Kierkegaard deu eloquente expressão. No entanto, sucumbir inteiramente à visão contrária – vamos chamá-la, por razões de simplicidade, de tentação panteísta – para glorificar o mundo como ele é e se recusar a reconhecer a inevitabilidade, ou mesmo a realidade, do mal é também matar ou enfraquecer a disposição necessária para triunfar sobre a matéria.

Por um lado, então, há a rejeição ascética do mundo e de suas seduções; por outro, sua deificação e a recusa em ver o mal neste. O pensamento cristão oscila incessantemente entre esses dois polos. A corrente principal do cristianismo ocidental tem sido sempre a de persistir na busca por caminhos para evitar essa escolha fatal, mesmo que não faltem passagens bíblicas que se possa citar para apoiar cada um desses extremos. A Europa buscou – e parece ter encontrado, na forma cristã – essa medida necessária para desenvolver suas habilidades científicas e técnicas: persistir em sua desconfiança em relação ao mundo físico, não a ponto de condená-lo como sendo intrinsecamente mau em sua totalidade, mas percebendo-o como um adversário que deve ser dominado. Questiona-se então se a rejeição moral e metafísica da natureza na cultura budista não pode ter ligação com a relativa estagnação técnica daquela cultura, e se uma afirmação da natureza de alcance muito amplo não andou de mãos dadas com o fraco desenvolvimento tecnológico no mundo cristão do Oriente. Essas não são, naturalmente, mais do que especulações, mas são difíceis de evitar quando se tenta entender a singularidade do extraordinário florescimento cultural que aconteceu na Europa. O dilema pode ser estendido a questões mais limitadas, tais como a afirmação e a limitação da razão natural e o lugar do livre-arbítrio na salvação. Somos tentados a ver toda a luta entre o humanismo e a Reforma em termos do conflito desses princípios complementares, entre os quais o cristianismo constantemente se esforça para alcançar um equilíbrio estável, que nunca poderá ser atingido.

    Esse não é o local para uma discussão de dogmas específicos. Quero apenas expressar minha suspeita de que o humanismo moderno, nascido da tradição cristã e prestes a se voltar contra ela, parece ter chegado a ponto de se voltar contra o *humanum* em si. O humanismo descrito no famoso *Discurso sobre a dignidade do homem*, de Pico della Mirandola, um humanismo definido pela ideia de incompletude do homem, seu inevitável estado de hesitação, e a insegurança causada por sua liberdade de decisão, é perfeitamente compatível com o ensinamento cristão. Um humanismo que vai além disso ao permitir que o homem seja livre, não só no sentido de que ele pode se voltar para o bem ou para o mal, mas também no sentido de que ele não pode descobrir nenhuma regra do bem e do mal que ele mesmo não tenha decretado, de que nenhuma regra foi dada a ele seja por Deus seja pela natureza e é o próprio homem que possui um poder *legítimo e ilimitado* para moldar essas normas de acordo com sua vontade – tal humanismo não é compatível com qualquer forma reconhecível de cristianismo.

    Existem razões para supor (embora não existam provas decisivas de uma ou de outra forma) que, a fim de desenvolver o seu potencial, o humanismo teve de tomar uma forma não cristã, e até mesmo anticristã; que, se houvesse permanecido dentro dos limites da tradição, como definidos pela Igreja, e se adequasse à tutela espiritual da teologia estabelecida, não teria sido capaz de criar o clima de libertação intelectual no qual a Europa foi formada. Supor isso não é negar as origens cristãs do humanismo; é possível ver, no humanismo ateísta e violentamente anticristão do Iluminismo, uma forma extrema de Pelagianismo, uma negação extrema do pecado original e uma afirmação incondicional da bondade natural do homem. Podemos, além disso, supor que esse humanismo, tendo destruído todos os vestígios de suas origens e acabado com todos os limites à nossa liberdade ao estabelecer critérios de bem e mal, enfim nos deixou no vazio moral que agora estamos tentando tão desesperadamente preencher; que ele tomou uma posição contra a liberdade, fornecendo os pretextos para tratar seres humanos como instrumentos a serem manipulados.

Pode-se arriscar um argumento análogo, na mesma escala perigosamente grande, em relação ao aumento da confiança na razão secular durante a formação da Europa. O ceticismo, que sem dúvida se baseou em fontes gregas, também foi desenvolvido em grande parte em um contexto cristão. O humanista *quod nihil scitur* marcou o colapso da certeza escolástica; ao mesmo tempo, essa era uma expressão dramática do encontro da razão, buscando dentro de si por seus fundamentos, com os mistérios da fé. Mas, apesar da importância dos temas céticos desenvolvidos por Charron, Pascal, Huet e Bayle, dentro do âmbito cristão conceitual, foi a forma não cristã de ceticismo, expressa no niilismo epistemológico de David Hume, que se mostrou vitoriosa e eficaz; e nessa forma ele sobreviveu praticamente inalterado até hoje. Mais uma vez parece ter-se chegado a um impasse intelectual.

Uma inspiração cristã também pode ser vista nas raízes das ideias sobre as quais a democracia moderna foi fundada. O Deus de Locke e o Deus da Declaração de Independência americana não eram apenas floreios retóricos: a teoria dos direitos inalienáveis do homem foi desenvolvida a partir da ideia cristã de uma pessoa como um valor não permutável. Mais uma vez, essa teoria viria a se estabelecer apesar da resistência por parte da Igreja; e, mais tarde, quando seus diversos imperativos mostraram ser não perfeitamente compatíveis, e a noção do Estado como distribuidor de todos os bens materiais e espirituais teve precedência sobre a ideia dos direitos invioláveis das pessoas, ela se voltou contra si. Assim, os direitos do homem tornaram-se o direito do Estado de possuir o homem, e foi estabelecida uma base para a ideia do totalitarismo. Por toda parte encontramos o mesmo processo duplamente autodestrutivo. O Iluminismo surge de uma herança cristã reconsiderada; a fim de se enraizar, ele deve derrotar as formas cristalizadas e ossificadas dessa herança. Quando de fato começa a se enraizar, em uma forma ideológica humanista ou reacionária, isto é, sob os contornos da Reforma, ele gradualmente se afasta de suas origens para se tornar não cristão ou anticristão. Em sua forma final, o Iluminismo se volta contra si: o humanismo se torna um niilismo moral, a dúvida leva ao niilismo epistemológico, e a afirmação do indivíduo passa por uma metamorfose que o transforma em uma ideia totalitária. A remoção das barreiras erguidas pelo cristianismo para se proteger contra o Iluminismo, que foi o fruto de seu desenvolvimento, trouxe o colapso das barreiras que protegiam o Iluminismo da sua própria degeneração, seja em direção a uma deificação do homem e da natureza, seja rumo ao desespero.

É somente hoje que um movimento espiritual em ambos os lados está tomando forma: o cristianismo e o Iluminismo, ambos tomados por um sentimento de desamparo e confusão, estão começando a questionar a própria história e o próprio significado. A partir dessa dúvida, uma visão vaga e incerta está surgindo, uma visão de novas disposições das quais, por enquanto, não sabemos nada. Mas esse duplo movimento de autoquestionamento é em si uma continuação do próprio princípio sobre o qual a Europa foi fundada; nesse sentido, portanto, a Europa manteve-se fiel a si mesma em seu estado de incerteza e desordem. Se ela sobreviver à pressão dos bárbaros, não será por causa de nenhuma solução definitiva que pode um dia descobrir, mas graças a uma consciência clara de que tais soluções não existem em lugar algum; e *essa* é uma consciência cristã. O cristianismo não encontrou – nem prometeu – nenhuma solução duradoura para a esfera mundana do homem. Dessa maneira, ele nos forneceu uma saída para o dilema pessimismo/otimismo, se esse for visto como um dilema entre a crença em soluções definitivas e o desespero. A degeneração que leva ao desespero é comum entre aqueles que uma vez acreditaram em uma solução perfeita e definitiva e, posteriormente, perderam essa certeza. Mas é a tradição da doutrina cristã que nos protege destes dois perigos: da certeza selvagem da nossa capacidade infinita para a perfeição, por um lado, e do suicídio por outro. A corrente principal do cristianismo sempre se opôs ao espírito do milenarismo, que ultrapassou seus limites e finalmente explodiu, espetacularmente, quando assumiu uma forma anticristã. O cristianismo disse: "A pedra filosofal, o elixir da imortalidade, essas são superstições dos alquimistas; e tampouco existe uma receita para uma sociedade sem mal, sem pecado ou conflitos; tais ideais são aberrações de uma mente convencida de sua onipotência, são os frutos de orgulho." Mas admitir tudo isso não é dar lugar ao desespero. A escolha entre a perfeição total e autodestruição total não é nossa; cuidados sem fim, incompletude sem fim, esses são o nosso quinhão. Assim, na dúvida que a Europa mantém sobre si, a cultura europeia pode encontrar o seu equilíbrio espiritual e a justificativa para suas pretensões de universalidade.

3.

Os intelectuais[*]

Os intelectuais: no zoológico de Deus, eles são necessários? Para quê? Eles são mediadores ou produtores? Nesse último caso, o que produzem? A palavra? Parece, no entanto, que a palavra é apenas uma ferramenta de mediação. Eles são, então, produtores de instrumentos de mediação? Desde os primeiros períodos da divisão do trabalho, os mediadores foram, provavelmente, úteis e necessários. Eles levavam produtos de um local para outro e em troca tinham que ser compensados. Assim, eram comerciantes, os transportadores de mercadorias em um sentido físico. Na verdade, não produziam nada, mas eram indispensáveis para a distribuição espacial dos produtos. Tratava-se, contudo, de um trabalho físico – a transferência dos bens materiais. Na história da economia do comércio, a divisão do trabalho continuou a se desenvolver. O comerciante não precisava mais se deslocar; ele simplesmente organizava os negócios e, assim, trabalhava com lápis e palavras. A riqueza não mais exigia uma forma fisicamente visível, e o dinheiro se separava cada vez mais da aparência material. Em uma época havia sido o gado, depois o ouro, e então notas e títulos bancários; hoje, nossa riqueza consiste principalmente em impulsos eletrônicos em um computador de banco, algo invisível, quase abstrato e incompreensível.

Impulsos eletrônicos podem ser comprados e vendidos, podem ser negociados, ou podem causar a falência ou riqueza de alguém – tudo na esfera do imaterial. Por séculos tem existido uma categoria relativamente numerosa de pessoas que não são mais mediadores no sentido antigo, mas que lidam com a substância da própria mediação – o dinheiro, que hoje é uma substância

---

[*]Traduzido do alemão por Wolfgang Freis de "Die Intellektuellen", palestra realizada numa rádio da Baviera, em 1982. Revisado pelo autor em inglês.

invisível. Essas pessoas são banqueiros, agiotas e corretores de ações, e o meio de troca tornou-se uma mercadoria em si.

O mesmo aconteceu com a palavra, ou seja, o meio para trocar e mediar produtos da mente. Além de pessoas que profissionalmente transmitiam informações, doutrinas, comandos, tradições e assim por diante – portanto, além de professores, profetas, escribas, sacerdotes e mensageiros – logo surgiu uma classe de pessoas que utilizava a palavra como material de trabalho, assim como um banqueiro usava o dinheiro. Em suas mãos, a palavra tornou-se autônoma e deixou de ser um mero meio de troca – era tratada como um valor em si. Desse modo, a substância invisível da palavra afirmou-se como uma área independente da realidade, em vez de ser funcionalmente relacionada à transmissão de informações, de verdade ou mentira, de sentimentos ou desejos.

A esfera do poder, que talvez a princípio tenha surgido a partir de funções militares e organizacionais necessárias, havia assumido independência ainda mais cedo.

Essas três ferramentas auxiliares de comunicação e organização estabeleceram o próprio domínio de existência e seus princípios; uma vez que se tornaram autônomas, a sociedade civil moderna foi construída sobre os três pilares: dinheiro, poder e palavra. Um processo de autoexpansão e autoprocriação avança continuamente em todas as áreas, e camadas correspondentes são envolvidas no processamento das três substâncias invisíveis; assim, os especialistas em dinheiro, os detentores do poder e os arquitetos das palavras (isto é, os intelectuais) são os agentes desse processo maravilhoso de autoacumulação. Graças a eles, o dinheiro produz mais dinheiro, o poder produz mais poder e a palavra produz mais palavras.

Naturalmente, a noção de que isso é, de fato, produção foi atacada repetidas vezes, na maior parte delas por ideologias mal-sucedidas de retorno à natureza, que apareceram no último século e meio como ideias utópicas anarquistas variadas. Nada, segundo elas, é realmente produzido nas esferas do dinheiro, do poder e das palavras; a existência dessas três entidades é apenas aparente; na realidade, elas não são nada, e não podem ser mais do que instrumentos de comunicação; sua pseudoindependência serve para perpetuar os privilégios irracionais das classes sociais improdutivas e ociosas. O dinheiro é necessário, no máximo, para medir o valor relativo das mercadorias e facilitar a troca – qualquer coisa além disso é usura. Ademais, uma sociedade saudável não precisa de um governo que vá além de funções organizacionais. Quanto aos intelectuais, o que são eles além de aproveitadores do intelecto, produtores de palavras ocas, tagarelas e parasitas que continuamente exploram sua falsa superioridade – que se resume à habilidade em manipular palavras – para reforçar ou ampliar seu *status* privilegiado?

Toda a história do movimento anarquista reflete uma suspeita, ou até mesmo um ódio, dos intelectuais; numerosas variantes aparecem nos escritos de Proudhon, Bakunin, Sorel e dos anarquistas russos. A suposição encoberta ou mesmo explícita dessa aversão era a convicção de que apenas a produção e o que quer que fosse necessário a ela seria importante para a vida humana, como se Deus tivesse dado ao homem a capacidade de arar os campos e de construir casas, e o restante viria do diabo.

Não é necessário mencionar que todas essas condenações e ataques aos intelectuais se originaram com intelectuais. Eles sempre foram, com certeza, aqueles que expressavam todas as ideologias – inclusive aquelas contra os intelectuais, e essa é de fato uma importante parte de sua função. Por isso, é tentador ver o ato de questionar a utilidade dos intelectuais como uma antinomia prática – é preciso que alguém seja um intelectual para que ataque convincentemente os intelectuais. Na verdade não há outra profissão com essa tendência inata a questionar de modo contínuo sua própria legitimidade e seu direito à existência. Nós não perguntamos: por que existem encanadores? Ou: por que existem médicos? Mas a pergunta "Por que existem os intelectuais?" tem sido feita desde que essa profissão começou a existir. Certamente, às vezes nós nos perguntamos: por que existem os generais? Ou: por que existe o governo? Por que existem os banqueiros? Mas essas perguntas não são feitas por generais, banqueiros, ou funcionários do governo. A pergunta "Por que existem os intelectuais?", no entanto, está entre uma das mais comuns e preferidas dos próprios intelectuais. Naturalmente, essa questão é muitas vezes colocada dentro de comunidades especiais – os filósofos perguntam "Por que existem os filósofos?", os poetas "Por que existem os poetas?". Mesmo que eles achem boas ou más razões para justificar sua existência, a frequência de tal exame revela ou uma má consciência ou, pelo menos, um sentimento de que sua legitimidade nunca é segura ou de que o fundamento social ou moral de seu trabalho não é claro. E por quê? Por que os intelectuais, em particular, se sentem compelidos a defender seu direito de existir?

A resposta não é difícil e parece estar fundada na natureza da linguagem, portanto, na existência humana. Assim como fez parte da natureza do dinheiro que este, uma vez criado, se transformasse em um bem autônomo peculiar e produzisse taxas de juros e de usura, a futura autonomia da palavra talvez tenha surgido com a sua natureza desde o início, garantindo que essa excedesse sua função como instrumento de intercâmbio e alcançasse o nível de uma entidade independente.

Uma vez que os objetos, as ações e os atributos foram nomeados por Adão, a realidade, que até agora tinha sido perceptível sem palavras, não poderia permanecer a mesma. A palavra não funciona apenas como um substituto para um objeto em certas circunstâncias, e não pode apenas representá-lo ou substituí-lo: o próprio objeto é percebido, necessariamente, pela mediação da palavra, isto é, a ele é atribuído um significado no processo de percepção. Assim, não só a palavra é necessária para reproduzir a realidade, como ela é coprodutora da realidade. O objeto é o que é somente dentro de uma rede linguística abrangente, apenas como sua partícula. O mundo conhecido corresponde a essa rede, não na base da simbolização convencional, mas na determinação recíproca, sem que nenhum lado tenha precedência. Não se pode decidir se o objeto ou a palavra vem em primeiro lugar, sem um círculo vicioso, já que o objeto no ato de fazer a pergunta parece já atribuído de significado – já é conhecido e nomeado. O mundo não é simplesmente reproduzido *na* linguagem, ele é apropriado somente na forma da linguagem.

No entanto, já que a linguagem é produtiva, ela não apenas abrange o mundo, mas antecipa o possível e examina o irreal, mesmo o impossível; tem tempo futuro, formas interrogativas, e *modus irrealis* à sua disposição, no tempo passado como no tempo presente; portanto, tende a questionar tudo, incluindo a si mesma. É uma peculiaridade da linguagem que essa tenha se tornado não somente autônoma, mas, acima de tudo, autorreflexiva. O dinheiro tornou-se autônomo, mas não pode ser colocado em questão. A palavra, entretanto, pode fazer isso. Portanto, os intelectuais – aqueles mestres manipuladores e domadores da palavra – são tanto produtores de todos os mundos possíveis quanto revolucionários questionadores continuamente em dúvida. Em circunstâncias diferentes, tanto o dinheiro quanto a palavra são capazes de guiar o mundo para fora de seus trilhos; mas o dinheiro, embora seja autorreprodutor, não é autorrelacionado e não pode fazer objeção a si mesmo. Mas, uma vez que a linguagem engloba tudo, inclusive a si mesma, seu potencial criativo e destrutivo é infinito. Diz o Eclesiastes (12:12): *faciendi plures libros nullus est finis* [não há fim para a produção de livros]. Em outras palavras, o potencial criativo – ou, se preferirmos, o potencial destrutivo – da palavra, sua capacidade de alterar a percepção do mundo e, portanto, o próprio mundo, criando novos universos, de considerar o possível, ou mesmo o impossível, e de questionar o que é geralmente aceito – tudo isso faz dos intelectuais um elemento fatalmente desestabilizador na sociedade.

Ao dizer isso, nós já pressupomos uma noção de intelectual que coincide, ao que parece, com uma noção comumente aceita. Ao falarmos dos intelectuais como uma classe, não pensamos em todos aqueles cuja profissão está relacionada com a palavra, mas naqueles que têm um trabalho em que a palavra se torna, por assim dizer, criativa (tanto quanto destrutiva); desse modo, nós não consideramos aqueles que simplesmente transmitem a palavra como mediadores, mas aqueles que a usam para impor uma percepção específica de mundo a outros, de modo a criar assim um novo mundo.

Um padre, que certamente trabalha principalmente com meios linguísticos, não é um intelectual: é tarefa dele preservar no ritual a santa palavra da tradição religiosa e transmitir a sabedoria herdada em sermões. Nem o é um professor quando se esforça para transmitir seu estoque acumulado de conhecimentos e a técnica de reflexão para os jovens. Na verdade, mesmo eruditos – linguistas, historiadores ou arqueólogos – não são intelectuais, na medida em que eles tentam permanecer *fiéis* ao material encontrado ou descoberto, a fim de descrevê-lo, enquanto tentam minimizar suas intervenções no processo. O intelectual, por outro lado, não é um pesquisador ou descobridor, em um sentido estrito; ele estabelece reivindicações que vão além disso, usa a palavra para sugerir a própria interpretação do mundo; ele não deseja simplesmente transmitir a verdade, mas criá-la. Ele não é um guardião da palavra, e sim um fabricante da palavra.

Assim, por definição, seria ele um mentiroso? Não, não necessariamente. Na mentira, a palavra é usada de modo legítimo, por assim dizer. Quando estamos mentindo, continuamos dentro das fronteiras do factual: simplesmente invertemos, ocultamos ou desfiguramos os fatos como os conhecemos. As mentiras são um componente normal do comportamento humano em questões militares, públicas e privadas, e não exigem poderes criativos. O ato de mentir usa a palavra em sua função básica comum como meio de troca, não como criadora de mundos. Ao mentir, nos mantemos fiéis à natureza da palavra e à própria natureza. Pode-se argumentar que a mentira está incorporada no comportamento pré-humano; a imitação, talvez, pode ser vista como uma mentira da natureza.

Os intelectuais não são mentirosos, mas sedutores. Claro que uma mentira pode auxiliar no seu trabalho em algumas ocasiões, mas não é absolutamente necessária. Recorrendo aos recursos da palavra, eles desejam impor ou sugerir uma visão de mundo que os fatos por si sós – sejam eles apresentados correta ou falsamente – nunca poderiam produzir. Uma visão de mundo não surge apenas do acúmulo de fatos, mas também de palavras para interpretar, julgar e ordenar tais fatos. Assim, ao tentar descobrir, ou seja, produzir o significado dos fatos, os intelectuais – como filósofos, poetas, escritores de ficção e pensadores políticos – vêm a ser ideólogos. Isso quer dizer que eles defendem uma ideia do mundo como ele devia ser, e a partir daí dão origem a uma imagem do mundo como ele é – não no sentido de que o existente e o desejado convergem, mas sim no sentido de que a partir de um mundo desejado ou imaginado eles derivam regras para interpretar os fatos do mundo existente – ou determinar *o que* os fatos são em sua essência.

Mas os intelectuais são mestres e governantes da palavra, e não seus servos – ao menos segundo o próprio julgamento. Por essa razão, eles são destruidores da tradição, mesmo que tentem preservá-la com a melhor das intenções, porque defender a tradição por si só já significa questioná-la. Platão queria banir os poetas do estado ideal. Ele acreditava, corretamente, que os poetas destruíam o legado da moral por sua maneira de retratar os deuses. Mas pode-se ir mais longe do que isso: mesmo aqueles que veneram a tradição são perigosos quando aparecem como intelectuais. Se Platão tivesse seguido o seu argumento, consequentemente, teria reconhecido que seria vítima das próprias regras. O Estado ideológico – ou seja, a república ideal de Platão, bem como o estado totalitário moderno – não precisa de intelectuais no sentido de pessoas que questionam e tomam uma posição de forma independente; ele necessita daqueles que preservam a palavra da tradição, que fornecem legitimidade aos poderes estabelecidos, sem concessões. Os intelectuais, por outro lado, sempre se fazem inimigos naturais da estabilidade, quer por dependerem da razão autossuportada, quer por se referirem a outras fontes de sabedoria independentes do estado ideológico – sejam eles sofistas da Atenas de Sócrates, dialéticos do início da era medieval, sejam filósofos do século XVIII.

Tudo isso é bastante óbvio. Menos óbvia é a dificuldade que encontramos em distinguir com clareza entre os defensores e os destruidores das ideologias estabelecidas no passado e no presente. Toda ideologia estabelecida ocasionalmente tem de fazer progressos contra circunstâncias inesperadas e novos perigos. Quando os meios existentes e comprovados não bastam mais, são necessárias pessoas com faculdades imaginativas maiores do que aquelas que o guerreiro ideológico comum tem disponíveis para forjar novas armas intelectuais – são necessários intelectuais. Eles costumam tentar derrotar o inimigo com as próprias armas e se apropriar de diversos componentes de sua doutrina, de maneira a torná-la inócua dentro da ideologia transmitida. A força independente da palavra, porém, leva-os, quase inevitavelmente, para mais longe do que a defesa requer, e, apesar de todas as boas intenções, eles se tornam destruidores do que estavam determinados a defender; na verdade, muitas vezes são incapazes de evitar isso a fim de alcançarem o sucesso.

Quem foi um guardião mais leal da doutrina da Igreja do que Tomás de Aquino, ao atacar as exigências dos averroístas pela autonomia total da razão secular? Mas, ao atacá-las, ele definiu regras específicas de como a razão secular devia ser separada da fé e estabeleceu os limites de sua relativa autonomia. Com essa distinção clara, ele expôs a doutrina da Igreja ao mesmo perigo do qual havia procurado defendê-la: adotou a categoria conceitualmente identificável de seus adversários, o que, então, solidificou seus direitos contra a Igreja e o tomismo.

Ou – no polo oposto do cristianismo – quem era o inimigo mais irreconciliável da razão secular, da dialética e da filosofia se não Calvino? No entanto, opondo seu profundo conservadorismo bíblico à arrogância da escolástica, ele destruiu a confiança na continuidade da Igreja como uma fonte de interpretação da doutrina. Para a tarefa de interpretação, ele deixou para as gerações futuras somente a mesma razão secular que tinha condenado com tanto vigor. Apesar de suas intenções, criou assim um ambiente intelectual que logo alimentou os defensores da religião natural e os deístas. Descartes, com suas provas irrefutáveis da existência de Deus, contribuiu de maneira decisiva para o desenvolvimento do ateísmo europeu, e o profundamente piedoso Pierre Bayle se tornou o mestre *par excellence* de todos os céticos do Iluminismo.

Sabemos, de fato, que as fronteiras entre grandes mestres e grandes hereges, em geral, nunca são muito claras; se alguém finalmente cai no espaço de uma ou outra categoria é sobretudo devido a circunstâncias acidentais.

Ou – para dar um exemplo contemporâneo – quem era um companheiro mais leal do comunismo do que György Lukács? E, ainda assim, apesar de seus esforços e de sua devoção, durante toda sua vida, ele nunca conseguiu se acertar com o partido e repetidamente foi estigmatizado, com os mais diversos rótulos, como um renegado. Sua mente intelectual não estava satisfeita em ser fiel; ele aspirava a melhorar a doutrina comunista e a defendê-la com mais ferocidade do que os chefes do partido, o que o levou a vários erros. Mesmo que os intelectuais sejam responsáveis em larga escala pela disseminação e consolidação do mundo comunista, em geral é plausível pensar que eles também contribuíram enormemente para o seu declínio. Cedo ou tarde, a obediência se provou insuportável e incompatível com as reivindicações intelectuais, e aqueles entre os intelectuais que não renunciavam de todo à obediência e atacavam a doutrina de fora, mas tentando melhorá-la a partir de dentro, eram especialmente destrutivos. Hoje, quando quase não há intelectuais comunistas de esquerda, e a maior parte do trabalho doutrinário está nas mãos confiáveis de autoridades de partido obtusas, o caso do comunismo parece estar mais seguro: não há mais problemas com essa espécie pretensiosa e eternamente insatisfeita. Mas isso é apenas meia verdade: a segurança ideológica é importante, mas também o é a capacidade para reagir a novas circunstâncias ideológicas, e abandonar essa capacidade é o preço que se tem de pagar por uma segurança confortável. Assim, o fato de o comunismo estar acabado como movimento intelectual – e, falando de uma maneira geral, como questão intelectual – pode ser vantajoso por enquanto para a sua causa, por um lado; por outro, no entanto, deve ser considerado como um sinal de sua queda. Ter intelectuais dentro do âmbito de uma instituição ideológica certamente causa aborrecimentos sem fim. Ao mesmo tempo, isso mostra que a instituição ainda está viva e desejando, em um certo grau, se confrontar com novas situações intelectuais. Nesse sentido, é possível dizer que o cristianismo está bem vivo; o comunismo, no entanto, não está.

A questão da chamada responsabilidade do intelectual tem sido discutida há décadas. Por razões óbvias, tais debates são geralmente infrutíferos. Por que os intelectuais deveriam ser especificamente responsáveis, e responsáveis diferentemente de outras pessoas, e pelo quê? Sua superioridade, pode-se pensar, consiste em uma habilidade para usar palavras; e se é certo rotulá--los como sedutores, eles certamente são capazes de seduzir para o bem ou para o mal. Mas, no que se refere à distinção entre o bem e o mal – seja em questões morais seja políticas –, serão eles necessariamente mais confiáveis, serão guias menos falíveis do que outras pessoas? Dificilmente. As pessoas que sabem um pouco mais do que a maioria sobre a precariedade de todos os nossos julgamentos, que conhecem melhor a história de muitas esperanças enganosas e as falhas de muitas ideias excelentes e bem-intencionadas, e que geralmente estão cientes das ambiguidades do destino humano, deveriam ser mais razoáveis, dir-se-ia, em suas decisões e escolhas políticas. Como todos sabemos, esse nem sempre é o caso. A longa história de erros terríveis que tantos intelectuais do nosso século cometeram em suas escolhas políticas e de sua identificação turbulenta com as tiranias mais cruéis é bem conhecida e foi descrita diversas vezes; isso provavelmente contribuiu para o declínio significativo de sua autoridade como líderes em questões políticas.

Falar sobre responsabilidade de modo geral é simples e improdutivo, e em todas as discussões específicas, os intelectuais não são menos divididos, e não necessariamente por razões melhores, do que qualquer outra pessoa. Quando eles abordam o assunto, não costumam ter em mente a "responsabilidade" em geral – isto é, a simples necessidade de tomar partido em conflitos políticos ou morais; na realidade, é uma questão de corroborar um determinado assunto que alguém está apoiando no momento. Um mero sentimento de responsabilidade é uma virtude formal que, por si só, não resulta em uma obrigação específica: é possível sentir-se responsável por uma boa causa, bem como por uma causa má. É certamente verdade que ninguém no mundo pode se declarar apolítico em sã consciência, mas isso não implica a obrigatoriedade de identificar-se com um movimento, ideologia ou partido existentes.

No caso dos intelectuais, o único assunto específico pelo qual eles são responsáveis profissionalmente é o bom uso – ou seja, o uso justo e menos enganoso – da palavra. Essa é menos uma questão de verdade do que de espírito da verdade, já que ninguém pode prometer que nunca se enganará; mas é possível preservar o espírito de verdade, o que significa nunca abandonar uma desconfiança vigilante das próprias palavras e identificações, saber como retratar seus erros e ser capaz de autocorreção. Isso *é* humanamente possível, e deve-se esperar isso dos intelectuais, uma vez que, por razões óbvias, as qualidades humanas comuns da vaidade e da ganância pelo poder, entre eles podem ter resultados particularmente nocivos e perigosos. Se isso soa ranzinza, que seja. Deve-se considerar, no entanto, que nenhuma profissão (se o termo *profissão* for apropriado) cria uma oportunidade melhor para a neurose; isto é, nenhuma outra profissão por natureza cria tantas pretensões conflitantes. Os intelectuais muitas vezes aspiram a ser profetas e arautos da razão ao mesmo tempo, mas esses papéis são naturalmente incompatíveis. Ocasionalmente gabando-se disso, querem ser intelectualmente independentes; ainda por causa disso, experimentam uma necessidade de identificação maior do que a de outras pessoas, e o próprio aspecto de que se vangloriam gera neles um embaraçoso sentimento de inferioridade. Muitas vezes, experimentam sua liberdade e independência como um deserto, tornando-os inúteis e isolados. Mas a tensão entre a independência intelectual e a total identificação nunca poderá ser resolvida, exceto quando se desistir da independência. A necessidade de identificação pode resultar em uma perda quase inacreditável de raciocínio crítico, como foi confirmado por todos os intelectuais bem conhecidos que se identificaram com o stalinismo, o nazismo, o maoísmo e várias seitas fanáticas. Quando o ódio de seu próprio meio, que os transforma em intrusos, se torna avassalador, o resultado é uma espécie de cegueira histérica da realidade, por assim dizer – como já pôde ser observado em Sartre, e hoje o é em Chomsky.

 Seria de se esperar que todos os intelectuais estivessem interessados na liberdade de expressão por razões profissionais imediatas, se não por questões de princípio. Na maioria das vezes esse realmente é o caso. Por outro lado, querem outra coisa também: ser ouvidos. Mas a única maneira *segura* de ser ouvido é desfrutando um monopólio da palavra. Os intelectuais não podem criar tal monopólio por eles mesmos; isso só pode ser concedido a eles por um poder despótico, ao preço de serem escravizados. Há razões para crer que os intelectuais da primeira fase após a Revolução Russa tenham contribuído para a própria destruição subsequente, quando vários grupos tentaram garantir junto aos governantes privilégios ou mesmo um monopólio. Elementos dessa trágica história de autodestruição podem ser encontrados nas memórias de Nadeschda Mandelshtam, que por várias razões deveria ser leitura obrigatória para intelectuais. Além disso, a liberdade da palavra não é, em absoluto, aceita de maneira universal. É notável que Heidegger, em uma entrevista publicada postumamente por *Der Spiegel*, ainda tenha confirmado sua crítica da liberdade acadêmica, que se originou durante o período nazista; essa era, disse ele, uma mera "liberdade negativa" (como se houvesse qualquer liberdade que não fosse "negativa"). Os ataques ferozes de Marcuse contra a ideia e a prática da tolerância também vêm à mente. Esses casos são o resultado dos sonhos de ganhar para si o monopólio das palavras, garantido pelos poderes governamentais. Isso é, certamente, expresso como a reivindicação de um monopólio da verdade; ninguém deve duvidar de que os autores de tais alegações sejam eles próprios os donos exclusivos da verdade.

Talvez alguns entre aqueles intelectuais estivessem dispostos – e isso é apenas uma suspeita – a aceitar a função de privilegiados filósofos da corte para déspotas esclarecidos. Estranhamente, no entanto, não há déspotas esclarecidos em nosso século e não há governantes absolutos, como nos séculos XVI e XVII, que sustentem intelectuais ao preço de uma dedicação lisonjeira ou de alguns louvores ocasionais, mas que também lhes deem liberdade de criação. Os déspotas de hoje precisam de intelectuais na medida em que já não sejam intelectuais; ou seja, na medida em que possam ser comprados como escravos e dediquem todo o seu trabalho a seus senhores. No século do totalitarismo, o tempo de autocratas esclarecidos já passou.

Ainda mais interessante é o culto ao poder, como tal, que perpassa toda a história intelectual de forma encoberta ou, às vezes, expressa. Nietzsche, que – já ligeiramente insano e na iminência da deterioração intelectual final em Turim – expressou seu ataque violento ao cristianismo (que denunciou como a glorificação da doença e a doença em si), é, naturalmente, um paradigma: ele, o triste profeta da saúde e do vigor, era um gênio da sedução, sem dúvida, mas também foi um modelo para aqueles que nunca estavam satisfeitos com seu papel de impotentes produtores da palavra.

Mas será que estamos falando de assuntos que realmente pertencem ao passado? Até certo ponto, talvez. Depois de tantos erros terríveis e de uma enorme descrença de seus antecessores, os intelectuais são, em geral, provavelmente mais cuidadosos em seus compromissos políticos. Comparada à enorme moda do stalinismo, a atração do maoísmo, por exemplo – um período que felizmente passou –, mostrou ser muito mais fraca, mesmo no auge de sua popularidade. Existe muito menos boa vontade em oferecer apoio incondicional às ideologias existentes, e mais inclinação a manter uma distância de assuntos políticos, com uma consequente tendência a se afastar para áreas mais seguras e especializadas. Como resultado, provavelmente temos agora menos lunáticos e vigaristas influentes, mas também menos professores intelectuais.

No entanto, as circunstâncias que criam um mal-estar incurável para os intelectuais e nutrem seus sentimentos contraditórios são onipresentes. Por um lado, há desprezo pelas pessoas comuns; por outro, existe um desejo de solidariedade para com os oprimidos e os pobres, o que muitas vezes resulta em uma identificação puramente cerebral com ideologias que se fizeram defensoras das demandas das massas. O desprezo pelas pessoas comuns, em grande medida, fazia parte do antiamericanismo entre os intelectuais europeus, para o qual os emigrantes de guerra alemães que se dirigiram aos Estados Unidos contribuíram. Essa tendência era expressa frequentemente pela Escola de Frankfurt. Quase se podia sentir a inveja, misturada ao horror, pela cultura americana das classes médias – pessoas que provaram ser muito bem sucedidas em avanços tecnológicos, bem como na moldagem de instituições democráticas e que não liam Kant, não ouviam Bach e, além disso, não conferiam aos intelectuais um estado de honra sobre-humano, mas os tratavam, na melhor das hipóteses, como trabalhadores comuns, ou, na pior delas, como preguiçosos inúteis, e até mesmo parasitas.

Uma luta interior interminável acontece na alma dos intelectuais. Eles estão divididos entre um sentimento de sua superioridade, de sua missão especial, *e* uma inveja secreta dos humanos, cujo trabalho traz resultados visíveis e verificáveis. Escrevendo sobre a superioridade da crítica comparada à literatura, Oscar Wilde afirmou que é geralmente mais fácil fazer algo do que falar sobre isso – é mais fácil fazer uma cama do que descrever o processo de fazê-la. Mickiewicz, por outro lado, escreveu "que é mais difícil viver bem por um dia do que escrever um livro extenso". Bem, eu não sei se Oscar Wilde já tentou fazer uma cama, mas a observação de Mickiewicz parece ser desumanamente exagerada. No entanto, os intelectuais, talvez, tenham o "direito" de se sentirem inseguros sobre o *status* e o valor do seu trabalho. Que resultados tangíveis tem o trabalho de produção intelectual? Há, é claro, vários exemplos de intelectuais que exerceram uma enorme influência em sua época e, portanto, em todo o curso da história mundial. Mas notamos que, em primeiro lugar, esses exemplos representam apenas a "ponta do iceberg", um pequeno número da população relativamente grande de intelectuais;

em segundo lugar, normalmente um longo tempo deve passar antes que tal influência seja mensurável; e terceiro – este é o aspecto mais embaraçoso –, resultados reais são sempre contestáveis e incertos. Se olharmos para trás, para o século XVI, época na qual a classe de trabalhadores independentes da palavra surgiu, podemos notar vários tipos que reaparecem na história posterior: acadêmicos aposentados, livres-pensadores militantes, defensores militantes do *establishment*, céticos, políticos fracassados, buscadores curiosos de novidades e poli-historiadores. O modelo original de um intelectual na história moderna certamente foi Erasmo de Rotterdam: um incendiário amante da paz, filólogo e moralista, muitas vezes vacilante, profundamente envolvido com os grandes conflitos de seu tempo, mas também reservado e cuidadoso, sem vontade de ir a extremos; um dos maiores promotores do movimento de reforma na vida religiosa, mas que nunca se juntou à Reforma; um guerreiro gentil, estudioso e satírico. Ainda hoje, seu papel histórico como um todo é controverso: ele foi, em última análise, um restaurador ou um destruidor do cristianismo? Muitos critérios mais ou menos arbitrários devem ser considerados para que se responda a tais questões de forma inequívoca. Questões semelhantes podem ser feitas sobre quase todos os grandes intelectuais que contribuíram para a história intelectual e política da Europa também sem se alcançar respostas definitivas. As tensões entre um intelectual típico, como Melanchton, e um tribuno popular, como Lutero, não poderiam ser evitadas, e se os intelectuais tentassem ser líderes populares ou políticos profissionais, os resultados seriam pouco encorajadores: o mercado de palavras com todos os seus perigos é, no fim, um lugar mais apropriado para eles do que a corte de um rei.

4.

Por que precisamos de Kant?[*]

Este texto também poderia ser chamado "Por que precisamos de Kant na luta contra a escravidão?" ou mesmo "Contra o jargão do 'ser humano concreto'". Eu não sou um especialista em Kant e não sou kantiano, mas, devo dizer, sou simpatizante de Kant – especialmente no que se refere aos conflitos entre os kantianos e o assim chamado pensamento historicista, tanto na epistemologia quanto na ética.

Não tenho a pretensão de oferecer uma interpretação especial e original de Kant, sob nenhum aspecto. Minha pergunta é: a antropologia filosófica de Kant é significativa para as principais questões e os medos do nosso tempo? Será que é indispensável continuar a partir dela quando nos propusermos a examinar as tensões de nossa civilização? Essa não é uma questão sobre as opiniões políticas ou sociais de Kant. Que ele era um democrata radical; que ele talvez – como Vorländer e outros kantianos social-democratas têm argumentado – em alguns pontos tenha antecipado o pensamento socialista; como ele reagiu à Revolução Francesa; se ele era realmente um Robespierre filosófico (seguindo a famosa parábola de Heinrich Heine) – tudo isso é irrelevante para o contexto atual. Naturalmente, as atitudes políticas de Kant são interessantes para os historiadores, mas é óbvio que não podemos esperar deles respostas a desafios específicos do presente. Ao contrário, devemos nos ater ao que é fundamental nas teorias do conhecimento e da ética de Kant, e àquilo que tornou sua crítica um evento que provocou uma mudança radical na história da cultura europeia. Devemos perguntar se há vestígios e marcos incipientes a partir dos quais não se deve esperar obter diretamente respostas

---

[*] Traduzido do alemão por Wolfgang Freis de "Warum brauchen wir Kant?", *Merkur 9/10* (1981). Copyright © 1981 por Klett-KottaVerlag, Stuttgart. Revisado pelo autor em inglês.

conclusivas, mas que podem valer como condições necessárias para a sobrevivência de nossa cultura. Minha resposta é sim, e eu gostaria de defendê-la. Os ensinamentos de Kant com relação às condições do conhecimento teórico e prático são realmente transcendentais, não antropológicos. Ou seja, todas as formas e categorias segundo as quais nós buscamos perceber – e, consequentemente, também formar – objetos não devem ser definidas como características da psicologia humana ou peculiaridades fortuitas de nossa espécie zoológica, mas como a condição necessária de toda a experiência possível. Assim, elas são válidas para todos os seres dotados de razão, uma vez que identificam a razão como tal, não em uma determinada espécie. O mesmo se aplica à área da razão prática: os princípios morais definem, ainda que formulados de forma abstrata, apenas os requisitos formais necessários de qualquer norma aplicada a todos os seres dotados de livre-arbítrio. Isso significa que a humanidade não é um objeto nascido ou dado pela natureza, e ser humano não é um conceito zoológico, mas moral; os defensores do socialismo ético, entre outros, têm enfatizado isso repetidas vezes. O ser humano não é determinado por características específicas que distinguem nossa espécie de outras, mas pela participação tanto na área das necessidades racionais, que são expressas epistemologicamente em juízos sintéticos *a priori*, quanto na esfera de imperativos morais, que não podem ser deduzidos empiricamente.

Disso se conclui que não se deve produzir normas que regulem o que as pessoas deveriam fazer a partir do que elas já estão fazendo. Se esse princípio é formulado tão genericamente, Kant naturalmente o compartilha com as tradições do positivismo e do empirismo radical; mas a concretização do princípio, bem como seu sentido e seus resultados diferem em ambos os casos. O argumento de Kant não é que não se pode deduzir julgamentos de valor a partir de julgamentos descritivos, e que, portanto, toda a esfera de valores e normas morais abre espaço para as decisões arbitrárias de cada indivíduo, porque – como os empiristas colocam – no reino dos fins e deveres, não há validade "objetiva". Pelo contrário, a questão é, se a observação da ação humana não pode resultar no estabelecimento de uma distinção entre o bem e o mal, e nenhuma regra de obrigação moral pode ser retirada desse processo, como, então, podem tais distinções e regras – como normas que são incondicionalmente independentes da simples experiência – ser encontradas e detectadas na esfera autônoma da razão prática? Será que Kant conseguiu descobrir a área do que é moralmente obrigatório? É realmente possível reivindicar tal descoberta, sem depender de fontes de certeza religiosa? Aqui eu tenho que deixar de lado a última questão, embora ela seja muito importante. Estou preocupado com uma questão que é logicamente independente: pode nossa civilização de fato sobreviver sem a crença de que a distinção entre o bem o mal, entre o proibido e o obrigatório, não depende de nossas decisões respectivas e, portanto, não coincide com a distinção entre o vantajoso e o desvantajoso? Uma vez que algo que pode ser benéfico para um ser ou grupo humano pode, obviamente, ser desfavorável para outros (e pelo mesmo raciocínio, algo que é desvantajoso para uma pessoa ou grupo em algum momento pode vir a ser vantajoso para a mesma pessoa ou grupo a longo prazo); em suma, uma vez que não existe, afinal, a noção do que é vantajoso ou desvantajoso *tout court*, a ideia de que os preceitos morais coincidem com os critérios utilitaristas evidentemente equivale a nada, a não ser ao princípio de que preceitos morais não existem. Kant sabia disso, é claro; assim, voltando-se contra o utilitarismo popular do Iluminismo, ele também sabia exatamente que o que estava em jogo não era nenhum código moral específico, mas sim a questão da existência ou não existência da distinção entre o bem e o mal, e, por conseguinte, a questão do destino da humanidade.

Com frequência Kant tem sido acusado de ser um pregador ingênuo que era um estranho às realidades da vida, e que esperava que as pessoas fossem fazer o bem exclusivamente por causa de seu senso de dever, não por quaisquer outros motivos. Nada estava mais longe de sua mente. Pelo contrário, a ingenuidade no julgamento de motivações e comportamento humanos reais ocorreu no lado dos utilitaristas otimistas do Iluminismo, os quais acreditavam – certamente não sem exceções – que os instintos naturais de solidariedade e amizade retornariam após as instituições políticas defeituosas e superstições religiosas serem abolidas e que a humanidade seria abençoada com uma harmonia duradoura e uma ordem sem conflitos. Kant não acreditava nisso. O professor na tediosa cidade provinciana tinha uma compreensão melhor da natureza humana do que os dândis intelectuais de Paris. Ele não esperava que o comportamento real da humanidade pudesse satisfazer aos imperativos que a sua teoria moral havia estabelecido. Sua teoria do mal radical, que foi claramente dirigida ao pensamento utópico, não foi uma adição acidental à sua antropologia; estava relacionada à sua doutrina do livre-arbítrio. A liberdade fatalmente inclui não somente a capacidade de fazer o mal; ela implica que o mal não pode ser erradicado. Assim, em *Fundamentação metafísica dos costumes*, ele escreveu:

> [...] mesmo que nunca tenha havido ações surgindo de tais fontes puras, nossa preocupação não é se isto ou aquilo foi feito, mas que a razão, por si e independentemente de todas as aparências, comanda o que deveria ser feito. Nossa preocupação é com as ações de que talvez o mundo nunca tenha tido um exemplo, com ações cuja viabilidade poderia ser seriamente posta em dúvida por aqueles que baseiam tudo na experiência, e ainda com ações inexoravelmente comandadas pela razão. (Tradução de L. W. Beck do original alemão.)

Do ponto de vista empírico, as questões da validade dos juízos de valor e dos critérios de bem e mal são, naturalmente, sem sentido – a experiência não conhece o bem e o mal, a menos que possamos substituir tais termos por fatos psicológicos ou sociais. É muito pior, no entanto, se afirmarmos que ambas as distinções, bem como as normas de obrigação moral, podem de fato ser consideradas válidas ou inválidas com base no que nós podemos verificar, investigando ou nossos mecanismos biológicos ou nossos processos históricos. Para dizer isso de forma mais clara, no primeiro caso, essa afirmação significa que não apenas seguimos nossas inclinações naturais, mas que é razoável que nós as sigamos; no segundo caso, isso significa que tudo o que ao longo da história provou ser bem-sucedido é automaticamente justificado no plano moral. Os seguidores do neokantismo têm repetidas vezes chamado a atenção para o absurdo da última ideia, que é especialmente popular entre os marxistas.

É menos uma questão da chamada falácia naturalista, cuja insuficiência lógica tem sempre sido enfatizada pela filosofia empirista, do que uma questão de seu significado cultural. Se alguém adota essa perspectiva pseudo-hegeliana, torna-se evidente que há apenas um marco disponível para a nossa conduta: iremos participar no que é bem-sucedido ou no que promete ter sucesso. Eu chamo isso de *pseudo-hegeliano*, uma vez que a orientação retrospectiva de Hegel o proibia de estender historicamente determinados julgamentos de valor até o futuro e, assim, santificar algo que talvez prometesse sucesso no futuro. Com sua atitude futurista, os jovens hegelianos – Marx entre eles – descartaram essa salvaguarda e assim nos autorizaram a rastrear tendências no processo da história que têm uma boa chance de vitória e a nos juntarmos à causa deles por essa razão.

Isso é crucial para a civilização. Se realmente renunciarmos à noção de uma distinção previamente estabelecida entre o bem e o mal, uma que seja independente de nossa própria decisão (tenha tal distinção sua origem na tradição religiosa ou tenha sido aceita como um postulado da razão prática de Kant), então nenhum limite moral nos impede de participarmos de uma ação por nenhuma razão melhor do que promover o sucesso de uma tendência que, por definição, será legítima se for bem-sucedida, mesmo que leve o nome de Hitler ou de Stalin. Responder dizendo que as pessoas têm falhado ao longo da história em fornecer muitos exemplos impressionantes de ação que se conformem com o Decálogo seria cometer exatamente a falácia que Kant apontou. Essa não é apenas uma falácia lógica, mas também de cunho antropológico; no âmbito da antropologia, há uma imensa diferença entre uma sociedade em que os critérios tradicionais de bem e mal continuam válidos, não importa quantas vezes esses tenham sido violados, e uma em que tais critérios tenham sido revogados e caído no esquecimento. A afirmação de Kant de que as regras de obrigação moral não podem ser derivadas do que nós estamos de fato fazendo e de que é extremamente importante estarmos conscientes dessas regras, mesmo que muitas vezes as violemos, continua sendo um pré-requisito de qualquer sociedade não destinada a cair na ruína. A crença de que o bem e o mal não são determinados em seus contextos por acidentes históricos, mas precedem todos os fatos contingentes, é uma pré-condição de qualquer cultura viva. Esse ponto da herança filosófica de Kant é muito importante, tanto porque ele sabia como interpretá-lo de forma muito clara e vigorosa, como porque ele provou que sua validade só pode ser mantida por sua ligação com um princípio que ele compartilhou com Hume, ou seja, que a obrigação moral nunca pode ser derivada racionalmente dos fatos da experiência.

Procurar por critérios de obrigação moral que são produzidos por um processo histórico factual ou permanecem escondidos no decorrer dele nunca é um meio de identificar tais critérios de forma não qualificada. Mas criticar o empirismo porque esse não permite que se reúnam tais critérios a partir da experiência histórica e, portanto, não define a questão do bem e do mal, é não somente criticar o melhor e aquilo a que não podemos nos opor no empirismo, é também uma crítica moralmente ruim. Uma vez que é impossível descobrir o que é obrigatório de maneira incondicional no que é historicamente condicional, quaisquer tentativas de determinar o bem e de garantir o direito de especulação filosófica sobre a história não é somente uma falha lógica, mas também algo moralmente hipócrita: são tentativas de legitimar o oportunismo moral. Essas são características muito comuns entre os marxistas: a intenção é justificar tudo o que é rentável na esfera política em um determinado momento e sustentar ao mesmo tempo que isso é moral em si, e não simplesmente por decisão arbitrária. Isso significa transformar o oportunismo em uma lei moral férrea.

Em suma, sem a crença de que a distinção entre o bem e o mal não depende da decisão arbitrária do indivíduo, nem das condições políticas do momento, e de que ela não surgiu a partir da distinção entre o útil e o prejudicial, nossa civilização estará perdida. E Kant fez a tentativa mais importante e enérgica de justificar a irredutibilidade dessa distinção como uma questão de razão, não uma questão de revelação.

Tudo isso se aplica, no entanto, apenas à estrutura geral da filosofia moral de Kant: as distinções entre o que "é" e o que "deveria ser", e entre o bem e o mal. Mas, uma vez que tais distinções estão enraizadas no livre-arbítrio não suscetível à comprovação empírica do ser racional e são, portanto, obrigatórias para todos, Kant chega à conclusão natural de que todos os seres humanos – tanto como indivíduos agindo moralmente quanto como objetos de julgamento moral (portanto, como seres livres) – estão na mesma posição no que tange a todas as regras mais específicas. Isso significa que os seus direitos e deveres recíprocos são idênticos na medida em que eles são seres humanos.

Eu estou tocando na questão-chave da importância hoje em dia da herança kantiana: a questão do assim chamado ser humano abstrato, contra o jargão com o qual o historicismo – o conservador bem como o revolucionário – tende a definir o *ser humano concreto*. E minha causa é defender a herança de Kant contra o jargão do ser humano concreto.

Kant acreditava realmente na igualdade essencial dos seres humanos no que diz respeito à sua dignidade como seres livres dotados de razão. Nesse ponto, ele certamente deu continuidade à doutrina da lei natural do século XVII – era um herdeiro de Puffendorf e Grotius – mesmo que tenha baseado sua doutrina em concepções antropológicas distintas. Ele acreditava, portanto, que todas as normas, na medida em que sejam morais, devem ser aplicadas incondicionalmente para cada indivíduo e que há reivindicações que cada ser humano pode fazer, uma vez que todas as pessoas devem ser consideradas como fins em si, e não como meios para outras pessoas.

É exatamente esse ponto da doutrina de Kant – e de toda a doutrina do direito natural também – que tem sido atacado desde o início do século XIX. "O homem, como tal, não existe", é a frase habitual, "só existem seres humanos concretos." Mas o que isso significa, o *ser humano concreto*? De Maistre é creditado com a famosa observação de que ele tinha visto franceses, alemães e russos, mas nunca um homem. Podemos perguntar: ele realmente viu um francês, um alemão ou um russo? Não, ele só pôde ver o sr. Dupont, o sr. Muller e o sr. Ivanov, nunca ninguém que fosse apenas um francês, um alemão ou um russo. Por tudo isso, sua observação revela o ponto em questão: o chamado ser humano concreto não é um ser humano concreto; isto é, ele não é um indivíduo. É um ser determinado por sua nacionalidade, em contraste com o "ser humano como tal", isto é, com o ser humano que é igual em sua dignidade a todos os outros.

Baseado na natureza humana em geral, a doutrina do direito natural – incluindo Kant – afirma que a cada ser humano são conferidos direitos fundamentais. A insistência de Kant em considerar as pessoas como fins em si mesmas e, portanto, em considerar cada pessoa separadamente postula que nenhum ser humano pode ser propriedade de outro e que a escravidão contradiz o conceito de ser humano. Se negarmos, no entanto, a presença da humanidade comum em nome do ser humano concreto, nós, portanto, também negaremos a única base do princípio dos direitos humanos. Esse princípio é válido apenas sob a pré-condição de que existem direitos que cada indivíduo pode reivindicar simplesmente por ser humano, sob a pré-condição da participação igual de todos na natureza humana, ou, em outras palavras, como "ser humano abstrato". O ser humano concreto, por outro lado – segundo a forma como a palavra é vulgarmente utilizada –, é concreto apenas no sentido de que ele é determinado não por sua natureza humana, mas por uma categoria mais específica. Desse ponto de vista, não importa como nós escolhemos essa categoria mais específica – pode ser uma raça, uma classe ou uma nação. Em todo caso, a intenção ideológica, em que o jargão do ser humano concreto é baseado, é enfraquecer ou até mesmo invalidar o princípio geral dos direitos humanos e permitir que alguns setores da humanidade julguem outros como objetos naturais. E isso significa, de fato, embora não necessariamente em declarações ideológicas, legitimar a escravidão.

Nesse contexto, a assim chamada Nova Direita francesa apresenta um exemplo interessante. O movimento deve ser levado a sério, eu acredito. É distinguido por certa abertura, resolução e vontade de falar sem desculpas. Essas pessoas são com frequência denunciadas como racistas, até mesmo nazistas. Sua resposta é: "Nós nunca justificamos nenhuma teoria que fale de raças superiores ou inferiores, de antissemitismo ou de ódio racial." É verdade que eles não divulgaram tais doutrinas. Não parecem ter tomado o nazismo como inspiração; na verdade, apresentam uma continuação da antiga tradição anti-iluminista, que se originou com de Bonald, de Maistre, Savigny e foi mais tarde encontrada em Nietzsche e, finalmente, em Sorel. Sua ideologia expressa uma reação contra o ser humano abstrato em nome do homem historicamente determinado. Uma edição do periódico *Elements* de janeiro/março de 1981 é inteiramente dedicada à luta contra a teoria dos direitos humanos e intitulada "Droits de l'homme: le piège" [Direitos humanos: uma armadilha]. Eles não afirmam que existam raças melhores, nações governantes, e assim por diante. Primeiro, declaram que a teoria dos direitos humanos, na forma como é definida na filosofia moderna, é de origem judaico-cristã e bíblica – o que é verdade. E então afirmam que tal teoria não pode ser derivada de nenhum material histórico, e que a humanidade representa uma entidade apenas como conceito biológico; caso contrário, em um sentido cultural, a humanidade não existe realmente. Várias cristalizações "orgânicas" de culturas produziram as próprias normas e sistemas de valores; em contraste, a teoria dos direitos humanos expressa o imperialismo cultural, que se esforça para forçar nossa específica doutrina judaico-cristã sobre outras civilizações e, portanto, tenta destruir qualquer diversidade. Os ideólogos da Nova Direita são pagãos e se apresentam como tal. Eles querem voltar a uma concepção de humanidade pré-bíblica, supostamente grega, e adotar culturas atuais, historicamente maduras (em vez de abstrações filosoficamente destiladas do ser humano), como a base de qualquer antropologia possível.

É certamente verdadeiro – e tanto Kant quanto os novos kantianos estavam totalmente cientes disto – que o conceito de humanidade em um sentido cultural não se baseia em uma descrição empírica; ele não pode ser derivado de maneira legítima de pesquisas antropológicas nem de pesquisas históricas. Ele deve ser fundamentado moralmente. Se tal comprovação é concebível por meio da postulação de princípios absolutamente autônomos da razão prática, portanto, sem depender da tradição religiosa, essa é, repito, uma outra questão. Em ambos os casos deve-se admitir, no entanto, que o conceito de humanidade em um sentido cultural – um conceito pressuposto em cada reconhecimento dos direitos humanos – pode ser construído moralmente, mas não empírica ou historicamente.

A eliminação de conceito como esse e, por consequência, do princípio dos direitos humanos universais (como no exemplo dado) cria os pré-requisitos para se legitimar a escravidão e o genocídio – é claro, sem necessariamente os incentivar de um jeito ou de outro. Basta que as pessoas que vivem em uma civilização particular possam considerar os membros de outra civilização como objetos naturais. Para comer camarões ou maçãs, por exemplo, não precisamos de uma teoria especial para nos convencermos de sua inferioridade em relação aos seres humanos – eles são objetos naturais, e isso basta para nós. O mesmo resultado pode ser obtido com os seres humanos, independentemente de outras partes de nossa espécie serem definidas biologicamente por meio da categoria de raça, ou historicamente, por meio da associação com uma nação ou cultura – contanto que o ser humano abstrato desprezado seja esquecido.

O mesmo vale para a descrição da concretude em categorias de classe; o jargão do ser humano concreto aparece com frequência em algumas variantes da ideologia marxista. A herança de Marx nesse ponto, como é bem conhecida, é ambígua, como o é em muitos outros. Marx acreditava, por um lado, que no comunismo o povo iria retornar à sua verdadeira individualidade, da qual a economia mercantil capitalista os havia roubado, uma vez que os homens fossem liberados da necessidade de se venderem como forças de trabalho. Por outro lado, ele esperava que esse indivíduo do futuro se identificasse completa e espontaneamente com a sociedade e que as técnicas sociais viessem a existir para estabelecer essa identificação, a saber, a abolição da propriedade privada e a centralização dos processos de produção nas mãos do Estado. A partir dessa perspectiva, a questão da chamada liberdade negativa, como tinha sido proclamada pela Revolução Francesa, parecia sem sentido para ele, uma vez que assumia conflitos de interesses entre os indivíduos e, portanto, exibia especificamente condições da sociedade burguesa. Em contraste, na sociedade do futuro imaginada por Marx, os interesses e aspirações do indivíduo não são limitados pelas necessidades dos outros, mas sim apoiados por elas.

Desde o início, e não logo após a vitória política do marxismo ligeiramente alterado como a ideologia oficial do Estado policial, essa noção foi denunciada, em especial pelos anarquistas, como a antecipação do estado de escravidão – merecidamente, creio eu. A nacionalização geral significa a nacionalização das pessoas. A doutrina marxista não continha nenhuma barreira segura, na forma de reconhecimento dos direitos inalienáveis do indivíduo, contra a posse das pessoas pelo Estado – porque a sociedade burguesa estava dividida em classes hostis. O reconhecimento dos direitos universais, ao que parece, violaria o princípio da luta de classes, enquanto na comunidade perfeita o indivíduo seria capaz de se identificar de forma livre e sem coação com a "totalidade".

Os social-democratas neokantianos, como Cohen e Vorländer, já perceberam isso. O princípio de Kant, eles perguntaram, segundo o qual os seres humanos devem ser vistos como fins em si e nunca como um meio – isto é, cada um como indivíduo, não como membro de uma nação, classe, raça, Estado ou civilização – não concorda com a ideia central do socialismo, uma vez que essa concepção almeja libertar as pessoas das condições em que elas funcionam como objetos ou mercadorias, e não como indivíduos morais? Assim, a ideia socialista só pode ser viável na medida em que adote o princípio de Kant. A filosofia da história de Marx não nos fornece, por si só, esse princípio, mas poderia ser compatível com a filosofia moral de Kant, sem contradições, se renunciasse às reivindicações impossíveis e moralmente perigosas de ter conquistado a dicotomia de fatos e valores, das realidades históricas e dos ideais normativos. Tal desafio se tornou motivo de riso para os ortodoxos, que acreditavam que a ideia socialista não precisava de uma base ética – fosse porque representava (na opinião de muitos marxistas alemães) somente uma análise sem valor do desenvolvimento histórico, fosse (como Lênin e Trótski afirmaram mais tarde) porque não existe ética, nem nunca poderia existir, longe das técnicas da luta de classes.

A importância desse confronto manifesta-se hoje ainda mais do que à época. O ridicularizado ser humano abstrato de Kant, que deveria ser considerado como um fim em si, é cada um de nós, cujos direitos civis, direitos de autodeterminação, liberdade e vida são ameaçados pela expansão do totalitarismo. É claro que é possível dizer que não se deve interpretar os princípios de

Kant de maneira tão utópica e abrangente, como se fosse possível substituir as assim chamadas inter-relações coisificadas entre seres humanos por aquelas puramente pessoais. Certamente, existem áreas da existência nas quais as pessoas interagem como representantes de instituições e não como pessoas. Níveis burocráticos e técnicos de comunicação existem na vida, e seria ingênuo acreditar que eles poderiam ser eliminados. Nem podemos depreender, a partir de nosso princípio, no sentido kantiano, claras indicações que apontem se (ou em que grau) esse princípio é aplicável às lutas, aos conflitos e às guerras. Mas, mesmo se nós reduzirmos tal princípio a seu conteúdo mínimo, ele significa que nenhum ser humano pode ser propriedade de outro; portanto, proíbe qualquer forma de escravidão.

Nos velhos tempos da escravidão, algumas pessoas estavam sujeitas a serem compradas e vendidas, assim como qualquer outra mercadoria. Como argumentaram os socialistas neokantianos, numa economia de mercado, os seres humanos continuam semelhantes a mercadorias: mesmo que eles sejam pessoalmente livres, são forçados a vender seu trabalho, seus talentos e habilidades no mercado. Mas é preciso acrescentar que substituir essas condições por aquelas sob as quais o povo se torna propriedade do Estado – que é a ideia principal do comunismo – significa substituir algo muito imperfeito por algo infinitamente pior. A escravidão estatal, o inevitável resultado da nacionalização total, teoricamente não tem limites, uma vez que se abre mão do princípio do valor inalienável do indivíduo. Sem ele, a ideia socialista inevitavelmente degenera em um socialismo escravo, em uma sociedade na qual o indivíduo é reduzido a uma partícula elementar no processo produtivo.

Repito, é importante, mas secundária, no contexto atual, a maneira como o indivíduo perde o *status* de um ser autônomo e se torna um objeto: seja por meio da reivindicação do nosso direito de considerar pessoas de outras raças, nações ou culturas como objetos naturais; seja se nós considerarmos a nação como sendo do mais alto valor, na qual os indivíduos aparecem somente como componentes de um organismo maior; seja finalmente, se postularmos que o direito de tratar seres humanos como seus instrumentos corresponda a um Estado todo-poderoso. Assim, não importa se o princípio correspondente é interpretado em categorias biológicas, históricas ou culturais – em todos os casos o jargão do ser humano concreto serve como base da escravidão. Desse ponto de vista, as doutrinas explicitamente racistas, bem como as filosofias que pregam a incomunicabilidade mútua entre as culturas e, portanto, a impossibilidade de se adotar uma noção comum de humanidade, não são menos antagônicas à humanidade do que as ideologias comunistas totalitárias. Sua base negativa comum consiste exatamente na negação da ideia do *ser humano* como categoria universal, aplicável a cada ser humano individual, confirmada pela inviolabilidade, impossibilidade de substituição e caráter único da pessoa. Elas são todas antikantianas, bem como anticristãs e anti-humanas.

O reconhecimento politicamente compelido, relutante e (naturalmente) apenas verbal do princípio dos direitos humanos por alguns Estados comunistas não muda os fatos mais do que a relutância dos movimentos nacionalistas racistas e radicais ao negar o mesmo princípio. Os governantes dos Estados comunistas sabem muito bem (e eles estão corretos) que isso contradiz sua ideologia – apesar de existirem hoje poucos que se atrevam a dizê-lo. Mao Tsé-Tung foi uma rara e admirável exceção, condenando explicitamente a teoria dos direitos humanos como uma invenção burguesa.

Em suma, embora a ideia de dignidade humana, conferindo a mesma igualdade a cada ser humano, seja mais velha do que Kant e na realidade de origem bíblica, nós devemos a Kant não apenas a tentativa de estabelecê-la independentemente de uma religião revelada, mas também a clara distinção entre essa ideia e tudo o que possa vir a ser descoberto em pesquisas antropológicas, históricas e psicológicas. Graças a ele, nós sabemos que nem a nossa compreensão da história e da etnologia, nem o nosso conhecimento da fisiologia nos permitirá reconhecer a validade dessa noção, e que não conseguir reconhecer isso é muito perigoso. Se alguém tenta achar direitos humanos em material histórico ou antropológico, o resultado será sempre os direitos exclusivos de alguns grupos, raças, classes ou nações, que se conferem permissão para subordinar, destruir e escravizar outros. A humanidade é um conceito moral. A menos que reconheçamos isso, não temos nenhuma boa razão para desafiar a ideologia da escravidão.

5.

Exaltação ao exílio[*]

A figura familiar do século XX do "intelectual no exílio" pode orgulhar-se de ter um *pedigree* espiritual impressionante, desde Anaxágoras, Empédocles e Ovídio, passando por Dante, Occam e Hobbes, e indo até Chopin, Mickiewicz, Herzen e Victor Hugo. Frequentemente, no entanto, os expatriados modernos têm sido refugiados, em vez de exilados no sentido estrito – geralmente eles não eram deportados de seu país ou banidos pela lei; escapavam da perseguição política, da prisão, da morte ou simplesmente da censura.

Essa distinção é importante na medida em que tem tido um efeito psicológico. Muitos exilados voluntários dos regimes tirânicos não podem se livrar de um sentimento de desconforto. Eles não estão mais expostos aos perigos e privações que seus amigos, e todo o país do qual se sentem parte, enfrentam no dia a dia. Certa ambiguidade é, portanto, inevitável, e é impossível estabelecer quaisquer regras rígidas e rápidas para distinguir o autoexílio justificável do injustificável. É fácil ver que nada teria sido ganho se Einstein ou Thomas Mann permanecessem na Alemanha de Hitler ou se Chagall não tivesse deixado a Vitebsk governada pelos soviéticos. Há, por outro lado, muitas pessoas que vivem na União Soviética ou na Polônia que os governantes gostariam de enviar por navio para uma terra estrangeira, mas que teimosamente se recusam a se mudar, optando pela prisão, perseguição e miséria. Quem se atreveria a dizer que eles estão errados? Solzhenitsyn e Bukowski tiveram que ser algemados e chutados para fora de seu país, seguindo assim o triste caminho de mais duzentos intelectuais russos proeminentes que os governantes soviéticos baniram pouco depois da revolução. A muitos líderes

---

[*] Reimpresso com a autorização do *The Times Literary Supplement*, 11 de outubro de 1985, com revisão do autor. Copyright © 1985 por *The Times of London*.

do Solidariedade foi oferecida a liberdade, ao preço da emigração, e eles se recusaram – alguns estão mais uma vez na prisão; outros provavelmente logo estarão. Milan Kundera deixou a Tchecoslováquia, e Czesław Miłosz deixou a Polônia, e eles fizeram de suas experiências obras importantes da literatura moderna; Havel permaneceu em sua terra, assim como Herbert, e nós devemos muito a todos eles. O *Doutor Fausto* e os romances de Nabokov são frutos da emigração, como são as obras de Conrad, Ionesco e Koestler, ainda que *Arquipélago Gulag* não pudesse ter sido produzido por um exilado. Nenhum padrão universal pode ser concebido para decidir em que condições o autoexílio – se praticável – é preferível.

Quando falamos de um "intelectual no exílio", quase automaticamente pensamos em um fugitivo de um ou outro tipo de tirania e, portanto, deduzimos que aquele exílio – mesmo um exílio forçado – é, em alguns aspectos importantes, preferível ou mesmo melhor que a alternativa. A especialidade da Rússia (decorrente de seu tamanho) é o exílio interno, que dá às pessoas o pior dos dois mundos: a emigração de sua terra natal juntamente com o mesmo regime repressivo de antes (aqui, como em todos os lugares, existem graus de desgraça, é claro: apenas compare o exílio de Pushkin na Crimeia e em Odessa com aquele de Sakharov em Górki). Deixando isso de lado, as vantagens do exílio (liberdade), bem como suas desgraças (desenraizamento, dificuldades insolúveis com línguas estrangeiras etc.), são óbvias. Não tão óbvia é a resposta à questão de se o exílio é apenas um mal menor, ou se ele oferece privilégios desconhecidos daqueles que estão firmemente estabelecidos em seu solo nativo.

Podemos procurar uma resposta nas vicissitudes dos exilados mais experientes, exilados por excelência, os judeus. Enquanto viveram em guetos, protegendo sua identidade por um escudo impenetrável de rituais altamente complexos e tabus (talvez a própria complexidade de sua lei tenha tornado possível a sua sobrevivência: um homem piedoso não poderia viver entre os gentios e observar todos os seus costumes, cujo número obrigou os judeus a viverem juntos e evitou que se dissolvessem no ambiente cristão), eles poderiam ter produzido espantosos talmudistas e comentaristas, mas a sua vida cultural era necessariamente contida. Em termos de geografia, viveram durante gerações como expatriados, mas não eram, em absoluto, estrangeiros nos guetos – mantiveram tenazmente no coração e na mente a perdida terra pátria imaginária, mais ou menos indiferente ao mundo cultural dos gentios; a um Hassid piedoso não importava muito, em termos culturais, se ele viveu em Varsóvia, Xangai ou Buenos Aires; ele levava sua fé na bagagem, e guardar essa bagagem era suficiente para sustentar sua vida mental. Uma vez que as paredes dos guetos começaram a ruir com a assim chamada emancipação (é preciso estar ciente dos aspectos duvidosos dessa palavra cheia de importância), os judeus invadiram o espaço espiritual da Europa, em uma marcha surpreendentemente rápida e poderosa. Alguns deles, como Marx, Freud e Einstein, se tornariam reais conquistadores do mundo; milhares encontraram seus lugares nas elites de todos os reinos da civilização – as ciências, artes, humanidades e a política. Foi apenas se exilando de seu exílio coletivo que eles se tornaram exilados no sentido moderno. Por mais que tenham tentado, não conseguiram (ao menos em sua maioria) perder totalmente sua identidade antiga e ser assimilados sem reservas; eles eram considerados corpos estrangeiros pelas tribos indígenas, e foi provavelmente esse *status* incerto, a falta de uma identidade bem definida, que permitiu que vissem mais e questionassem mais do que aqueles que estavam satisfeitos com suas heranças e sentidos naturais de pertencimento. Pode-se ficar tentado a dizer que foram os antissemitas (quando não expressavam suas ideias em termos de câmaras de gás) os responsáveis, em grande parte, pelas realizações extraordinárias dos judeus, precisamente porque, ao impedi-los de seguir o caminho da segurança moral e intelectual da vida tribal – fosse francesa, polonesa, russa ou alemã – os deixaram na posição privilegiada de marginais.

É fato conhecido e inquestionável que a posição de um marginal oferece um privilégio cognitivo. Um turista muitas vezes vê as coisas que um nativo não percebe, à medida que elas já se tornaram uma parte natural da vida deste (pode-se pensar em um turista na América chamado Alexis de Tocqueville). Para os povos do Livro, tanto judeus como cristãos, o exílio é, naturalmente, parte normal e inevitável da humanidade na Terra. Pode-se ir mais longe e dizer que o mito do exílio, de uma forma ou de outra, está no cerne de todas as religiões, de qualquer experiência religiosa genuína. A mensagem fundamental incorporada no culto religioso é: a nossa casa está em outro lugar. Conhecemos, no entanto, pelo menos duas interpretações práticas radicalmente diferentes dessa mensagem. Existe o desprezo pelas realidades terrenas e, finalmente, pela própria vida, que não pode oferecer nada além de miséria e sofrimento – essa é a conclusão que a sabedoria budista muitas vezes endossa. Há também a noção de que o exílio fornece à raça humana uma grande oportunidade de ser explorada em seu caminho de volta para o Pai – essa interpretação prevalece na corrente principal da civilização judaico-cristã. Um desprezo global pela matéria, pelo corpo, pelos valores terrestres, foi um fenômeno marginal na história cristã. O cerne do conceito da vida cristã pode ser assim resumido: vivemos no exílio e nunca devemos nos esquecer disso; portanto, todos os bens e objetivos temporais têm de ser vistos como relativos e subordinados; mesmo assim, eles são reais, e nosso dever natural é usá-los; a Natureza é um adversário a ser conquistado, não a ser negado.

Suponha que os teólogos estão certos e que nossos progenitores no Éden teriam adquirido o conhecimento do amor carnal e produzido descendentes mesmo se tivessem resistido à tentação e permanecessem alegremente inconscientes do Bem e do Mal. Dessa forma, nunca teriam originado a humanidade como a conhecemos – uma raça capaz de criar. Foi a *felix culpa* e o exílio subsequente, incluindo suas misérias e riscos, que os arrancou de sua segurança celestial, os expôs ao mal, ao perigo, às lutas e aos sofrimentos e, assim, estabeleceu as condições necessárias da existência humana. A criatividade surgiu da insegurança, a partir de uma espécie de exílio, a partir da experiência da falta de moradia.

A Filosofia pode simplesmente negar o fato do exílio, ou melhor, como os cristãos afirmam, escondê-lo de nós – isso é o que os adeptos do empirismo, do naturalismo, do materialismo e do cientificismo costumavam fazer. Ela pode aceitar e tentar mostrar um caminho de retorno a uma reconciliação definitiva do homem com o Ser – essa é a abordagem hegeliana. Ou pode aceitar o fato, mas negar que nossa condição seja curável, portanto condenando-nos a uma nostalgia infindável pelo Paraíso não existente; a filosofia existencial do nosso século foi mais bem-sucedida ao expressar essa visão sombria, expondo assim a amarga colheita do Iluminismo.

A noção cristã do primeiro exílio pode ser ampliada e aplicada ao segundo – isto é, o exílio do exílio – e ao terceiro e ao quarto. (Pode-se argumentar, por exemplo, que Spinoza era um exilado quádruplo, sendo excomungado da comunidade judaica que se estabeleceu em Amsterdã após a expulsão de Portugal, onde eles haviam vivido como exilados do Eretz [território] dado a eles por Deus como local de exílio do Éden). Qualquer exílio pode ser visto tanto como uma desgraça quanto como um desafio; mas pode tornar-se não mais do que uma razão para desânimo e tristeza, ou uma fonte de estímulo doloroso. Podemos usar uma língua estrangeira simplesmente porque precisamos fazê-lo, ou tentar descobrir nela tesouros linguísticos que lhe são únicos, intraduzíveis, e que, portanto, enriquecem a nossa mente, não só nossa capacidade técnica para nos comunicarmos. Podemos confrontar a perspectiva de um estrangeiro com a de um nativo e, assim, semear um alarmante desconforto mental que com frequência acaba sendo produtivo e mutuamente benéfico. Os exemplos abundam ao longo da história moderna. Eu não tenho conhecimento de nenhum estudo que analise especificamente o papel cultural das diversas formas de exílio, individuais e coletivas, na história da Europa. Não há dúvida, porém, que, sem tantas expulsões religiosa ou politicamente motivadas e autoexpulsões, sem todos os errantes e refugiados, a vida intelectual e artística europeia seria muito diferente do que é. Pode-se pensar nos huguenotes na Inglaterra e na Holanda; nos cristãos italianos radicais e nos unitaristas procurando abrigo na (então muito tolerante) Polônia da segunda metade do século XVI; nos unitaristas poloneses na Europa Ocidental na segunda metade do século XVII, promotores dos primórdios do Iluminismo; nos judeus expulsos dos países ibéricos; nos refugiados da Europa Central e Oriental, governada pelos comunistas. Todos eles contribuíram, às vezes de forma dramática, para as civilizações dos locais que os acolheram, embora possam ter sido, ocasionalmente, não muito bem recebidos e vistos com desconfiança. Emigrantes do Terceiro Reich produziram enorme impacto na vida intelectual americana (alguns dizem que esse foi um impacto nefasto, mas quem sabe o balanço final?).

Temos de aceitar, mesmo que com relutância, o simples fato de que vivemos em uma era de refugiados, migrantes, mendigos, nômades itinerantes sobre os continentes, aquecendo sua alma com a memória de seus lares – espirituais ou étnicos, geográficos ou divinos, reais ou imaginários. O desamparo completo é insuportável – ele equivaleria a uma ruptura completa com a existência humana. Será possível um cosmopolitismo perfeito? Diógenes Laércio relatou que Anaxágoras, quando perguntado se não se importava com sua terra natal, respondeu que se importava muito mesmo, e apontou para o céu. Algumas pessoas hoje fazem as mesmas declarações, negando um interesse parcial ou lealdade especial à sua comunidade tribal original; em que medida tal afirmação pode ser feita de boa-fé é discutível.

Além de pessoas que tenham escapado da tirania ou sido expulsas de suas terras, há nações inteiras cujo povo, sem sair da terra natal, foi roubado do seu direito de ser cidadão da própria terra, apesar de serem cidadãos do Estado, porque seu país está sob domínio estrangeiro – este é o destino (temporário, esperamos) das nações da Europa Central e do Leste. A separação entre o Estado, que as pessoas sentem que não é delas, embora se afirme seu proprietário, e a terra natal, da qual elas são guardiãs, as reduziu a um *status* ambíguo de semiexilados. A ambição do Estado não soberano é roubar seus súditos de sua memória histórica, distorcendo e falsificando-a de acordo com as necessidades políticas reais. E a memória coletiva é, em última análise, a terra natal. Metade da Europa tendo sido, portanto, desenraizada, o que pode esperar a outra metade? Será que o mundo inteiro será conduzido para um semiexílio interno? Será que Deus tenta nos lembrar, de forma um tanto dura, que o exílio é a condição humana permanente? Um lembrete cruel, sem dúvida, mesmo que merecido.

PARTE II

SOBRE OS DILEMAS DA HERANÇA CRISTÃ

6.

A vingança do sagrado na cultura secular[*]

As estatísticas são, ou parecem, indiscutíveis: sempre que a urbanização e a educação geral se espalharam, elas quase sempre foram acompanhadas por um declínio na religiosidade e por um aumento da indiferença religiosa. A análise estatística avalia o grau de religiosidade por meio do grau de participação nos ritos religiosos (ida à igreja, batismos, crismas, casamentos religiosos, funerais etc.) e da distribuição de respostas a pesquisas relativas a certas crenças tradicionais. Também é o único método de quantificação da religiosidade, reduzindo-a às suas manifestações externas. No entanto, não é de se estranhar que queiramos saber mais – mais, em particular, sobre o significado cultural de tais cálculos e seu valor de previsão. Mas nesse domínio nossos julgamentos devem ser arbitrários, como em todos os casos em que tentamos compreender o significado e prever o futuro dos processos globais na sociedade humana. Embora seja modesto o número de princípios infalíveis que temos à nossa disposição quando tratamos de previsões globais, uma coisa é certa: o método mais falível é aquele da extrapolação ilimitada a partir de uma curva que tenha começado a tomar forma, pois aqui, como em todas as outras esferas da vida, cada curva falha em um ponto imprevisível. Cerca de quinze anos atrás, no auge do *boom* do ensino universitário, era uma questão simples calcular em que ano o número de estudiosos excederia o número de leigos. Um contraexemplo fácil, admito. Da mesma forma, pode-se prever com facilidade que a atual curva de crescimento da população não atingirá o ponto no qual existirá

---

[*] Traduzido do francês por Agnieszka Kolakowska de "La revanche du sacré dans la culture profane", presente em *Le besoin religieux* (Neuchâtel, Suíça: Editions des Baconnière, 1973). Copyright © 1973 por Éditions des Baconnière. Revisado pelo autor em inglês.

uma pessoa para cada centímetro quadrado da superfície da Terra – um ponto obtido pela simples extrapolação a partir de uma curva.

Outros exemplos menos simplistas (embora menos facilmente calculáveis) abundam. No século XIX, tudo parecia apontar para a verdade da convicção racional de que o sentimento nacional estava se extinguindo rapidamente e logo seria suplantado por forças que tendiam de modo inexorável a reduzir a cultura humana a um estado definitivo de uniformidade e universalidade. Naturalmente, quando a dura realidade não obedece a essas previsões racionais e nos vemos contemplando um crescimento surpreendente do nacionalismo no mundo todo, pouco esforço é necessário para explicar o fenômeno com argumentos tão convincentes e convicções tão racionais quanto aqueles que acompanharam as profecias antigas, que diziam exatamente o contrário.

Na verdade, nada poderia ser mais simples do que aduzir a necessidade histórica para explicar os acontecimentos depois que eles ocorreram, mas a contingência da história zomba das nossas previsões. As vicissitudes da vida religiosa também têm o seu lugar entre os testemunhos, se mais algum fosse necessário, da nossa inadequação na esfera da profecia e da predição. Elas, também, têm em grande medida nos persuadido de que o curso dos acontecimentos é determinado não por nenhuma suposta lei, mas por mutações, que são, por definição, imprevisíveis, mas podem ser facilmente justificadas uma vez que tenham ocorrido. Quando acumulamos estatísticas que lidam com o comparecimento à igreja sobre um período de trinta ou quarenta anos e continuamos, com base nelas, a forjar uma lei histórica, estamos aplicando um método científico?

Não, não estamos. O que nós estamos de fato fazendo é prestigiando os preconceitos filosóficos do evolucionismo, ao aplicá-los ao estudo da religião. Esses são preconceitos que herdamos diretamente do progressivismo do Iluminismo. É verdade que esse evolucionismo foi quase totalmente abandonado nos estudos contemporâneos da religião, mas continua a influenciar aqueles que se consideram esclarecidos e que, em grande medida, também moldam a educação pública. Com frequência lemos nos jornais que a política substituiu a religião, que o psiquiatra tomou o lugar do sacerdote e que as utopias tecnológicas suplantaram os sonhos escatológicos. À primeira vista, tudo isso é plausível. Também está confirmado na observação da vida cotidiana, que mostra aos intelectuais que os intelectuais recorrem com maior frequência ao psiquiatra do que ao confessionário para terem assistência espiritual, que preferem semanários nacionais a revistas paroquiais, ou que os telespectadores em geral preferem assistir ao lançamento da Apollo que à missa de domingo.

Elevar tais observações ao *status* de leis históricas, no entanto, envolve admitir muito mais do que aquilo que elas podem implicar por si mesmas. Envolve aceitar a teoria evolucionista de que a religião tem sido e continua a ser não mais eficaz do que a magia como uma técnica para cobrir as lacunas em nosso conhecimento e habilidades práticas. Mas não há garantia alguma de que seja esse o caso. Se a magia fosse não mais do que uma técnica desajeitada e ineficiente baseada em associações contingentes e ligações que não existem na natureza, sua persistência, apesar de sua falta de sucesso, seria surpreendente e inexplicável – ela serviria como prova de que nosso sistema nervoso, regulado por leis de reflexos condicionados, é inferior ao de todos os outros animais, porque é incapaz de se livrar de reflexos baseados em ligações não existentes. Se tal explicação fosse verdade, a própria sobrevivência da espécie humana, sem mencionar suas extraordinárias conquistas tecnológicas, seria um milagre incompreensível.

O mesmo pode ser dito da teoria de que as crenças religiosas adequadas são reduzidas a instrumentos práticos, aplicados a esferas que estão sujeitas ao acaso e não são suscetíveis à influência humana: um meio de impor a ordem onde o controle não é possível. Se a crença religiosa é o mero resultado de nosso desejo de controlar o mundo, é difícil ver como e por que uma atitude tão puramente técnica poderia ter envolvido a imaginação humana em tais aberrações como a procura por significados ocultos e tecnicamente inúteis nos fenômenos empíricos, ou como e por que a ideia do sagrado se formou.

Eu não quero construir uma teoria geral do significado da religião; apenas gostaria de salientar que as previsões sobre o desaparecimento do fenômeno religioso na nossa cultura não se baseiam tanto em estatísticas simples como em uma determinada interpretação dessas estatísticas, uma interpretação retirada, por sua vez, de uma metafísica arbitrária da natureza humana. O mesmo se aplica a qualquer teoria que considere a religião uma técnica aplicada aos fenômenos naturais, ou que a veja como um meio de se adaptar às instituições sociais; a situação permanece a mesma, em outras palavras, seja por uma interpretação retirada de Durkheim ou de Marx.

É necessário recordar que, em um momento não muito distante do nosso, as categorias religiosas absorveram quase totalmente todas as outras; que quase todas as formas de cultura, todos os laços humanos, conflitos e aspirações tinham algum significado religioso; e que muita dessa universalidade da função da religião foi perdida. Nós não sentimos mais a necessidade de olhar para a tradição religiosa para buscar uma explicação causal dos fenômenos naturais, nem procuramos nela inspiração ideológica em tempos de conflito social. Foi-se o tempo em que as sanções e categorias religiosas desfrutavam de aplicabilidade universal. Mas o fato de que os sentimentos, ideias, imagens e valores religiosos são emprestados a todas as esferas da vida, que eles foram capazes de funcionar como instrumentos em todas as formas de comunicação, não só não corrobora a teoria instrumental do sagrado, mas apoia a visão contrária.

Os valores religiosos, se é que podem ser atribuídos aos interesses e às aspirações seculares, devem ter sido antes reconhecidos como tais, independentemente de quais fossem esses interesses e aspirações. Se as palavras "Deus está do meu lado" devem servir como uma defesa de qualquer causa, a autoridade de Deus já deve ser reconhecida, não inventada *ad hoc* para aquela defesa específica. O sagrado deve existir antes que possa ser explorado. Portanto, é absurdo afirmar que o sagrado não é mais do que o instrumento dos vários interesses que o têm imposto. A interpretação instrumentalista do sagrado esconde uma ilusão intelectualista: o significado cultural de uma enxada pode ser compreendido inteiramente em sua utilização pelo jardineiro (ou em seu uso secundário para bater na cabeça de alguém), mas dizer que as ideologias e valores morais ou religiosos podem ser entendidos da mesma forma não é apenas ignorar tudo o que distingue a cultura humana do mero esforço de adaptação biológica – é tornar essa cultura incompreensível. Se em algum momento passamos do estágio de expressar nossas necessidades diretamente para a fase de invocar a sanção do sagrado, ou de procurar apoio na "reversão ideológica", a fim de expressá-las, a passagem de um estágio para o outro não é explicada pelo mero conteúdo dessas necessidades. Este permanece tão misterioso como sempre.

Eu defini essas considerações gerais não para questionar a evidência do fenômeno conhecido como *secularização*, mas simplesmente para salientar que o significado desse fenômeno está longe de ser óbvio, e que o termo *se-*

cularização, que engloba alguns processos que não costumam andar lado a lado, tende a confundir a questão.

Se no mundo tradicionalmente cristão a secularização significa uma diminuição na participação nas atividades das organizações cristãs tradicionais, isso é claramente visível, mas seria um exagero dizer que suas causas também o são. Mesmo que sempre acompanhe o processo de industrialização, ela não segue os mesmos padrões e não pode ser explicada por nenhuma lei perceptível. Os dois não caminham juntos. As sociedades que são mais avançadas industrialmente não são as mais secularizadas nesse sentido. Se, por outro lado, se entende por secularização o desaparecimento das necessidades religiosas, o assunto se torna mais duvidoso ainda. Se assumirmos que todas as funções religiosas estão gradual e irreversivelmente sendo tomadas pelas instituições seculares, todos os sintomas do renascimento religioso que conhecemos tão bem de repente se tornam um tanto incompreensíveis. Eu tenho em mente não apenas os sinais de um renascimento que é visível fora do cristianismo ou em sua periferia, como a extraordinária onda de interesse por ocultismo, magia e artes herméticas; a invasão das seitas orientais e crenças no mundo cristão; o florescimento de pequenas seitas ou grupos, mais ou menos efêmeros, às vezes bizarros, por vezes grotescos ou extravagantes. Tenho em mente, também, o número notável de conversões dentro do próprio cristianismo. Se pertencer a uma comunidade religiosa, mesmo participando da vida dessa comunidade, pode decorrer inteiramente da inércia da tradição e ser explicado em termos sociais, em vez de em termos religiosos, então as conversões, em qualquer direção, tendem a confirmar a vitalidade da consciência religiosa, no sentido apropriado do termo.

Embora sejam convincentes os estudos sociológicos que correlacionam o comportamento religioso e um grande número de variáveis sociais, tais como idade, sexo, profissão, classe social e assim por diante, não existem métodos infalíveis para penetrar nas camadas subterrâneas, ocultas, da cultura, que se revelam em tempos de crise social e são difíceis de discernir em condições normais. A distribuição das forças da tradição, enraizada ao longo de milhares de anos de história, não pode ser compreendida de nenhuma forma quantificável. Como resultado, grandes erupções históricas e seus efeitos são tão imprevisíveis quanto o comportamento das pessoas quando confrontadas com crises violentas.

A história da crença religiosa não é uma exceção a isso, tanto no nível individual quanto no coletivo. Nos campos de concentração houve crentes que perderam a fé e ateus que a encontraram. Intuitivamente, entendemos ambas as reações; somos capazes de ver como alguém poderia dizer: "Se tais atrocidades são possíveis, então não pode haver Deus"; e como outra pessoa poderia ser levada a dizer o contrário: "Em face de tais atrocidades, só Deus pode preservar o sentido da vida." Os ricos e satisfeitos podem tornar-se devotos ou indiferentes à religião por serem ricos e satisfeitos; os pobres e humildes podem se tornar devotos ou indiferentes à religião porque são pobres e humildes; tudo isso é facilmente explicado. Aqueles que conhecem bem a Rússia têm boas razões para supor que um mínimo de liberdade religiosa naquele país conduziria a uma explosão religiosa em grande escala, mas seria inútil especular, com base nas informações que temos, quanto à forma que essa explosão poderia tomar. O desespero pode pressagiar a morte, bem como a ressurreição da fé religiosa; grandes desgraças, guerras e opressões podem reforçar o sentimento religioso ou enfraquecê-lo. As circunstâncias que nos empurram para uma ou outra dessas reações são diversas: podemos adivinhar sua influência, mas não podemos antecipar seus efeitos cumulativos.

Claro que não queremos parar por aí; as correlações estabelecidas entre o comportamento religioso e o secular não são suficientes. Queremos saber mais. Há uma questão em particular que devemos perguntar: juntamente com todas as funções seculares da religião, os inúmeros laços que, ao juntar essas funções a todas as formas de conflitos e atividades sociais, fazem seu destino dependente da sociedade secular, há algum resíduo indestrutível do fenômeno religioso que persiste como tal? É uma parte inalienável da cultura? Será que a necessidade religiosa não pode ser nem suprimida nem substituída por outras satisfações, nem dissolvida nelas?

Nenhuma resposta para essas perguntas pode ser encontrada por meio de métodos cientificamente comprovados, pois as próprias questões pertencem mais à esfera da especulação filosófica. No entanto, se levarmos em conta alguns dos efeitos do declínio que o fenômeno do sagrado sofreu em nossa sociedade, algumas respostas experimentais – e de forma alguma definitivas – podem ser sugeridas.

A qualidade de ser sagrado tem sido atribuída a todas aquelas coisas com as quais não devemos nos envolver, sob pena de punição; essa qualidade, então, se estendia aos governos, propriedades, leis e à vida humana. A sacralidade do governo foi abolida com o desvanecimento do carisma monárquico; a da propriedade, com o advento dos movimentos socialistas. Essas são formas de sagrado cuja morte nós, em geral, não tendemos a lamentar. A questão que surge, no entanto, é se a sociedade pode sobreviver e proporcionar uma vida tolerável para os seus membros se o sentimento pelo sagrado e, na verdade, o fenômeno do sagrado em si desaparecer completamente. O que queremos saber, portanto, é se certos valores cujo vigor é vital para a cultura podem sobreviver sem estarem enraizados na esfera do sagrado, no sentido apropriado da palavra.

Observe, primeiramente, que existe ainda outro sentido (um terceiro) no qual o termo *secularização* é usado. Neste sentido, a secularização não implica o declínio da religião organizada, e pode ser vista em igrejas, bem como em doutrinas religiosas. Ela toma a forma de uma indefinição das diferenças entre o sagrado e o secular e uma negação de sua separação – é a tendência a atribuir a tudo um sentido sagrado. Mas universalizar o sagrado é destruí-lo: dizer que tudo é sagrado é o mesmo que dizer que nada é sagrado, pois as duas qualidades, sagrado e profano, só podem ser compreendidas em contraste uma com a outra; toda descrição é uma forma de negação; os atributos de uma totalidade são inapreensíveis.

A secularização do mundo cristão não necessariamente assume a forma de uma negação direta do sagrado; ela acontece de modo indireto, através de uma universalização do sagrado. Isso, ao abolir a distinção entre o sagrado e o secular, produz o mesmo resultado. Trata-se de um cristianismo que se apressa em santificar por antecipação todas as formas de vida secular porque as considera como sendo cristalizações da energia divina: um cristianismo sem o mal, o cristianismo de Teilhard de Chardin. É a fé na salvação universal de tudo e de todos, uma fé que promete que, não importa o que façamos, estaremos participando na obra do Criador, no esplêndido trabalho de construir uma harmonia futura. É a Igreja do *aggiornamento*, termo peculiar que consegue combinar duas ideias que não são apenas diferentes, mas, em algumas interpretações, mutuamente contraditórias. Segundo uma delas, ser um cristão é estar não apenas fora do mundo, mas também no mundo; de acordo com a outra, ser cristão é nunca estar contra o mundo. Uma ideia diz que a Igreja deve abraçar como causa própria aquela dos pobres e oprimidos; a outra preconiza que a Igreja não pode se opor às formas dominantes de cultura e deve apoiar as modas e os valores reconhecidos na sociedade secular: que ela deve, em outras palavras, estar do lado dos fortes e vitoriosos. Temendo ser relegado à posição de uma seita isolada, o cristianismo parece estar fazendo esforços frenéticos de mimetismo, a fim de escapar de ser devorado por seus inimigos – uma reação que parece defensiva, mas que é de fato autodestrutiva. Na esperança de salvar a si, ele parece estar assumindo as cores de seu ambiente, mas o resultado é que perde sua identidade, que depende exatamente da distinção entre o sagrado e o profano, e do conflito que pode (e frequentemente deve) existir entre eles.

Mas onde está o motivo de queixa? Por que não dizer: "Se a ordem imaginária do sagrado se evaporar de nossa consciência, precisaremos ter muito mais energia para colocar em prática o esforço de melhorar nossa vida"? É aí que se encontra realmente o cerne do problema. Deixando de lado a questão insolúvel (ou melhor, mal colocada) da verdade ou falsidade da fé religiosa, precisamos nos perguntar se a necessidade do sagrado e nossa dependência dele são defensáveis do ponto de vista de uma filosofia da cultura. Tal ponto de vista parece ser legítimo e importante.

Eu quero tentar expressar o que é, para mim, uma suspeita mais do que uma certeza: a existência de uma estreita ligação entre a dissolução do sagrado, uma dissolução incentivada, em nossa sociedade, tanto por inimigos da Igreja quanto por tendências poderosas dentro dela, e os fenômenos espirituais que ameaçam a cultura e anunciam, na minha opinião, sua degeneração, se não seu suicídio. Tenho em mente os fenômenos que poderiam ser vagamente descritos como o amor pelo amorfo, um desejo por homogeneidade, a ilusão de que não há limites para a perfeição da qual a sociedade humana é capaz, escatologias imanentistas e a atitude instrumental em relação à vida.

Uma das funções do sagrado em nossa sociedade foi emprestar um significado adicional, impossível de justificar somente pela observação empírica, para todas as divisões básicas da vida humana e todas as principais áreas de atividade humana. Nascimento e morte, casamento e os sexos, as disparidades de idade e geração, o trabalho e a arte, guerra e paz, crime e castigo, vocações e profissões – todas essas coisas tinham um aspecto sagrado. Não há sentido agora em especular a respeito das origens desse significado adicional com o qual os fundamentos da vida secular estavam imbuídos. Qualquer que fosse sua origem, o sagrado fornecia à sociedade um sistema de signos que serviu não só para identificar essas coisas, mas também para conferir a cada uma delas um valor específico, para manter cada uma dentro de uma determinada ordem, imperceptível à observação direta. Os sinais do sagrado adicionaram o peso do inefável, por assim dizer, a cada forma determinada de vida social. Não há dúvida, portanto, de que o papel do sagrado tem sido um papel conservador. A ordem sagrada, que abrangia as realidades do mundo secular, nunca deixou, implícita ou explicitamente, de proclamar a mensagem: "É assim que as coisas são, e não podem ser de outra forma." Ela simplesmente reafirmou e estabilizou a estrutura da sociedade – suas formas e seu sistema de divisões, e também as suas injustiças, seus privilégios e seus instrumentos institucionalizados de opressão. Não há sentido em perguntar como a ordem sagrada imposta sobre a vida secular pode ser mantida sem manter sua força conservadora; esta nunca pode ser separada daquela. Pelo contrário, a pergunta a fazer é como a sociedade humana pode sobreviver na ausência de forças conservadoras – em outras palavras, sem a tensão constante entre a estrutura e o desenvolvimento. Essa tensão é própria da vida; sua dissolução resultaria em morte, seja por estagnação (se apenas as forças conservadoras permanecessem), seja por explosão (se apenas as forças de transformação permanecessem, em um vazio estrutural).

Essa é a forma mais abstrata de colocar a questão. Vivemos em um mundo no qual todas as nossas formas e distinções herdadas têm estado sob ataque violento; são atacadas em nome da homogeneidade, que é tida como um ideal, com o auxílio de equações vagas que se propõem a mostrar que toda diferença significa hierarquia e toda hierarquia significa opressão – o corolário exatamente oposto e simétrico das antigas equações conservadoras, que reduzem a opressão à hierarquia e a hierarquia à diferença. Às vezes tem-se a impressão de que todas as palavras e sinais que compõem o nosso quadro conceitual e fornecem nosso sistema básico de distinções estão se dissolvendo diante de nossos olhos; como se todas as barreiras entre conceitos opostos estivessem gradualmente sendo demolidas. Não há mais distinção clara, na vida política, entre guerra e paz, soberania e servidão, invasão e libertação, igualdade e despotismo. Também não há uma linha clara de demarcação entre algoz e vítima, entre homem e mulher, entre as gerações, entre crime e heroísmo, lei e violência arbitrária, vitória e derrota, direita e esquerda, razão e loucura, médico e paciente, professor e aluno, arte e bufonaria, conhecimento e ignorância. De um mundo no qual todas essas palavras apontavam e identificavam certos objetos, certas qualidades e situações bem definidas, dispostas em pares opostos, entramos em outro mundo, um mundo no qual nosso sistema de oposição e classificação, e mesmo seus elementos mais vitais e mais básicos, deixaram de ser aplicados.

Não é difícil dar exemplos específicos desse colapso peculiar de nossos conceitos – há uma abundância deles, e eles são bem conhecidos. Pode-se mencionar, como exemplos aleatórios, a tentativa grotesca, em certas tendências da psiquiatria, de retratar a própria ideia de doença mental como um instrumento de repressão terrível, praticado por médicos em supostos pacientes; a tentativa de questionar a ideia da profissão médica em si como a expressão de uma hierarquia intolerável; as tentativas desesperadas, observadas em modas adolescentes e certas tendências entre feministas, de suprimir as diferenças entre homens e mulheres; as ideologias que, enquanto alardeiam uma reforma educacional, visam abolir por inteiro a educação, uma vez que a diferença entre professor e aluno nada mais é do que uma forma de engodo inventado por uma sociedade opressora; ou os movimentos que se reivindicam (falsamente) marxistas enquanto pregam banditismo comum e roubo como remédios para as desigualdades sociais. Por fim, há aqueles que afirmam (com mais razão) serem marxistas apenas para concluir que, desde que a guerra é apenas uma continuação da política, a diferença entre uma política de guerra e uma política de paz não é mais que uma diferença entre duas técnicas, às quais seria absurdo atribuir valores morais adicionais; e há aqueles que buscam essa linha de argumentação, dizendo que, uma vez que a lei nada mais é do que um instrumento de opressão de classe, não há diferença real, exceto na técnica, entre o Estado de Direito e a força bruta.

Não quero afirmar que o âmbito político seja a principal fonte desse colapso conceitual. Há uma boa razão para supor que a tendência expressa em ideologias políticas é mais geral. A obsessão de destruir as formas e deixar difusas as divisões tem sido visível na arte, na música e na literatura, sem trair inspiração política distinta ou ligações com tendências análogas que estão sendo sentidas na filosofia, no comportamento sexual, na Igreja, na teologia e na indumentária. Não tenho a intenção de aumentar a importância desses movimentos: alguns deles não foram mais do que explosões fugazes de extravagância. No entanto, eles merecem nossa atenção, não tanto por conta de seu tamanho, mas muito mais devido ao seu número, suas tendências convergentes e à fraca resistência com a qual eles se depararam.

Dizer tudo isso é, admito, falar em defesa do espírito conservador. No entanto, esse é um espírito conservador condicional, consciente não só de sua necessidade, mas também da necessidade do espírito que se opõe a ele. Como resultado, ele pode ver que a tensão entre a rigidez e a estrutura e as forças da mudança, entre tradição e crítica, é uma condição da vida humana – algo que seus inimigos raramente estão preparados para admitir. E isso não quer dizer que agora possuamos, ou que jamais iremos possuir, uma balança que nos permita pesar e medir as forças opostas para que possamos, ao fim, trazer a harmonia e dissipar a tensão entre elas; essas forças somente podem atuar em oposição a cada uma das outras, em conflito, não em complementaridade.

O espírito conservador seria uma satisfação vã e vazia, não fosse ele constantemente cônscio de si e do modo como foi, é e pode continuar a ser utilizado em defesa de um privilégio irracional; e ser usado dessa forma é o resultado não de circunstâncias contingentes ou mesmo de abusos ocasionais, mas da própria natureza do espírito conservador. Esse espírito conservador sabe a diferença entre o conservadorismo de grandes burocratas e o dos camponeses, assim como sabe a diferença entre a revolta de um povo que está passando fome ou que está sendo escravizado e o revolucionismo puramente cerebral que reflete um vazio emocional.

A função do sagrado, no entanto, não se limita a assegurar as distinções fundamentais da cultura, dotando-as de um sentido adicional que pode ser extraído apenas a partir da autoridade da tradição. Distinguir entre o sagrado e o profano já é negar autonomia total à ordem profana e admitir que existem limites para o grau de perfeição que ela pode alcançar. Uma vez que o profano é definido em oposição ao sagrado, sua imperfeição deve ser intrínseca e, em certa medida, incurável. A cultura, quando perde seu sentido sagrado, perde todo o sentido. Com o desaparecimento do sagrado, que impôs limites para a perfeição que poderia ser alcançada pelo profano, surge uma das ilusões mais perigosas de nossa civilização: a ilusão de que não existem limites para as mudanças que a vida humana pode sofrer, que a sociedade é "em princípio" uma coisa infinitamente flexível, e que negar essa flexibilidade e essa perfectibilidade é negar a autonomia total do homem e, portanto, negar o próprio homem.

Essa ilusão não é só demente, como também semeia um desespero desastroso. A quimera nietzschiana ou sartriana onipresente, que proclama que o homem pode se libertar totalmente de tudo, pode se livrar da tradição e de todo o sentido pré-existente, e que todo sentido pode ser decretado por um capricho arbitrário, longe de nos descortinar a perspectiva da autocriação divina, nos deixa suspensos na escuridão. Nessa escuridão, em que todas as coisas são igualmente boas, todas as coisas são também igualmente indiferentes. Uma vez que eu acredite ser o criador todo-poderoso de todo sentido possível, eu também acredito que não tenho razão para criar nenhuma coisa. Mas essa é uma crença que não pode ser aceita de boa-fé e só pode dar origem a uma fuga desesperada que vai do nada ao nada. Ser totalmente livre no que diz respeito ao sentido, livre de toda a pressão da tradição, é situar-se num vazio e, portanto, simplesmente se desintegrar. E o sentido pode vir somente do sagrado – ele não pode ser produzido pela pesquisa empírica. A utopia da autonomia perfeita do homem e a esperança de perfeição ilimitada podem ser os instrumentos mais eficientes de suicídio já inventados pela cultura humana.

Rejeitar o sagrado é rejeitar os próprios limites. É também rejeitar a ideia do mal, pois o sagrado se revela por meio do pecado, da imperfeição e do mal; e o mal, por sua vez, pode ser identificado somente através do sagrado. Dizer que o mal é contingente é dizer que não existe mal e, portanto, que nós não temos necessidade de um sentido que já esteja lá, fixo e imposto sobre nós, o desejemos ou não. Mas dizer isso é também dizer que nosso único meio de decretar sentido é o nosso impulso inato, e isso significa que devemos ou compartilhar a fé infantil dos antigos anarquistas em nossa bondade natural ou admitir que podemos afirmar nossa identidade somente quando nós voltamos ao nosso estado pré-cultural – em outras palavras, que nós podemos afirmá-la apenas como animais não domesticados. Assim, o fato fundamental do ideal de libertação total é a sanção da força e da violência, e, portanto, finalmente, do despotismo e da destruição da cultura.

Se é verdade que, a fim de tornar a sociedade mais tolerável, temos que acreditar que ela pode ser melhorada, é também verdade que deve haver sempre pessoas que pensem no preço pago por cada passo em direção àquilo que chamamos de progresso. A ordem do sagrado é também uma sensibilidade ao mal – o único sistema de referência que nos permite contemplar esse preço e nos obriga a perguntar se ele é ou não exorbitante.

    A religião é a maneira do homem de aceitar a vida como uma derrota inevitável. A alegação de que não se trata de uma derrota inevitável não pode ser defendida de boa-fé. Pode-se, é claro, dispersar a vida nas contingências de cada dia, mas mesmo assim isso é somente um desejo incessante e desesperado de viver, e, enfim, um arrependimento daquilo que não se viveu. Pode-se aceitar a vida, e aceitá-la, ao mesmo tempo, como uma derrota somente caso se admita que existe um sentido além daquele que é inerente à história humana – se, em outras palavras, se aceita a ordem do sagrado. Um mundo hipotético do qual o sagrado foi varrido seria a admissão de apenas duas possibilidades: a vã fantasia que se reconhece como tal, ou a satisfação imediata que se exaure. Isso deixaria somente a escolha proposta por Baudelaire, entre amantes de prostitutas e amantes de nuvens: aqueles que conhecem apenas as satisfações do momento e são, portanto, desprezíveis, e aqueles que se perdem em fantasias ociosas e são, portanto, desprezíveis. Tudo é, então, desprezível, e não há nada mais a ser dito. A consciência libertada do sagrado sabe disso, mesmo que o esconda de si mesma.

7.
Pode o diabo ser salvo?*

Meu propósito ao abordar este tema, que tomei de empréstimo do livro de Giovanni Papini sobre o diabo, é usá-lo como símbolo de uma questão fundamental, recorrente ao longo da história religiosa e filosófica de nossa cultura. O drama cósmico e histórico pode ser interpretado como um movimento em direção à reconciliação final de todas as coisas? Será que os males da condição humana, nossos sofrimentos e nossas falhas revelam seus significados redentores quando vistos da posição vantajosa da salvação final?

Colocar a questão de forma tão geral revela de imediato que esse não é um problema especificamente cristão, nem mesmo especificamente religioso, mas é útil para distinguir diferentes tendências, tanto no cristianismo quanto em teorias de salvação seculares (incluindo o marxismo). A questão é mais formidável do que as tradicionais teodiceias gostariam. Perguntamos não somente se o mal, visto na mais ampla perspectiva soteriológica, poderia se tornar parte da providência divina, necessariamente boa, isto é, ter um papel instrumental como porção da matéria-prima da construção divina da história; mas também devemos perguntar se ele acabará se provando não exatamente mal, ou se no fim nada será omitido da salvação universal, nada será rejeitado, nada permanecerá estranho.

É certo que o ensino cristão primitivo foi articulado parcialmente na luta contra o maniqueísmo e suas heresias cristológicas derivadas, tais como o monofisismo, embora a luta contra a heresia pelagiana tenha sido provavelmente

---

* Reimpresso com permissão do editor da revista *Encounter* (julho de 1974) com revisões do autor. Copyright © 1974 by Encounter, Ltd.

muito mais importante na formação do *corpus doutrinal* do cristianismo. O que o cristianismo atacou na teologia maniqueísta foi o dilema eterno e inevitável apresentado pelos epicuristas: uma vez que o mal existe no mundo, então o próprio Deus deve ser mal, ou impotente – ou ambos. A questão básica aqui é, claro, a limitação da onipotência divina, uma consequência que parece inevitável uma vez que o mal foi admitido como uma realidade positiva. A teoria agostiniana do caráter privativo do mal teve que lidar com essa dificuldade e chegar a uma fórmula salutar que manteria intacta a bondade essencial do ser, a ideia de Deus como o único Criador. Ao negar o seu fundamento ontológico, essa fórmula, é claro, não afeta a realidade do mal, o fato de que existe uma vontade diabólica dirigida para este. Santo Agostinho afirmou enfaticamente que cada ato que emana somente da vontade humana se volta contra Deus e é, por definição, mau e diabólico. Certas consequências dessa teoria de mal *privatio* são difíceis de entender, e em particular a ideia de que mesmo Satanás pode ser bom, uma vez que ele *existe*, caso se tomem as ideias de ser e bondade como sendo coincidentes. Assim, a filosofia do mal cristã convencional evita os perigos de limitar (e, portanto, abolir) a divina onipotência. Certos escritores cristãos ampliam essa interpretação na medida em que parecem implicar que, embora o humano naturalmente tenda em direção ao bem, por causa da ignorância as pessoas percebem o bem onde ele não existe de fato – o que parece contrariar tanto a ideia do pecado original quanto o princípio que afirma que a graça é uma condição necessária de boa vontade.

A rejeição do pelagianismo me parece ter sido crucial na moldagem do ensinamento cristão. Talvez eu não possa falar do pelagianismo no sentido histórico estrito, mas sim de uma tendência maior que reforça, implica, torna plausível, ou fornece argumentos para a afirmação de que *o mal é, em princípio, erradicável* – que o mal é contingente, não inerente à natureza do mundo.

No pensamento cristão, a danação do diabo e o conceito de pecado original são as formas mais precisas nas quais o caráter contingente do mal é negado. Eu acredito que essa negação é da maior importância para a nossa cultura, mas que se pode também discernir no mundo cristão uma forte tentação para abandonar essa posição e se render àquela tradição otimista do Iluminismo, que acreditava na conciliação final de todas as coisas em uma harmonia universal total. Se isso é expresso nos ensinamentos panteístas de Teilhard de Chardin ou na negativa do bispo John Robinson de uma diferença entre o sagrado e o profano, se é baseado em algumas das ideias de Paul Tillich, ou em uma tentativa de fundir a antropologia de Feuerbach ao cristianismo, essa crença na conciliação universal não só é contrária às tradições cristãs como vai de encontro ao que nós aprendemos, por meio dos cientistas, que seriam os padrões duradouros da vida humana. Eventualmente, tal crença coloca em risco valores importantes de nossa cultura. Eu, no entanto, não nego a justeza de muitas das críticas à Igreja por causa do uso nocivo da doutrina do pecado original.

As duas ideias complementares no cerne da cultura cristã – de que a humanidade foi basicamente salva pela vinda de Cristo, e que desde o exílio do Paraíso cada ser humano está basicamente condenado, se considerarmos apenas sua condição natural e deixarmos a graça de lado – devem ser analisadas em conjunto apenas para neutralizar o confiante otimismo ou o desespero que poderia resultar se fossem tratadas separadamente.

É certo que a Igreja tem declarado especificamente que muitas pessoas foram salvas e nunca declarou especificamente que qualquer uma tenha sido condenada. Não há nada na doutrina da Igreja que exclua com clareza a possibilidade de que o inferno seja vazio, mas não há nada que permita a suposição de que o inferno não existe. A presença do diabo confirma de forma inequívoca que o mal é uma parte eterna do mundo que nunca pode ser completamente erradicada, e que a reconciliação universal não pode ser esperada. Um dos princípios básicos da Igreja Católica é o de que Cristo morreu por todos, não somente pelos eleitos, mas que o homem é livre apenas para aceitar a graça ou para rejeitá-la, sem que tal decisão reforce positivamente sua energia (negação da graça irresistível); essa foi uma ideia básica do Concílio de Trento e parece ser uma consequência natural da doutrina do pecado original.

A crença na síntese final de todos os valores e energias do universo, que provariam ser diferenciadas ramificações da mesma raiz divina do ser, reaparece nas "periferias neoplatônicas" da história cristã. Pode ser encontrada em *De divisione naturae* [Sobre a divisão da natureza], de Escoto Erígena, e em *O fenômeno humano*, de Teilhard de Chardin, e um cristão deve ver a *Fenomenologia do espírito*, de Hegel, como um filho bastardo da mesma teodiceia. Essa crença implica que a história cósmica não deixa escombros para trás, tudo é enfim digerido, tudo é incorporado no progresso triunfal do espírito.

No balanço final, tudo se justifica, cada elemento e evento, luta e contradição aparecerão como contribuições individuais para o mesmo trabalho de salvação. Tal crença, em uma síntese universal, a ser consumada no Ponto Ômega, é enraizada no próprio conceito de um único Criador. Uma vez que sabemos que a essência, a existência e o amor convergem perfeitamente no ser divino primordial, como podemos deixar de concluir que tudo o que ocorre no mundo é, em última instância, redutível àquela mesma fonte única de energia e transmite a mesma mensagem de amor original? Como pode essa energia ser desviada de seu canal original e voltada contra o próprio Deus? Como pode qualquer dano ser irreparável, qualquer corrupção ser eterna? Na verdade, como se pode crer no diabo? A resposta tradicional era que o mal é a pura negatividade, *carentia*, ausência do bem, que é simplesmente um buraco na massa compacta do Ser. Mas isso não é satisfatório, uma vez que a energia negativa ainda é necessária para perfurar esse buraco. De onde essa energia vem? A única resposta sugerida pela ideia do Criador único é que ela deve vir da mesma fonte, que um olho que espia o mundo do ponto de vista da totalidade pode descobrir o amor divino abrangente mesmo em aparentes monstruosidades, pode perceber caridade na crueldade, harmonia na luta, esperança no desespero, ordem na corrupção e ascensão na decadência.

Mas outro perigo aguarda aqueles que esperavam descobrir um trocadilho salutar em sua negação da realidade do mal (e não só de sua autonomia ontológica). Eles têm de revelar um significado nesse movimento de autoabolição do mal, e esse sentido deve, obviamente, estar relacionado ao próprio Deus, pois só em Deus pode ser encontrada uma razão para a criação do mundo e de todas as suas desgraças.

Isso os leva facilmente à sugestão – típica de todas as teodiceias platônicas – de que Deus fez existir o universo para que Ele possa crescer em seu corpo, pois Ele precisa de Suas criaturas alienadas para completar sua perfeição. O crescimento do universo, e em particular o desenvolvimento do espírito humano que leva todas as coisas rumo à perfeição, envolve Deus, em Si, no processo histórico.

Por conseguinte, o próprio Deus torna-se histórico. No culminar da evolução cósmica Ele não é o que era "no princípio". Ele cria o mundo, e ao reabsorvê-lo enriquece a Si. E enquanto a odisseia do espírito não é consumada, Deus não pode ser considerado uma perfeição autossuficiente e atemporal. O que deveria ser uma teodiceia é transformado em uma teogonia: uma história do Deus em crescimento. Isso é o que aconteceu com Erígena e Teilhard, pois, ao tentar evitar a armadilha de abolir a onipotência de Deus, eles aboliram Sua perfeição, Sua eternidade, Sua autossuficiência.

Não é preciso dizer que não estou em posição de esclarecer essas dificuldades ou propor qualquer solução nova para questões que têm atormentado a maioria dos eminentes pensadores filosóficos e religiosos ao longo dos séculos. Estou apenas tentando dizer que existe o perigo cultural inerente a qualquer utopia da reconciliação perfeita e que – o que é outra faceta do mesmo problema – o conceito de pecado original nos dá uma visão penetrante do destino humano.

Não é de surpreender que a filosofia otimista da reconciliação universal deva tentar tão fortemente o cristianismo contemporâneo. Depois de muitos fracassos sofridos por sua incapacidade de lidar com uma civilização secular e sua desconfiança em relação às mudanças intelectuais e sociais além de seu controle, depois de seu sucesso espúrio ao superar a crise modernista no início do século XX, um Grande Medo parece ter permeado o mundo cristão – o medo de estar preso em um enclave estrangeiro dentro de uma sociedade basicamente não cristã. Esse Grande Medo de ser ultrapassado e isolado agora impele o pensamento cristão em direção à ideia de que a tarefa mais importante do cristianismo não é apenas estar "dentro do mundo", não só participar nos esforços da cultura secular, não só modificar a linguagem de seus ensinamentos a fim de que sejam inteligíveis a todos os homens, mas santificar de maneira antecipada quase qualquer movimento que surja espontaneamente a partir dos impulsos naturais humanos. A suspeita universal parece ter sido suplantada pela aprovação universal, o temor de uma retirada forçada para a cultura cristã curricular parece inspirar um impulso em direção à cultura cristã de Münster, e a ameaça de ser expulso da competição parece ser mais forte do que a ameaça de se perder a identidade. Não surpreendentemente, esse medo encontra expressão nas mudanças da doutrina cristã, a partir das quais os conceitos de diabo e pecado original parecem ter quase desaparecido. A crença em nossa perfectibilidade ilimitada natural na *Parousia* que nós mesmos prepararemos está gradualmente prevalecendo na mente dos cristãos.

Mesmo os não cristãos têm o direito de especular sobre a forma do cristianismo e o seu destino. O cristianismo é parte de nossa herança espiritual comum, e ser totalmente não cristão significaria a exclusão dessa cultura. É evidente que o cristianismo é um fator importante na educação moral; as mudanças espirituais no cristianismo correspondem às mudanças que ocorrem fora dele, e ambas devem ser interpretadas em conjunto. O mundo precisa do cristianismo, não somente no sentido subjetivo, mas também porque é provável que determinadas tarefas importantes não possam ser realizadas sem ele, e o cristianismo deve assumir sua responsabilidade perante o mundo que ajudou a moldar durante séculos.

Ninguém pode negar que a ideia do pecado original e da corrupção incurável da natureza humana pode ser (e tem sido) usada como um eficaz instrumento ideológico da resistência conservadora à mudança social e às tentativas de minar os sistemas existentes de privilégio. É tentador justificar qualquer tipo de injustiça simplesmente dizendo: "Nosso destino é sofrer; nossos pecados são grandes; nenhuma melhoria essencial da condição humana pode ser esperada na terra." Muitos pronunciamentos mais ou menos oficiais dos séculos XIX e XX e grande parte da literatura católica sobre problemas sociais corresponde a padrões típicos da mentalidade católica conservadora e justifica até mesmo as críticas brutas, tradicionais por parte de escritores socialistas.

Seria, contudo, muito fácil evitar essa questão simplesmente dizendo que a noção de pecado original não implica esse tipo de conclusão, que "abusaram" dela por um propósito impróprio, ou que ela foi "mal interpretada". A conexão entre a consciência do pecado original e uma atitude de resignação passiva diante da desgraça humana não pode ser reduzida a um erro trivial da lógica – é mais forte e mais importante. Dizer que nós estamos infectados por uma corrupção original e que o diabo não pode ser convertido, de fato significa que existe uma grande quantidade de mal que não pode ser erradicada, e que há algo incurável em nossa desgraça. Isso não significa que todos os tipos de mal sejam eternos, que todas as formas de desgraça sejam inevitáveis. Mas, em nossa condição humana, nós não temos meio de descobrir, sem dúvida, o que depende e o que não depende de nós; somos incapazes de traçar uma linha entre os aspectos temporários e duradouros de nossa pobreza espiritual e física. Nós não sabemos nem mesmo definir esses aspectos. Muitos males específicos são reversíveis, e muitos fardos podem ser aliviados, mas nunca podemos saber com antecedência qual o preço que devemos pagar por nossos resultados, uma vez que os valores que ganhamos são pagos em uma moeda que é não conversível. Cada fragmento do que chamamos de progresso tem de ser pago, e não podemos fazer comparações entre as despesas e as recompensas. Nossa incapacidade de equilibrar as contas é, em si, parte de nossa incapacidade incurável. Uma vez que um aumento em nossa satisfação é sempre acompanhado de uma multiplicação de nossa necessidade, não podemos saber se a distância entre o que nós subjetivamente precisamos e aquilo que somos capazes de satisfazer está diminuindo, e, se estiver, como medir essa diminuição. Nós sentimos que nosso dever é lutar contra todas as fontes de aflição, mas nós o fazemos mesmo sem esperança de jamais estarmos certos de que existem frutos na árvore do progresso.

Os possíveis efeitos desastrosos do conceito de pecado original sobre nossa condição psicológica e nossa vida cultural são inegáveis; e também o são os efeitos desastrosos da doutrina contrária, que implica que a nossa perfectibilidade não tem limites, e que nossas previsões de síntese final ou de conciliação total podem ser realizadas. No entanto, o fato de que tanto a afirmação quanto a rejeição do conceito de pecado original surgiram como poderosas forças destrutivas em nossa história é um dos muitos que testemunham a favor da realidade do pecado original. Em outras palavras, estamos diante de uma situação peculiar em que as consequências desastrosas de concordar com qualquer uma das duas teorias incompatíveis confirma uma delas e testemunha contra sua rival.

Esta teoria rival – a negação do sentido ontológico do mal, ou pelo menos a negação de nossa inabilidade inerente para eliminar completamente o mal – é desastrosa por outras razões. Se tudo deve, em última análise, ser justificado, se tudo deve receber um significado na salvação definitiva, então não só a história passada será julgada inocente, mas a história contemporânea também – e história contemporânea é precisamente o que estamos fazendo aqui e agora. Assim, nós seremos necessariamente absolvidos quando o juízo final ocorrer, seja porque nossos motivos eram bons ou porque éramos meramente agentes inconscientes da sabedoria da Providência. A esperança da erradicação completa do mal no futuro carrega em si o testemunho da inocência presente. Alegremo-nos! Depois do Armagedom até o exército vencido se levantará da morte para a glória.

A perspectiva dessa unidade final que – graças aos esforços humanos – absorverá e enobrecerá benignamente a marcha dolorosa da história passada está presente tanto no mundo cristão quanto na história dos movimentos socialistas. As palavras "graças aos esforços humanos" devem ser enfatizadas. Mesmo a esperança de um paraíso individual, atingível na Terra – como acontece com os místicos – pode ser desastrosa, se for baseada na ideia de que a *annihilatio* mística pode ocorrer como resultado do treinamento contemplativo do indivíduo (ou como recompensa para ele). A indiferença para com as necessidades e sofrimentos dos outros e a negligência dos próprios padrões morais facilmente seguem tais esperanças (pode-se ver isso nos quietistas), uma vez que um único ato indiferenciado de fé deveria absorver (e, portanto, abolir) todos os méritos parciais e mais modestos. Mas mesmo naqueles místicos que aguardavam a união do amor com Deus como um dom gratuito da graça, a fronteira entre a absorção exclusiva com Deus e a indiferença para com os outros é perigosamente obscurecida, não muito diferente da fronteira entre o desprezo pela carne e a idolatria do mundo físico como uma emanação do Criador. Os perigos são ainda mais patentes se nutrimos a esperança por um paraíso coletivo, como nos movimentos chiliásticos. Essa esperança explosiva está fortemente enraizada na tradição do pensamento socialista. Nós a encontramos em Marx (um pouco menos em Engels) na forma de uma crença de que o futuro comunista irá abranger a perfeita reconciliação da existência empírica do homem com sua essência verdadeira, assim como com a Grande Natureza. Esse retorno do homem a si mesmo – a completa reapropriação de todas as forças e faculdades humanas – é exatamente o que o estado paradisíaco deveria ser; a unidade perfeita de seres humanos, em escala tanto individual quanto social. O espetáculo do homem perfeitamente unido consigo e com seu ambiente social e natural é tão incompreensível quanto o conceito de paraíso. A inconsistência é basicamente a mesma: um paraíso terrestre deve combinar a satisfação com a criatividade, um paraíso celestial deve combinar a satisfação com o amor. Ambas as combinações são inconcebíveis, pois sem insatisfação – sem alguma forma de sofrimento – não pode existir criatividade, nem amor. A satisfação completa é a morte; insatisfação parcial implica dor.

Esse parece ser o chavão mais trivial, mas, de alguma forma, na promessa do Paraíso e da perfeita união do homem isso passa despercebido. A inconsistência é talvez mais flagrante no caso do paraíso terrestre, uma vez que a confronta-

PODE O DIABO SER SALVO?

ção de realidades empíricas é nesse caso possível, ao passo que ninguém alega conhecer as leis que regem o Paraíso. O fato de a própria ideia da unidade do homem ser inconcebível novamente assegura a realidade do pecado original. E ainda existem mais testemunhos, tão extensos e tão poderosos que parece imperdoável ignorá-los. Nossa corruptibilidade não é contingente. Nós fingimos saber disso, mas raramente examinamos a relevância desse conhecimento em relação às nossas esperanças. Fingimos saber que nada é perene, que cada fonte de vida uma hora se exaure, e que cada concentração de energia uma hora se dispersa. Fingimos saber que o processo biológico da vida em si é fonte de ansiedade, conflito, agressividade, incerteza, preocupação. Nós fingimos saber que nenhum sistema de valores coerente é possível e que a cada passo valores que consideramos importantes se tornam mutuamente excludentes quando tentamos sua aplicação prática para casos individuais; a tragédia, a vitória *moral* do mal, é sempre possível. Fingimos saber que a razão muitas vezes dificulta nossa capacidade de liberar nossas energias, que os momentos de alegria são em geral arrancados da lucidez intelectual. Fingimos saber que a criação é uma luta do homem contra si e, na maioria dos casos, contra os outros também, que a bem-aventurança do amor se encontra na insatisfação cheia de esperança, que em nosso mundo a morte é a única unidade total. Fingimos saber por que nossos nobres motivos resvalam para maus resultados, por que nossa vontade em direção ao bem emerge do orgulho, do ódio, da vaidade, da inveja, da ambição pessoal. Nós fingimos saber que a maior parte da vida consiste em fugir da realidade e escondê-la de nós mesmos. Fingimos saber que nossos esforços para melhorar o mundo são restringidos pelos estreitos limites da nossa estrutura biológica e pelas pressões do passado, que nos moldaram e que não podemos deixar muito para trás. Todas essas coisas das quais fingimos estar cientes compõem a realidade do pecado original – e ainda assim é essa realidade que tentamos negar.

Certamente nossa negação não é sem motivos e argumentos podem ser invocados para justificá-la. Pode-se argumentar que, às vezes, a verdade pode envenenar, e uma mentira pode ser uma bênção. Pode-se argumentar que a verdade sobre o pecado original implica a conclusão de que essa verdade não deve ser revelada, uma vez que nós podemos ficar tão completamente desanimados com a consciência dos estreitos limites dentro dos quais nossos esforços são bem-sucedidos que a paralisia nos impediria de alcançar até mesmo os sucessos mais modestos dos quais somos capazes. Pode-se argumentar que somente uma esperança infinita pode colocar em movimento a energia necessária para se alcançar resultados finitos; que, embora nunca consigamos nos livrar do sofrimento, podemos aliviá-lo ou limitá-lo, e, de maneira a fazer isso de forma eficiente, devemos aceitar a crença errônea de que enfim o sofrimento será totalmente abolido. Em suma, é discutível se nós podemos fazer o que podemos somente porque acreditamos que somos capazes de fazer algo que não podemos.

Há uma boa parte de verdade nesses argumentos. Parece provável que não poderíamos suportar a vida se soubéssemos desde o início tudo o que aprendemos com décadas de experiência. Um engenhoso dispositivo existe em nossa incapacidade de convencer os jovens do logro de suas grandes esperanças; se essas esperanças resultam em algo de valor, só pode ser porque eram enganosas. Provavelmente pouca melhora teria sido conseguida na vida humana se as pessoas soubessem de antemão o preço que teriam que pagar. Talvez a forma mais usual em que se percebe o conceito de pecado original seja a convicção de que todo indivíduo uma hora é derrotado em sua luta com a vida, que perdemos antes de começar a batalha. Na maioria dos casos, manter essa convicção nos privaria da vontade de lutar – há uma boa razão para preferirmos rejeitar o significado ontológico do mal.

Mas há também boas razões para afirmar que devemos encarar essa realidade, e não só porque nós admitimos a primazia da verdade sobre a eficiência, uma vez que tal primazia não pode ser demonstrada racionalmente. A promessa de salvação total, a esperança de um apocalipse beneficente que irá restaurar o homem à sua inocência, diverge da razão e do nosso direito de permanecermos indivíduos. A ligação é óbvia.

Nossa imperfeição é revelada por – entre outras coisas – nossa capacidade de duvidar, mas essa mesma habilidade mantém o precário equilíbrio de nossa vida social e individual. A dúvida tem desempenhado um papel essencial em nossa conquista do *status* de seres racionais; temos de proteger nossa capacidade e nosso direito de duvidar, a fim de preservar o equilíbrio intelectual e moral. O fato da nossa imperfeição não é, sozinho, uma base suficiente que nos permita duvidar; nós precisamos de uma consciência dessa imperfeição. A dúvida pode ser considerada uma das consequências do pecado original, mas também nos protege contra os seus efeitos mais deletérios. É importante permanecermos incertos com relação aos motivos profundos de nossas próprias ações e convicções, pois esse é o único artifício que nos protege contra um fanatismo e uma intolerância totalmente justificáveis. Devemos lembrar que a perfeita unidade do homem é impossível, caso contrário nós tentaríamos impor essa unidade por qualquer meio disponível, e nossas tolas visões de perfeição se transformariam em violência e terminariam em uma caricatura teocrática e totalitária de unidade que pretende tornar real o Grande Impossível. Quanto maiores forem nossas esperanças em relação à humanidade, mais prontos estaremos para o sacrifício, e isso também parece muito racional. Como Anatole France certa vez observou, nunca tantos foram mortos em nome de uma doutrina quanto em nome do princípio de que os seres humanos são naturalmente bons.

Ninguém quer duvidar, mas destruir a dúvida é subverter a razão. De acordo com a mitologia persa antiga, que era a fonte principal da filosofia maniqueísta, o deus do mal e o deus de bondade eram irmãos gêmeos; ambos nasceram, e não apenas um, porque uma dúvida tinha entrado na mente do Deus primordial. Como consequência, a dúvida é a fonte original do mal, e não o seu resultado – o que não é surpresa, uma vez que, para a mente divina, a dúvida é destruição. Para nossa mente, a dúvida testemunha mais do que produz nossa imperfeição, mas ao mesmo tempo evita que o mal em nós realize o seu pleno potencial. Aquilo que nos torna dolorosamente imperfeitos nos ajuda a ser menos imperfeitos do que poderíamos ter sido, e isso novamente atesta a realidade do pecado original.

Tendo abandonado o mito de Prometeu, talvez não precisemos retratar nossa condição em termos do mito estático de Sísifo, apesar do pessimismo de Albert Camus. A lenda bíblica de Nabucodonosor, que foi degradado à condição de animal quando tentou se exaltar à dignidade de Deus, talvez nos servisse melhor.

Sabemos muito bem que não há realização da mente, nenhum ato do gênio humano, que não possa voltar-se contra o homem ou ser usado de alguma forma como um instrumento do diabo. Nossa criatividade nunca será forte o suficiente para vencer o diabo e impedi-lo de voltar nossas mais nobres criações contra nós. A dúvida é um dos recursos naturais que podemos empregar contra ele, uma vez que a dúvida pode enfraquecer nossa autoconfiança prometeica e mediar as exigências incompatíveis que a vida nos impõe. Não é necessário dizer que o diabo também pode atrelar a dúvida a seu serviço e torná-la o pretexto para a inação e a imobilidade quando precisamos de resolução e prontidão para enfrentarmos as incertezas da luta. Nossa força natural não encontra abrigo seguro contra o mal; tudo o que podemos fazer é praticar a arte de equilibrar perigos opostos. E isso é precisamente o que a tradição cristã afirma em suas declarações: que certos resultados do pecado original são inevitáveis, e que se a salvação é possível, só pode ser por meio da graça.

Existem razões pelas quais precisamos do cristianismo, mas não qualquer tipo de cristianismo. Nós não precisamos de um cristianismo que faça revolução política, que corra para cooperar com a chamada libertação sexual, que aprove nossa concupiscência ou elogie nossa violência. Há forças suficientes no mundo para fazer todas essas coisas sem a ajuda do cristianismo. Precisamos de um cristianismo que nos ajude a superar as pressões imediatas da vida, que nos dê *insights* sobre os limites básicos da condição humana e sobre a capacidade de aceitá-los, que nos ensine a simples verdade de que não só existe um amanhã, mas também um dia depois de amanhã, e que a diferença entre sucesso e fracasso raramente é distinguível. Precisamos de um cristianismo que não seja nem dourado, nem roxo, nem vermelho, mas cinza.

No entanto, precisamos de mais do que cristianismo, não pelo prazer abstrato da variedade, mas porque a verdade do cristianismo é tão parcial quanto qualquer outra verdade. Precisamos da tradição viva do pensamento socialista, que apela às forças humanas somente ao promover os valores tradicionais de justiça social e liberdade. E aqui, novamente, não precisamos de nenhum tipo de ideia socialista. Nós não precisamos de fantasias loucas sobre uma sociedade na qual a tentação para o mal foi removida; ou sobre uma revolução total que nos assegurará de um só golpe as bênçãos da salvação e um mundo sem conflitos. Precisamos de um socialismo que nos ajude a compreender a complexidade das forças brutais que atuam na história humana e que reforce nossa disponibilidade para lutar contra a opressão social e a miséria humana.

Precisamos de uma tradição socialista que esteja consciente de suas limitações, uma vez que o sonho da salvação final na Terra é o desespero disfarçado de esperança – o desejo de poder disfarçado de desejo por justiça.

Não podemos, no entanto, esperar uma grande síntese das tradições diferentes e incompatíveis de que precisamos. Podemos tentar conciliar em uma generalidade abstrata os valores de que realmente necessitamos, mas, na maioria dos casos reais, nós vamos encontrá-los em oposição uns aos outros. O Éden da universalidade humana é um paraíso perdido.

8.

Sobre a chamada crise do cristianismo*

A palavra *crise* se tornou uma das mais elegantes das últimas décadas; é utilizada nos sentidos mais variados, em geral só muito vagamente relacionada ao sentido original. Às vezes significa pouco mais do que "escassez" (como em "crise de alimentos" ou "crise de petróleo"). Em outras ocasiões, ao falar de crises queremos dizer que algum tipo de vida social está enfraquecendo ou perdendo vitalidade ("crise da família", "crise do cristianismo", "crise do marxismo", "crise da democracia", e assim por diante). Ainda em outras ocasiões, queremos dizer que algo mudou de repente ("crise revolucionária") ou mesmo de maneira gradual ("crise de confiança no governo"). "Crise demográfica" pode significar que em algum país a população está crescendo rapidamente ou que, pelo contrário, está em declínio. "Crise na ciência" pode significar que, em alguns ramos do conhecimento, existem problemas insolúveis ou, ao contrário, que não existem problemas interessantes. As crises econômicas do século XIX e da primeira metade do século XX tinham mecanismos e aparências tão diferentes dos levantes e catástrofes da economia contemporânea que o uso da mesma palavra para ambos pode ser justificado somente pela sua imprecisão. *Crise*, vagamente, significa todas as formas de negatividade: colapso, declínio, falta, patologia.

A própria palavra *krino*, como pode ser descoberto com facilidade em qualquer dicionário, significou primordialmente "separar" ou, de forma derivada, "diferenciar", portanto também "julgar", enquanto *crisis* significou mais tarde

---

* Traduzido do polonês por Stefan Czerniawski de "O Tak Zwanym Kryzysie Chrzescijanstwa". Publicado pela primeira vez no jornal *Frankfurter Allgemeine Zeitung*, em 17 de abril de 1976; depois publicado em polonês na revista *Aneks*, nº 12, 1976; reimpresso em alemão em uma coleção de ensaios de Kolakowski sob o título *Leben trotz Geschichte*. Copyright © 1977 por Piper Verlag. Revisado pelo autor em inglês.

não um tipo de variação negativa, mas uma súbita quebra de continuidade (independentemente de um julgamento positivo ou negativo); nesse sentido, eventos tais como conversão religiosa, revolução política, guerra, divórcio ou morte podem ser chamadas de crises. No entanto, a universalização da palavra talvez não seja o resultado de nossa falta de cuidado linguístico, mas revele uma vaga sensação de que todas as formas de vida, de organização social, pensamento e sentimento, todos os componentes de nossa civilização estão afligidos por uma doença para a qual ninguém conhece a cura – um sentimento de que a incerteza a respeito do destino da humanidade se tornou universal, apesar de mascarado por banalidades agressivas.

Quando falamos sobre a "crise do cristianismo" é comum termos em mente, em primeiro lugar, que, durante as últimas décadas, uma porcentagem cada vez maior de pessoas nos países tradicionalmente cristãos ou não pensam mais em si mesmos como cristãos ou quase nunca tomam parte nos cultos da Igreja ou simplesmente não mostram que as crenças e normas morais decorrentes de tradições cristãs têm influência perceptível em seu comportamento. No entanto, em que medida esses fenômenos conhecidos, normalmente associados ao crescimento da urbanização, são sintomas de uma crise do cristianismo depende, é claro, do significado com o qual dotamos não só a palavra *crisis*, mas também a palavra *cristianismo* – e aqui, como em geral se reconhece, nunca houve um acordo.

Nos séculos XVI e XVII, quando dezenas de seitas maiores e menores se multiplicaram na Europa, cada uma tendo monopólio da única interpretação correta do conteúdo do cristianismo e condenando todas as outras por seus equívocos em relação à Santíssima Trindade, à eucaristia, à divindade de Jesus, à graça irresistível, ao papel da Igreja etc., muitos escritores, cansados e desesperados com as disputas sectárias, sugeriram um programa conciliador. Cheguemos, eles disseram, a algum consenso mínimo sobre o qual todos os cristãos devam concordar definitivamente, e de fato concordem, e aceitemos que qualquer um que se atenha a esse mínimo seja cristão, mas, em todas as outras questões "desnecessárias para a salvação", proclamemos a tolerância recíproca.

Essas sugestões não poderiam, é claro, levar à tão esperada paz religiosa: primeiro porque havia uma discordância completa sobre tal conteúdo mínimo e os critérios pelos quais ele deveria ser determinado; em segundo lugar porque o mínimo nunca poderia ser inequívoco, e cada tentativa de interpretação mais detalhada imediatamente reviveria todas as disputas que eles esperavam evitar; e terceiro porque se todas as questões situadas para além do mínimo previsto tivessem sido reconhecidas como desimportantes, nenhuma igreja ou seita existente teria uma *raison d'être* como agrupamento cristão separado, e esse era, obviamente, o ponto crucial.

Esses programas ecumênicos foram inspirados em grande medida pelas ideias do cristianismo evangélico que se originaram antes da grande Reforma, das quais Erasmo e seus seguidores eram os defensores mais ardentes. Esses programas não podiam, de fato, perturbar a exclusividade rígida das comunidades em litígio ou levar à reconciliação. Apesar disso, não eram totalmente ineficazes e trouxeram à baila algumas ideias que não morreram no cristianismo e são revividas em várias ocasiões. Eles criaram um modelo de cristianismo não definido por doutrinas teológicas detalhadas, nem por critérios organizacionais, mas pela "fé" no sentido original da palavra, isto é, pela confiança na misericórdia divina e na eficácia do ato de redenção e de observância moral. Em certo sentido, no entanto, a Igreja Católica e as mais importantes congregações protestantes têm aceitado na prática uma definição "mínima", assim como uma definição "máxima" de sua fé, tanto um modelo limitado quanto um completo. Todas elas tiveram que admitir que a salvação não depende de erudição teológica, que a fé dos simplórios não é de forma alguma pior do que a fé dos doutores e bispos, que um camponês simples e analfabeto não é de forma alguma um cristão pior ou menos merecedor da atenção de Deus por ser analfabeto – afinal, quantos católicos conhecem todos os decretos de todos os concílios de cor e podem expor sem erros todo o dogma que é teoricamente obrigatório para eles? Por outro lado, mesmo o simples catecismo, cujo conhecimento é exigido de todos os crentes, sempre incluiu, para todas as seitas, não somente um dogma mínimo, como o Credo de Niceia, e um mínimo de moralidade, mas também certo número de senhas que distinguem de maneira satisfatória determinada seita ou igreja de todas as remanescentes e sempre trabalhou contra a tentação do ecumenismo. Rituais, e até mesmo hinos e cânticos, também incluíam essas senhas. Assim, mesmo o mínimo reconhecido não era de fato um instrumento de unidade, mas consolidava a fragmentação organizacional.

De qualquer maneira, se assumirmos que a Igreja está, por assim dizer, na fronteira entre o Céu e a Terra, que ela é o depositário da graça e também a guardiã da lei, distribuindo os bens invisíveis em um mundo visível, então não poderia ter sido de outra forma. Alguns radicais da Reforma queriam limpar o cristianismo de todas as formas terrenas, torná-lo independente de todas as conexões com o profano. Eles afirmaram que tudo o que o cristianismo significa ocorre na alma de cada indivíduo cristão; que só o drama da queda e reconciliação é excluído; que o homem antigo luta com o novo, Satanás com Deus; que colocar os valores cristãos "fora" da consciência – e, portanto, na Igreja, nos dogmas, nos rituais – é simplesmente jogá-los fora; que esses valores estão ligados apenas ao sujeito individual e não acrescentam à nenhuma totalidade "objetiva". Eles acreditavam que haviam restaurado o real conteúdo da mensagem de Cristo quando eliminaram suas ligações com as visíveis realidades terrenas.

Esse cristianismo purificado, no entanto, foi deixando de ser uma mensagem. E mesmo assim o cristianismo deveria ser o evangelho, a boa nova proclamada ao mundo. Deveria ser o transmissor da graça na Terra e, consequentemente, tinha que dispor de meios terrenos de comunicação: congregações, catecismos e rituais. Reduzido à consciência individual invisível, não transmitiria nada a ninguém. Deveriam os apóstolos vagar pela Terra sem propósito nenhum, ou deveriam ter fugido para o deserto e esperado a segunda vinda fora do mundo? Jesus disse que Seu reino não é deste mundo, mas, ao mesmo tempo, enviou Seus discípulos para proclamarem Seus ensinamentos para as pessoas do mundo. Mas esses ensinamentos devem ser expressos e codificados em palavras, e os apóstolos precisavam saber que estavam ensinando a uma só voz, e que eles eram, portanto, uma Igreja, não crentes individuais que se comunicavam separadamente com Deus.

Portanto, o cristianismo não pode se libertar do fato de que tem que disseminar valores não terrenos no mundo visível e através de meios terrenos. Ele só pode abolir essa tensão ao remover arbitrariamente um de seus componentes. Isso é, com precisão, o que os radicais da Reforma tentaram fazer quando tiraram o cristianismo de suas ligações com o material, com o corpo, com a vida temporal e social (assim, efetivamente, negando o ato da encarnação), e o que muitos "progressistas" contemporâneos fazem ao reduzirem o cristianismo a um programa político, simplesmente cortando suas raízes religiosas (dessa forma também negando o ato da encarnação). O cristianismo, porém, é a crença de que Deus se fez homem, não em algum momento, em algum lugar, na escuridão indefinível de uma era pré-histórica, mas em um tempo e um lugar designados de forma precisa. Assim, foi estabelecido que a corporalidade podia ser não somente o mal, que os valores invisíveis podiam tomar uma forma visível, que a história secular pode ser um meio pelo qual a história sagrada, a história da salvação, pode se expressar.

Vamos então tentar por conta própria seguir o exemplo dos pacifistas antigos e determinar um denominador comum do cristianismo; não simplesmente extrair os elementos comuns das várias seitas cristãs conhecidas em disputa ao longo da história, mas extrair os pontos constituintes a partir do conteúdo da mensagem original, mesmo que isso só possa ser feito com certa arbitrariedade.

Não deve haver, contudo, dúvida de que a crença de que Deus se tornou carne para a redenção da humanidade é um ponto fundamental, sem o qual a palavra cristianismo perde todo o seu sentido perceptível. A história da redenção sempre foi mais suscetível ao menosprezo dos racionalistas e dos livres-pensadores. Essa pode, de fato, ser descrita em uma versão que faz com que pareça absurda e contraditória aos sentimentos morais elementares. Assim, as pessoas ofenderam a Deus, e Deus concordou em perdoá-las, mas apenas com a condição de que seu amado e totalmente inocente filho pudesse ser torturado até a morte por essas mesmas pessoas. A história do cristianismo é um milagre maior nessa versão grotesca, no entanto, do que naquela que resulta de sua autointerpretação: uma vez que milhões de pessoas, por centenas de anos, acreditaram nesse absurdo, o que é obviamente contrário aos princípios que elas teriam de outra maneira professado, não se pode explicar esse sucesso por circunstâncias naturais.

Na realidade, a história da redenção aparece sob uma luz diferente se for tratada como uma expressão de duas crenças (ou talvez sentimentos), independentes e profundamente enraizadas na consciência das pessoas, embora obviamente não passíveis à discussão científica. Uma delas é a crença na lei de um acerto de contas cósmico, isto é, a crença de que não existe uma "impunibilidade", que todo o mal moral deve ser redimido por uma quantidade apropriada de sofrimento (talvez o próprio conceito de punição e justiça no tradicional sentido popular incorpore essa crença). A punição de inocentes pelos crimes de outrem é contraditória ao sentimento moral universal; mas não o é, contudo, o fato de que as pessoas, por livre e espontânea vontade, sofrem para poupar outras pessoas. Se o Filho de Deus tomou para si esse fardo – e o Filho de Deus poderia sofrer somente no corpo –, então as pessoas estão livres para acreditar que a cadeia do mal tenha sido quebrada e em seguida tenha surgido a justiça cósmica por meio de intervenção externa.

Assim, contudo – e esta é a segunda crença a partir da história da redenção –, as pessoas reconhecem que são muito fracas para quebrar a cadeia por si sós, que a salvação não é algo que pode ser inteiramente feito por elas, que o próprio Deus teve que fazer de Si uma parte da história terrena, de modo a completar o ato de redenção aqui. A fé em Jesus, o Redentor, então, atesta que nós não temos força suficiente para nos libertarmos do mal, que a marca do pecado original pesa sobre nós de maneira inescapável, que não podemos nos libertar dele sem ajuda externa.

O cristianismo é, portanto, a consciência de nossa fraqueza e miséria, e é inútil argumentar que existe ou que poderia existir um "cristianismo prometeico", isto é, que a fé cristã pode ser conciliada com a esperança de autossalvação. Duas grandes ideias do século XIX que, apesar de tudo o que as separa, incorporam perfeitamente essa expectativa prometeica – aquelas de Marx e Nietzsche – eram anticristãs em suas raízes, e não como resultado de circunstâncias históricas acidentais. O ódio de Nietzsche ao cristianismo e a Jesus foi uma consequência natural de sua crença na possibilidade ilimitada da autocriação da humanidade. Nietzsche sabia que o cristianismo é a consciência de nossa fraqueza, e estava certo. Marx sabia disso também, e, desde os jovens hegelianos, ele assumiu e transformou a filosofia (mais fichteana do que hegeliana) da autocriação e da orientação futurista. Ele chegou a acreditar que o Prometeu coletivo do futuro alcançaria um estado no qual seu pensamento e sua ação seriam indistinguíveis e que até mesmo o "ateísmo" perderia sua razão de ser, uma vez que a autoafirmação das pessoas seria totalmente "positiva", e não negativamente dependente da negação de Deus.

A vitalidade da ideia cristã foi, sem dúvida, se enfraquecendo em proporção à universalização da esperança prometeica e ao crescimento da crença de que a capacidade de autoaperfeiçoamento das pessoas e de aperfeiçoamento da sociedade não têm limites e que produzirão monumentos cada vez mais esplêndidos, para a grandeza da humanidade, ou até mesmo, no fim das contas, levarão a uma vida da qual o mal, o sofrimento, a agressão, o conflito, a pobreza, a ansiedade e a tristeza serão eliminados para sempre.

SOBRE A CHAMADA CRISE DO CRISTIANISMO

Testemunhamos o crescimento gradual dessa esperança, e as duas versões mencionadas – a de Nietzsche e a de Marx – produziram a cobertura ideológica que serviu para justificar as duas tiranias mais malignas que nosso século jamais viu. Será que estamos testemunhando um crescimento ainda maior dessa mesma esperança? Podemos duvidar disso. Na verdade, parece que o zênite dessa esperança já passou. Nós não podemos estar seguros de que o seu enfraquecimento significará o crescimento renovado do cristianismo em suas formas tradicionais, mas significará a fertilização renovada do solo no qual o cristianismo sempre cresceu.

Mas os mesmos fenômenos visíveis em que discernimos uma "crise" ou mesmo o colapso do cristianismo não são de forma alguma inequívocos. O cristianismo foi condenado à morte, sem sucesso, tantas vezes, e tantas vezes se regenerou a partir de fontes inesperadas que, no mínimo, é necessário muita cautela ao se profetizar sua queda, uma vez que as profecias são baseadas principalmente em extrapolações de estatísticas concernentes à frequência da participação em cerimônias da Igreja. Será que a Europa era mais cristã no século XI do que hoje? De novo a resposta depende da interpretação da palavra. Se o triunfo do cristianismo depende de que todos os aspectos da cultura tenham uma forma cristã, então a "crise do cristianismo" já se estende pelo menos desde o século XIV. A Europa, de fato, atravessou um período no qual o cristianismo deteve o monopólio de fornecer a forma para todas as áreas da vida. Não foi apenas a filosofia, a pintura, a arquitetura, o calendário e a família que foram organizadas em formas cristãs, mas guerras, invasões, torturas, tribunais e a organização dos governos foram também todas "cristãs". Todos os interesses humanos conflitantes e todas as aspirações foram expressos em símbolos cristãos.

Segundo a interpretação que está sendo sugerida aqui (que é reconhecidamente arbitrária, mas historicamente justificável, e não um mero capricho), a força do cristianismo não se revela em uma teocracia ou em um monopólio da criação de regras para todas as áreas da civilização. Sua força, segundo essa interpretação, é manifestada em sua capacidade de construir uma barreira contra o ódio na consciência dos indivíduos. Na verdade, a própria crença em Jesus, o Redentor, seria vazia e sem vida, se não implicasse a renúncia do ódio como motivo, independentemente das circunstâncias – se, depois das palavras "perdoai as nossas ofensas", os cristãos não tivessem que repetir: "assim como nós perdoamos a quem nos têm ofendido". A exigência da renúncia ao ódio foi um desafio lançado pelo cristianismo à natureza humana, e assim permaneceu. Se encontrássemos cristãos apenas entre aqueles que sabem como enfrentar esse desafio, que são discípulos de Jesus no sentido de que não fogem à luta, mas são livres do ódio – quantos teriam sido eles, e quanto são eles agora no mundo? Eu não sei. Eu não sei se eram mais na Idade Média do que são agora. No entanto, existem muitos, eles são o sal da terra e a civilização europeia seria um deserto sem eles.

Se reduzirmos o cristianismo ao seguinte mínimo – a crença de que Jesus, o Redentor, apareceu na Terra no tempo histórico, a fim de libertar-nos do mal, do qual não podíamos nos libertar, e a capacidade de remover o ódio que se segue a essa crença –, nós perceberemos que, estritamente falando, não existe tal coisa como um programa político cristão ou um sistema cristão de governo. Nessa questão, como em todas as outras, a história do cristianismo está cheia de disputas em que posições de extremos opostos são expressas. Seitas comunistas da Idade Média, anabatistas revolucionários e vários socialistas do século XIX (como Weitling) extraíram do Novo Testamento tudo o que poderia se voltar contra os ricos, os tiranos e os agiotas. Eles argumentaram que uma sociedade construída sobre princípios cristãos proclamaria a igualdade como seu principal lema, que é dever de um cristão, como tal, lutar ativamente contra a injustiça social, e que Jesus era um profeta do comunismo revolucionário. Por outro lado, a hierarquia católica, repetiu durante séculos, até o fim do século XIX, que a obrigação do cristão é suportar com humildade a pobreza e o sofrimento na Terra, que a rebelião é contra a lei de Deus, e que a desigualdade social foi instituída por Ele.

Parece, no entanto, que ambas as interpretações (deixando de lado suas bases sociais óbvias) eram, e são, os restos da cultura medieval, na qual o cristianismo era tratado como uma fonte universal de normas e padrões obrigatórios em todas as áreas da vida. Em sua forma original, o cristianismo não tem, e não pode ter, tais aspirações. Jesus jogou os cambistas para fora do templo não porque se opunha ao comércio, mas porque os comerciantes profanavam o santuário sagrado. Jesus condenou os gananciosos e os opressores não porque proclamava uma ordem social melhor, mas porque é moralmente ruim ser opressivo e ganancioso. O cristianismo se fundamenta no mal moral, *malum culpae*, e o mal moral é inerente apenas aos indivíduos, pois somente o indivíduo é responsável. É errado infligir sofrimento aos outros com ódio, o que significa que um torturador que inflige tal sofrimento é mau (o que certamente não depende da causa pela qual ele tortura e do modo como o executa). O próprio sofrimento, entretanto, não é mau nesse sentido. É um mal moral ser proprietário de escravos, mas não é um mal moral ser um escravo. A própria ideia de um sistema social "moralmente mau" ou "moralmente bom" não faz sentido no mundo da crença cristã.

Isso não quer dizer, em absoluto, que todos os cristãos, por serem cristãos, não têm o direito de se rebelar contra a injustiça social, de lutar contra os opressores e a tirania, ou que seria contrário à doutrina cristã querer corrigir o que pode ser corrigido na sociedade. Ser motivado por ódio, vingança, ganância ou desejo de poder é se opor ao cristianismo. Não podemos calcular que tipo de relações sociais resultam em um mal moral maior ou menor, isto é, no sentido cristão, se criam mais ou menos razões para o ódio e a ganância. Para o cristianismo, a ganância é tão má em um homem rico quanto em um homem pobre, o ódio é tão mau no opressor quanto no oprimido. É nisso que consiste a dificuldade de ser cristão. A vingança, desse ponto de vista, não pode quebrar a cadeia do mal. Mesmo Estados que oprimem e perseguem o cristianismo podem ser chamados de anticristãos apenas em sentido figurativo, ou seja, aqueles que os governam são tiranos e, portanto, não cristãos; mas tiranos também são não cristãos quando não perseguem o cristianismo organizado, mas oprimem outros em seu nome. No cristianismo, no entanto, o princípio determina sempre que o mal, em seu sentido original e próprio, está em nós, não nas relações sociais. Há regras de vida cristã que cobrem todas as situações, e são claramente de igual modo obrigatórias em todas as situações e conflitos políticos; não há, no entanto, nenhuma política cristã, isto é, não há objetivos políticos especificamente cristãos.

Pela mesma razão, não há modo de vida universalmente obrigatório ou modo de participar das questões terrenas que sejam especificamente cristãos se à parte de motivações puramente morais. Não há também, infelizmente, nenhuma indicação de como podemos evitar quaisquer atos maléficos enquanto vivemos no mundo (e escapar do mundo de modo algum merece o rótulo de uma recomendação cristã universal). O cristianismo em si não pode resolver os dilemas lamentáveis que surgem em cada etapa da vida e tornam impossível evitar o mal. Pacifistas absolutos, referindo-se aos princípios cristãos, deveriam aprender de maneira não hipócrita a analisar se eles simplesmente não prefeririam que outras pessoas tomassem o seu lugar se uma guerra irrompesse. Voluntários em uma guerra revolucionária seriam sábios sem hipocrisia caso respondessem à questão de por que sua indignação em relação à injustiça social é tão extraordinariamente seletiva (como nota-se ser o caso) e em quais princípios se baseiam ao alegar que os valores especificamente cristãos (ou seja, a remoção do ódio) têm uma melhor chance de florescer em um sistema do que em outro. Na realidade, no entanto, as justificativas cristãs são de valor extremamente duvidoso em ambos os casos. A mensagem de Jesus não é sobre um sistema social justo ou sobre qualquer sistema social. Ele nos instruiu a destruir o mal começando por nós mesmos, não com o assassinato de outros que consideramos – com razão ou não – que sejam maus.

Ser cristão, portanto, é e sempre foi uma tarefa difícil, pois o cristianismo exige a capacidade radical de expor nosso próprio mal a nós mesmos. Os grandes mestres do cristianismo não escondem que, nesse sentido, não existem muitos cristãos, e nunca existiram. Que existem alguns, no entanto, não é sintoma de uma "crise" do cristianismo, mas a confirmação de algo que ele diz sobre si: que é difícil corresponder às suas exigências. Se há uma crise, é uma crise permanente – uma forma indispensável de ser para o cristianismo, ou talvez uma expressão da "crise" mais geral e universal na qual nos encontramos todos, tendo sido expulsos do Paraíso.

Aqueles para quem a questão do cristianismo está ligada de forma inequívoca à questão de algum interesse político devem, obviamente, avaliar sua situação como favorável ou desfavorável, dependendo de como analisam as perspectivas de seus interesses políticos. Aqueles que levam a sério o cristianismo não têm nenhuma razão para prever sua queda.

9.

A ilusão da demitologização[*]

Não é crível que a erosão do legado mitológico na civilização tradicional ou nominalmente cristã e o declínio (ou aparente declínio) da sensibilidade religiosa possam ser explicados pelo progresso da ciência, pela popularização dos avanços científicos e pelo crescimento do assim chamado espírito científico, sendo este coincidente ou mesmo idêntico ao crescente nível da educação geral. Essa crença é generalizada, com certeza. A maioria das pessoas que se considera não religiosa está pronta para explicar sua descrença nestes termos: incompatibilidade da tradição religiosa com o que a ciência ensina. Tais afirmações, no entanto, não precisam ser tomadas por seu valor nominal.

Certamente, seria insensato negar que os dois fenômenos – a aparente erosão da capacidade de experimentar o numinoso e viver de acordo com ele, por um lado, e a confiança na ciência como meio de compreensão do mundo, por outro – estão ligados. Isso não quer dizer que a primeira seja uma consequência da última. Ambos os fenômenos parecem mais ser frutos do processo secular da assim chamada modernização. Esse processo, deduzimos, começou no século XI com o avanço cada vez mais poderoso da diferença entre razão secular e fé. A necessidade dessa distinção foi crescendo *pari passu* com o surgimento das cidades e da civilização urbana, incluindo o seu resultado inevitável: a emancipação dos intelectuais. Até São Tomás de Aquino participou desse desenvolvimento, de forma involuntária, é claro, e não consciente de seus efeitos futuros. Ele reagiu às tentativas dos averroístas de uma total separação entre fé e razão. Para fazer isso de forma bem-sucedida, teve que fazer com que a diferença fosse clara e precisa. Assim, estabeleceu regras bastante exatas que

---

[*] Escrito em inglês; publicado anteriormente apenas em holandês como panfleto, em 1985.

deveriam assegurar à verdade revelada o direito de controlar e supervisionar o conhecimento profano, de maneira que aquela não substituísse este, mas somente o censurasse em caso de um conflito e fornecesse critérios definitivos de significação. Ele usou as mesmas regras para definir as relações entre autoridades seculares e a Igreja: a tarefa da Igreja não era substituir as autoridades civis, mas controlar suas atividades e leis para que ficassem em conformidade com os mandamentos divinos. Sem fazer reivindicações à teocracia –, seja no campo da política seja no do conhecimento – ele se opôs à ideia de separar o sagrado do profano, tal separação significando, certamente, ceder à vida profana, tanto intelectual quanto política, o direito de não cumprir as normas que Deus e a Igreja fixaram de forma infalível.

O próximo passo foi dado pelos nominalistas do século XIV que, enquanto separavam essas duas áreas, *privaram* as razões seculares de qualquer direito de se aventurarem na especulação teológica, de examinarem não somente os profundos mistérios divinos (o que São Tomás naturalmente também aceitava), mas a própria questão da existência de Deus. Todas as questões fundamentais deveriam ser deixadas à autoridade da revelação. Os ocamistas opunham o reino da fé, que era por definição irracional, ao reino da razão, que era governado por normas empíricas e lógicas; eles, na verdade, estabeleceram os princípios do empirismo moderno, exatamente no mesmo espírito com que Hume o faria quatro séculos mais tarde.

Pode ter parecido que essa separação significava a degradação da razão secular ao limitar seu escopo de interesse legítimo e ao roubá-la do acesso a toda a área de indagação metafísica e teológica. Em algumas ocasiões esse era realmente o caso. Os místicos cristãos, que muitas vezes usaram fórmulas semelhantes, eram indiferentes, se não hostis, a qualquer uso da razão em assuntos divinos; assim eram, também, em sua maior parte, os grandes pensadores da Reforma. Seus ataques contra a profanação do cristianismo pela curiosidade de estudiosos mundanos muitas vezes coincidiu, em sua forma de expressão, com o estreitamento dos nominalistas, mas a intenção destes era, na verdade, o oposto: o objetivo era separar os domínios da razão e da fé, a fim de proclamar a autonomia da razão e afirmar que ela não precisa do apoio da fé ou da revelação. Isso implicava de modo implícito o fato de que, para nossa compreensão do mundo físico, não somente a fé, mas a própria presença de Deus é irrelevante; em outras palavras, a realidade física, para todos os efeitos práticos, é autossuficiente, e assim também é o nosso conhecimento dessa realidade. Para dizer isso não se precisava negar Deus nem a revelação; mas era suficiente empurrá-los para um canto, em que eles logo se tornariam inúteis para a vida secular e a ciência secular.

Esse processo culminou com a filosofia de Descartes. No mundo que ele representava, Deus se tornou um elemento da máquina universal, uma fonte de energia que era, sem dúvida, logicamente necessária para a explicação definitiva da natureza, mas dispensável para a interpretação de qualquer evento particular. Pode-se argumentar que Descartes não era um deísta no sentido estrito, uma vez que, de acordo com sua física, a mesma quantidade de força é necessária tanto para manter o mundo em existência quanto para criá-lo, e, assim, Deus continua fornecendo um apoio permanentemente necessário para o universo continuar existindo; no entanto, ao compreender o mundo criado, Sua presença tornou-se indiferente; este mundo é regido de maneira infalível pelas leis de trabalho da mecânica, e quando investigamos isso, não precisamos nos lembrar de Deus em nenhum momento. Nesse sentido, o que Pascal disse sobre o *chiquenaude* de Descartes é verdadeiro (mesmo que não literalmente), e é, sem dúvida, verdadeiro que o deísmo moderno emergiu e se desenvolveu a partir do legado cartesiano.[1] O fato de existir uma alma imaterial quase não tem significado no exame do corpo humano, que é um mecanismo complicado, não diferente do corpo dos animais, e é governado inteiramente pelas mesmas leis que operam o movimento da matéria inerte. O caminho de *bête-machine* [animal-máquina] ao *l'homme-machine* [homem-máquina] era fácil. No mundo dos deístas, Deus, mesmo se verbalmente admitido, era inútil, uma vez que não existem milagres nem revelação (o último sendo milagre na ordem da cognição); por isso – e este é o ponto principal – Deus é imperceptível na natureza.

Com toda certeza esse processo foi uma condição necessária para o avanço da ciência moderna. Tal ciência não poderia ter surgido se Deus e os milagres não tivessem sido removidos previamente da natureza, se as regras do método científico, como foram codificadas no século XVII por Bacon, Descartes, Gassendi e outros, não tivessem descartado a possibilidade de quaisquer traços

---

[1] Pela ótica de Descartes, após o piparote (*chiquenaude*) que finalizava a criação, Deus poderia retrair-se. [N. do E.]

de crenças religiosas, se a ciência não tivesse se libertado do apego à tradição, à autoridade, à Igreja, e a qualquer coisa que tivesse sido declarada como um mistério irremediável e inacessível ao intelecto humano.

Isso não quer dizer que a ciência como tal tenha sido a causa eficiente da erosão da fé; o que contribuiu para essa erosão não foi a ciência, mas o cientificismo ou o racionalismo cientificista. Em contraste com a própria ciência, o racionalismo é uma doutrina filosófica ou uma ideologia que inclui uma definição normativa do conhecimento; o que pode ser apropriadamente chamado de conhecimento é o que pode ser empregado de forma eficiente para prever e controlar fenômenos naturais. O conteúdo cognitivo de uma fé religiosa (e deve-se notar que, para o credo racionalista, a religião é um conjunto de afirmações) é, nesse aspecto, comprovadamente inútil ou duvidosamente útil; por isso a religião não pode ser conhecimento em qualquer sentido reconhecível. O esforço para dominar a natureza – que Descartes e o Iluminismo abasteceram com uma base filosófica – não era em si nem racional nem irracional – ele refletia as paixões humanas, não o conhecimento humano. Uma vez que essa dominação, incluindo seus óbvios resultados benéficos, se tornou o valor supremo, naturalmente transformou todo o legado religioso da humanidade em algo duvidoso e, por fim, sem sentido. A percepção da sensibilidade religiosa como algo sem sentido não resultou nem da ciência nem do possível conflito entre a verdade científica e o conteúdo da revelação, mas das preferências humanas e da prioridade dada, em nossa escala de valores, àqueles tipos de atividades mentais que eram suscetíveis a aumentar o escopo de nossa dominação da natureza; podia-se confiar na ciência por meio de efeitos verificáveis; não se podia confiar na religião nos mesmos termos.

Certamente, a própria ideia de dominação da natureza é de origem bíblica, mas voltou-se contra a Bíblia e contra a revelação, uma vez que deixou de funcionar dentro de uma ordem moral e cósmica estabelecida pelo divino e se tornou um objetivo supremo e incondicionalmente válido. O próprio cristianismo não foi inocente, em absoluto, ao acirrar o conflito e, portanto, ao voltar o crescimento do Iluminismo contra si. Primeiro, ele afirmou e apoiou a racionalidade escolástica de sua doutrina por mais tempo do que era culturalmente possível e, por isso, colocou-se em uma posição sem defesa: ao afirmar que as crenças básicas da tradição cristã poderiam ser apresentadas como racionalmente justificáveis no mesmo sentido que as verdades cientifícas o são, ficou evidente a lacuna entre ambos, uma lacuna na mesma escala de valores cognitivos; assim, em vez de ser o que sempre tinha sido – uma mensagem divina traduzida para a língua humana – tentou ser um conhecimento de segunda classe, praticamente do mesmo tipo da ciência profana. Em segundo lugar, a educação cristã sempre apoiou os elementos mágicos ou as expectativas mágicas ligadas aos ritos e sacramentos religiosos, sugerindo, ou pelo menos não se opondo, à noção de que rituais e orações, ainda que envolvam a operação da energia divina, têm uma espécie de eficiência técnica, como se, por exemplo, uma oração fosse uma espécie de manipulação que, apenas se for realizada do modo correto, não falhará em trazer os resultados desejados. Se não conseguir fazê-lo, então, ou a operação não foi devidamente executada, ou há algo fundamentalmente errado com a própria ideia da oração: a máquina não funciona de acordo com a expectativa; como consequência, não há nenhuma boa razão para acreditar que Deus existe. Logo ficou claro que, se é assim que o culto religioso é interpretado, ele nunca poderia ganhar a competição com a tecnologia; esta, se aplicada corretamente, cumpre o que promete (sem mencionar os subprodutos que ela não promete e que não são necessariamente benéficos). A confusão de fé com conhecimento, uma confusão pela qual o cristianismo deve ser culpado, em certa medida, inevitavelmente reduziu a fé a um parente pobre da ciência; a confusão da adoração com a técnica reduz a adoração a uma técnica ineficaz ou de eficiência duvidosa; na medida em que ambos os tipos de confusão foram encorajados pelas igrejas cristãs, o próprio cristianismo contribuiu para a difusão do ateísmo. A razão principal, no entanto, para a erosão da fé está mais nas modificações morais do que intelectuais – na preferência dada às áreas de atividade que fornecem bens mensuráveis.

O conflito da teologia com a ciência na Idade Média afetou apenas alguns poucos. Mesmo mais tarde, nos séculos XVII e XVIII, o caminho da investigação científica para aplicações técnicas – pelo menos para aplicações que afetam a vida diária de muitas pessoas – era longo e lento, na verdade quase não perceptível para a maioria dos indivíduos. Esse caminho foi se tornando cada vez mais curto no século XIX, e agora, em nossa época, ele é quase instantâneo; tornou-se óbvio para todos que a ciência pode mudar de maneira eficiente a vida cotidiana e torná-la mais confortável.

Em suma, o conflito real não é entre a ciência, por um lado, concebida em cada uma de suas fases específicas como um padrão absoluto pelo qual toda a vida espiritual deve ser medida, e, por outro, a religião, como um conjunto de afirmações sobre Deus, providência, imortalidade, diabo, e assim por diante – declarações cuja verdade deve ser avaliada por critérios científicos. O conflito é cultural, e diz respeito à nossa hierarquia de preferências: nossa *libido dominandi* contra nossa necessidade de encontrar significado no universo e em nossa vida. Ambos os desejos, a *libido dominandi* e a busca de significado, estão inalienavelmente enraizados no próprio ato de ser humano, mas eles limitam um ao outro em vez de conviverem de forma pacífica.

É nesse contexto que a questão da chamada demitologização deve ser examinada. No sentido mais amplo, a tendência de "demitologização" durou por todo o processo de modernidade, incluindo o deísmo do século XVII. Em sua versão inicial, tratava-se apenas de uma tentativa de deixar para a vida religiosa um enclave a partir do qual ela não interferiria em nossas atividades intelectuais e políticas. O movimento mais profundo visando à reestruturação completa do significado da religião se desenvolveu no fim do século XIX, e o modernismo católico (ao lado da menos radical teologia liberal alemã) estava em sua expressão mais relevante. Sem usar a palavra *demitologização*, ele antecipou todos os princípios fundamentais de Bultmann.

Bultmann salientou que sua ideia de demitologização constituiu uma parte de seu trabalho hermenêutico sobre o Novo Testamento e que este deve muito às dificuldades que ele teve que enfrentar em seu trabalho pastoral. Uma vez que um historiador ou um exegeta é incapaz de eliminar de sua análise de textos as relações "existenciais" entre ele e o autor, assim como aquelas com as pessoas mencionadas no texto, ele necessariamente interpreta o texto por meio de suas experiências, emoções e aspirações, no contexto de sua vida e meio histórico. Portanto, as questões abordadas e a compreensão de suas respostas mudam com a nossa acumulação de experiência histórica e também pessoal. Nas fontes que investigamos – como o Novo Testamento –, com frequência encontramos respostas inesperadas para perguntas pessoais e entendemos a palavra como se fosse dirigida pessoalmente a nós mesmos.

Até esse ponto, Bultmann permanece dentro da filosofia tradicional alemã de Verstehen, embora, como heideggeriano, não fale sobre empatia ou reprodução imitativa, mas sobre a troca "existencial" entre o texto e o leitor, uma troca que remete à experiência real do leitor. Como teólogo, Bultmann vai além de Dilthey e de Heidegger, é claro. A fim de entender o que significa um texto transmitir uma mensagem divina, devemos antes ter uma experiência – em forma de uma preocupação, mais do que de uma noção – de Deus e de Sua palavra. E nós a temos, de fato, mesmo que a neguemos conceitualmente. Esse conhecimento compensa um aspecto de inquietação existencial que todos nós compartilhamos; portanto, a compreensão do real, indo além de uma exegese filológica e histórica, inclui a vontade do leitor de encarar a própria existência. É por isso que nenhuma compreensão definitiva é possível – a existência é somente *hic et nunc*, e assim é o entendimento.

A impossibilidade de um sentido de revelação imutável foi um dos temas importantes dos modernistas. Uma vez que a percepção de um texto muda com as transformações em nossa sensibilidade e nosso conhecimento, o significado do texto, eles argumentam, também evolui. Deveríamos, com base nisso, dizer que a verdade muda também, que algo pode ser verdadeiro em um período histórico e deixar de ser verdadeiro no próximo? Que as Escrituras são inesgotáveis e podem revelar novos aspectos qualquer teólogo ortodoxo admitirá; isso pode ser verdadeiro para todos os textos, não necessariamente aqueles que se supõe serem de inspiração divina. Tal fato, no entanto, não impede a crença de que exista um núcleo persistente na palavra divina. E se não houver nada imutável, será que o cristianismo pode sobreviver? Será ele mais do que uma expressão temporária de uma sensibilidade historicamente relativa, sem posição privilegiada nem melhor do que qualquer outra religião, ou não religião, ou antirreligião? Partindo do pressuposto de que a maior parte da nossa sociedade não tem mais necessidade do cristianismo, devemos admitir que ele se tornou falso depois de ter sido verdadeiro em uma época passada? E, ao dizermos isso, será que não destruiríamos o próprio conceito de verdade?

Os modernistas responderam que o que é fundamentalmente verdadeiro no cristianismo continua a ser verdadeiro, mas essa verdade nunca chega a uma formulação definitiva. Fórmulas, dogmas e símbolos são historicamente relativos – eles podem perder sua vitalidade e tornar-se obsoletos. O núcleo da fé, que é revelado a cada um de nós em uma experiência pessoal, não perece, mas do jeito que está articulado é irremediavelmente provisório e contingente, como a língua na qual é expresso; ele não pode ser apreendido em proposições válidas para toda a eternidade.

O ponto de vista de Bultmann é o mesmo. Devemos perguntar até que ponto essa evolução pode ir. Por que seria impossível que o verdadeiro cristianismo (no qual verbalizações sequenciais são relativas) fosse expresso um dia em afirmações como: "Deus não existe, não há salvação, não há redenção, não há perdão, não há pecado original, não há vida eterna, não há amor"? Isso parece bastante possível na premissa de que nada na mensagem cristã resiste a mudanças culturais. Novas fórmulas serão igualmente provisórias e tão "verdadeiras" quanto as antigas, com certeza, mas seu caráter provisório pode ser percebido somente quando elas estão mortas na cultura.

A linguagem da teologia muda, é claro, assim como as categorias que as pessoas usam para reinventar a Bíblia em um "sistema" metafísico. Novos problemas humanos e novas formas de sensibilidade podem revelar novos significados no texto, mas está o texto, em todos os seus aspectos, à mercê de um leitor?

Bultmann não diz isso expressamente. Ele quer tornar a mensagem cristã acessível à mentalidade contemporânea, purificando-a da "mitologia", isto é, partindo do hábito de expressar as coisas divinas e os atos divinos em categorias empíricas que tomamos por empréstimo de realidades terrenas e ações humanas.

O "homem moderno", segundo Bultmann, não pode, por exemplo, pensar nos termos de estrutura espacial do universo que os antigos povos aceitavam: a morada dos anjos e de Deus "acima", no céu, e o inferno sob a superfície da terra. Acima de tudo, não pode imaginar que a causalidade natural pode ser interrompida ou cancelada por intervenções milagrosas do outro mundo, por Deus, pelo diabo ou pelos anjos, nem pode esperar as quebras de causalidade que nossas orações ou performances mágicas produzem; ele não pode acreditar que um ser divino tenha se sacrificado pelos pecados humanos, que os atos sacramentais como o batismo ou a eucaristia comuniquem um poder espiritual aos fiéis, que Deus seja um Pai em um sentido inteligível, que Ele tenha criado o mundo *ex nihilo*, e que Jesus seja homem e Deus ao mesmo tempo. Embora essas crenças sejam inadmissíveis para pessoas educadas na ciência moderna, o significado "objetivo" ou "existencial" do cristianismo não está perdido; o "homem moderno" pode acreditar que o mundo em que ele vive não é uma realidade definitiva e que Deus engloba o universo empírico. A fé é o encontro de uma existência com a Palavra, e não a aceitação de uma série de proposições; e, de acordo com a doutrina luterana, ela não pode ser produzida por trabalho exegético – é uma experiência e, portanto, não tem essência reificada na forma de dogmas. A palavra divina é aberta para mim, mas seu significado é um aspecto da minha experiência aqui e agora. Nenhuma prova da divindade de Jesus é concebível, mas, pela maneira como Ele muda minha vida, Ele se revela como a palavra de Deus. Eu encontro Deus em Jesus ao tomar a decisão de seguir o seu apelo, e, ao aceitá-lo, eu já não temo o futuro porque o significado do futuro está definido na presença real de Jesus.

O que resta do cristianismo após essa limpeza? A fé no sentido luterano, diz Bultmann: confiança no Deus revelado em Jesus. É, ao que parece, *fiducia* [confiança] que não tem nenhum fundamento intelectual e da qual seria provavelmente impróprio dizer que inclui a verdade "Deus existe", uma vez que tal verdade não tem nenhum significado além de ser um aspecto possível da experiência pessoal.

A famosa discussão sobre demitologização entre Bultmann e Jaspers aconteceu há mais de trinta anos. Segundo Jaspers, a filosofia nunca pode abranger a religião, já que esta resiste a toda explicação conceitual. A tentativa de Bultmann de tornar a religião cientificamente respeitável esteve fadada ao fracasso desde o início. Primeiro, o que ele supõe ser uma visão de vida "moderna" não é moderna em absoluto: a ressurreição era tão impossível para os contemporâneos de Jesus quanto é para nós; por outro lado, os contemporâneos acreditam em absurdos tanto quanto os antigos. A ciência moderna não tem a pretensão de oferecer uma compreensão global da realidade, nem a ontologia heideggeriana é capaz de fazê-lo.

É, de acordo com Jaspers, absurdo pensar que os mitos são teorias disfarçadas e que podem ser traduzidas em uma linguagem metafísica. Eles não podem ser traduzidos em uma linguagem não mítica e tentamos em vão interpretá-los racionalmente. Embora o código do mito seja *sui generis*, devemos saber que não há diabo, não há causalidade mágica e não há feitiçaria. Os indivíduos podem negar o mito para si mesmos, mas não para as outras pessoas. Por meio da vida em um mito, as pessoas se conscientizam da transcendência, e nesse encontro o objetivo e o subjetivo são inseparáveis; portanto, é tão impossível encontrar verdade científica em um mito quanto reduzi-lo ao seu conteúdo pessoal, existencial. A fé não surge do trabalho exegético; é transmitida pelos sacerdotes, e é eficaz na medida em que os próprios sacerdotes vivem na fé. Enquanto ele tenta assimilar a crítica do Iluminismo para salvar a fé, Bultmann toma o Iluminismo em sua versão falsa e dogmática. A atitude liberal não luta contra uma devoção simples e ingênua, mas quer libertar Deus da forma "objetivada". Ela aceita a ideia de um "Deus escondido"; a transcendência pode ser acessível apenas através de cifras, e torna-se real somente através de uma existência humana, embora não necessariamente no cristianismo histórico ou codificada em um credo qualquer. Bultmann, no entanto, quando tenta salvar um mínimo não mítico de cristianismo, encontra-o no dogma luterano da justificação pela fé, assim caindo mais uma vez em uma ortodoxia rígida.

A tréplica de Bultmann a essa crítica mostra, talvez melhor do que sua teoria, o problema prático com o qual ele teve que lidar como sacerdote protestante. Ele nega que tenha simplesmente tentado salvar o que poderia ser salvo da fé após os ataques da ciência; em vez disso, queria esclarecer ao "homem moderno" o que a fé cristã realmente é. Ele admite, como Jaspers, que um cadáver não pode se levantar de um túmulo e que não existem demônios nem magia, mas desafia Jaspers a explicar aos fiéis o significado da carta de São Paulo aos romanos sobre o pecado original e a redenção. O pensamento mítico é tão "reificado" quanto o pensamento científico quando tenta explicar a transcendência divina em categorias empíricas ou personificar o mal na figura de Satanás. Jaspers, no entanto, não diz nada sobre como o mito bíblico pode ser expresso de uma maneira que seja aceitável para o "homem moderno". É certo que não se pode provar a realidade da revelação sem antes aceitá-la como revelação; depois dessa aceitação, eu ouço sua voz como uma palavra dirigida diretamente a mim. Depois da demitologização, a doutrina da encarnação diz que Deus se revela não apenas como uma ideia, mas como meu Deus, que fala para mim aqui e agora; a doutrina de Jesus como "fenômeno escatológico" diz que Jesus é "a Palavra de Deus", sempre presente.

Em suma, Jaspers acredita que seria desastroso destruir a linguagem mitológica e que tal linguagem não tem sentido "objetivado", nenhuma referência a realidades empíricas, e nos fornece apenas cifras que nos ajudam a compreender a transcendência e a existência, ambas inseparavelmente ligadas uma à outra e eternamente inescrutáveis. Devemos renunciar aos dogmas e à verdade fixa, dados em uma revelação historicamente identificável, mas não devemos reduzir o mito a uma doutrina abstrata. Bultmann, por outro lado, quer salvar da tradicional fé "objetiva" apenas o que é aceitável para o "homem moderno" – o que significa, na prática, as informações historicamente confiáveis, sem nenhum conteúdo religioso – e manter a fé viva em forma de um encontro "existencial", um reino de "decisão" pessoal.

Aqui temos a diferença entre os interesses e as preocupações de um filósofo e de um pregador. Jaspers quer salvar o mito em sua expressão original, tanto porque uma expressão melhor não está disponível quanto porque o mito é parte indispensável da cultura. No entanto, ele se recusa a dotá-lo de qualquer significado empírico: não há ressurreição em sentido real, não há demônios ou anjos, não há revelação no sentido bíblico, isto é, nenhum Deus que realmente fale a Moisés ou Abraão. Ainda assim, Jaspers sabe que, para os crentes, ao contrário dos filósofos, a ressurreição e os demônios são coisas reais, e não cifras. O resultado final de sua defesa do mito não difere, em última análise, da doutrina dos franceses libertinos do século XVII: deixem que o *vulgus* viva em suas superstições – os simplórios precisam dos mitos como histórias que eles compreendem literalmente; quanto aos letrados, eles podem aceitar o mito apenas como um conjunto de cifras que nos ligam de maneira vaga à inexprimível realidade definitiva. Assim, parece que estamos voltando à mesma divisão em duas culturas que conhecemos em Spinoza e, mais explicitamente, nos *Discorsi* de Maquiavel (embora a necessidade do mito seja explicada em termos culturais e antropológicos, mais do que em termos políticos). Os filósofos que permitem que as pessoas simples acreditem em lendas que eles não podem levar a sério parecem cometer a mesma *pia fraus* que Numa Pompilius ou os generais romanos descritos por Maquiavel.

Bultmann rejeita essa solução porque tem que falar ou para os ministros da Igreja ou para meros fiéis que, não sendo filósofos, respiraram o ar onipresente da ciência, que são "homens modernos" e pensam que não é permitido aceitar a ressurreição ou o diabo em sentido literal.

Jaspers, creio eu, está bastante certo ao dizer que é inútil traduzir o mito em categorias filosóficas e que uma tentativa de ajustar o cristianismo ao que é permissível ou digerível para a ciência contemporânea é impossível. Ele está certo também quando põe em dúvida a ideia de Bultmann de "homem moderno", como se milhões de "homens modernos" que acreditaram ou acreditam, por exemplo, nas doutrinas do nazismo ou do comunismo tivessem provado, portanto, que são seres "racionais", imunes à superstição.

A preocupação de Bultmann não pode ser descartada de forma leviana, com certeza: como sacerdote, ele deve ter sido perguntado muitas vezes como as crenças cristãs podem coexistir com a visão de mundo cientificista moderna e, incapaz de lidar com a questão, fugiu para sua solução "existencial". Muitos sacerdotes, sem dúvida, têm de enfrentar as mesmas perguntas. Eu me lembro de ter uma conversa com um padre católico para quem disse que estava muito feliz pela declaração do papa Paulo VI confirmando o ensinamento tradicional da Igreja sobre o diabo; ao que o padre respondeu, com certa amargura: "Ah, sim, para você é fácil falar assim, porque você não precisa ir até as pessoas e explicar isso." Ele certamente era um bom cristão, e ainda assim parecia incapaz de se conciliar ele mesmo com a noção tradicional do diabo. Por quê? Por que, em nossas classes educadas, a crença em Deus ainda desfruta de uma espécie de respeitabilidade, enquanto que acreditar no diabo ou em anjos passa por uma superstição medieval? Por que deveria essa crença ser mais "irracional" do que a crença em Deus? Parece que o oposto deveria ser o caso: demônios e anjos são desencarnados, mas criaturas inteligentes finitas, de muitas maneiras não muito diferentes de nós mesmos, e é mais fácil descrever sua natureza e esperar que possamos conhecê-los um dia do que fazer o mesmo em relação a Deus.

A resposta possível é esta: na medida em que Deus ainda é respeitável, não é um Deus cristão, mas um Deus deísta ou panteísta; uma vaga noção de uma grande mente, ou um computador gigante, que é responsável pelas equações complicadas segundo as quais nosso universo se move. O Deus cristão, a sabedoria providencial, um Deus que é uma pessoa em um sentido reconhecível, que se preocupa com as criaturas humanas e intervém em suas vidas, não é absolutamente respeitável. É assim porque Ele é inaceitável para a ciência? Acho que não. Ele é inaceitável para o racionalismo cientificista que, devo repetir, é uma doutrina filosófica, e não para a própria ciência. Tal ideologia baniu de nossa vida tudo que está além da ciência, não por causa da "irracionalidade" de tais crenças, mas porque elas não produzem o resultado esperado, como a ciência o faz. E a nossa adoração pela ciência, como Jaspers diz, com razão, não nos torna "racionais" em nenhum outro sentido – não somos menos supersticiosos do que nossos antepassados de dois mil anos atrás.

A ILUSÃO DA DEMITOLOGIZAÇÃO

Há mais uma razão pela qual o projeto de Bultmann é uma luta perdida: o que quer que ele deseje salvar do cristianismo, a fim de agradar ao "homem moderno", é tão mitológico quanto os ingredientes que ele está pronto para rejeitar. Por que deveria ser menos mitológico dizer que Jesus é "a Palavra de Deus" do que dizer que Ele é filho de Deus? Não, não há nenhuma maneira de o cristianismo se "demitologizar" e salvar alguma coisa de seu significado. Só há uma opção: o cristianismo demitologizado não é cristianismo. Claro que não é preciso ser cristão para aceitar que havia um homem chamado Jesus que pregava o amor, o perdão e a vinda do Reino de Deus e que foi crucificado em Jerusalém; poucas pessoas duvidam que isso seja verdadeiro em termos históricos, e qualquer inimigo jurado do cristianismo pode acreditar nesses dados; tais descrições históricas só não têm conteúdo especificamente religioso. Mas dizer que Jesus era "a Palavra de Deus" é inteiramente "mitológico", no próprio sentido de Bultmann. E mesmo um encontro puramente pessoal com Deus, uma experiência que é, em princípio, inexprimível em um discurso racional, se for considerado real por parte do crente, deve ser "mitológico" também.

Não há como escapar do dilema entre a aceitação "mitológica" do Deus cristão e o racionalismo cientificista que dispensa Deus completamente. E mesmo se nós, de acordo com a receita de Bultmann, mantivermos um cristianismo que tem sido reduzido a atos pessoais de cada cristão, o cristianismo não pode ser salvo como uma fé comum, uma comunidade, um lugar de encontro para crentes e adoradores. Se temos apenas um Jesus histórico, que não é especificamente cristão e, em seguida, um Jesus que é a mera propriedade pessoal de um crente e não pode ser o foco de uma comunidade cristã, essas duas entidades não têm nada em comum; somos deixados com uma combinação de duas áreas completamente fechadas uma à outra: conhecimento histórico "objetivo" e uma experiência monádica que as pessoas não podem transmitir umas às outras.

Se é verdade, como Jaspers diz, que a linguagem do mito não pode ser traduzida em categorias metafísicas – e dizer isso é fazer com que todos os teólogos fiquem desempregados –, isso não significa que ela seja ininteligível para os crentes. Durante séculos, os cristãos acreditaram no significado do sacrifício de Jesus Cristo tal como ele foi explicado por São Paulo, e parecem tê-lo entendido. Devemos dizer que o mesmo significado tornou-se ininteligível para nós? E isso significaria que nós nos tornamos estúpidos? Não, nós queremos dizer mesmo é que a história de São Paulo é inaceitável de acordo com os critérios da racionalidade contemporânea. E por que deveríamos aceitar esses critérios como um padrão absoluto? Porque isso está de acordo com aqueles critérios que a ciência opera, e a ciência é eficiente. Com isso, voltamos ao ponto de partida.

E, no entanto, as restrições de Jaspers, embora justificadas, nos deixam, como acabei de dizer, com a doutrina das "duas culturas", que o cristianismo sempre tentou evitar: o mito em seu sentido literal para os simplórios, e "cifras" inexprimíveis para os esclarecidos. Jaspers sabe que a filosofia não pode assumir as tarefas da fé e que a humanidade não pode sobreviver sem o mito, mas essa distinção entre fé revelada e filosófica sanciona uma divisão a que a civilização cristã tem tão pouca chance de sobreviver como teria de sobreviver à redução de Bultmann do cristianismo a um *Erlebnis* [vivência] incomunicável. O cristianismo como o conhecemos não pode viver após ter perdido toda sua vitalidade na "cultura superior", e a pergunta que nos resta depois da crítica de Jaspers é: será que a fé dos esclarecidos é possível? É possível psicologicamente, sem dúvida, pois ainda há muitos cristãos reais entre os esclarecidos. É possível logicamente também: não há contradição entre os princípios da ciência e os do mito cristão, a menos que *ciência* signifique filosofia racionalista – as informações históricas sobre Jesus não contradizem a crença de que Jesus era filho de Deus, embora, é claro, não possam apoiar essa crença. Somos incapazes de provar a imortalidade conforme o padrão científico, mas não temos razão para pensar que essa crença é logicamente incompatível com o nosso conhecimento. Se a fé dos iluminados continuará a ser possível em termos de evolução cultural do futuro nós não sabemos.

Depois de séculos de crescimento do Iluminismo, de repente acordamos com uma desordem mental e cultural; estamos cada vez mais assustados em face de um mundo que está perdendo seu legado religioso, e nosso medo é bem justificado. Os mitos perdidos parecem ter sido substituídos não pela racionalidade esclarecida, mas por aterrorizantes caricaturas seculares. Notamos com uma espécie de alívio vários sintomas de renascimento religioso, e o "retorno do sagrado" se tornou um tópico da moda. E, ainda assim, nós – e por *nós* eu quero dizer filósofos, sociólogos, psicólogos, antropólogos ou historiadores – não podemos contribuir para esse processo; nós podemos descrevê-lo – com

A ILUSÃO DA DEMITOLOGIZAÇÃO

esperança ou medo –, mas não somos sacerdotes, e somente por meio do sacerdócio, da profecia e de atos de fé viva pode a participação humana no sagrado ser mantida ou reforçada. Os intelectuais são impotentes, e não podem nem mesmo contribuir para a vitalidade do mito ao explicarem que mitos são indispensáveis por essa ou aquela razão cultural, moral, psicológica ou social. E a tentativa de valorizar a ideologia racionalista pela "demitologização" do cristianismo é a prescrição menos confiável. Paremos por aqui.

10.

A fé filosófica em face da revelação*

No mundo de língua inglesa, Karl Jaspers é, sem dúvida, um nome reconhecido, mas não muito mais do que isso. Várias de suas obras foram traduzidas para o inglês, e existem também alguns trabalhos analisando sua filosofia; mas é justo dizer que ele é considerado apenas um fenômeno marginal. Imperceptível nos currículos universitários, ausente nas discussões filosóficas, Jaspers não entrou – ou talvez ainda não tenha entrado – na circulação de ideias do mundo anglo-saxão. Isso é especialmente impressionante se compararmos sua posição com a de Heidegger. E, ainda, mesmo que não sejam leituras fáceis e populares, as obras de Jaspers são mais digeríveis e, à primeira vista, muito mais lúcidas do que as de Heidegger, cujos trabalhos permaneceram à maior distância possível da língua e da tradição da filosofia britânica. Por que é assim, eu não sei. Talvez – e isto é apenas uma impressão – a razão para tal resida menos no conteúdo de sua filosofia do que em seu estilo e maneira de autorrepresentação. A agressividade lexical de Heidegger e sua inflexibilidade profética fazem dele um violador de mentes altamente bem-sucedido: irritante e fascinante ao mesmo tempo, como Nietzsche, ele pareceu ser um verdadeiro pioneiro, o portador de uma grande promessa, com cuja ajuda nós poderíamos esperar abrir à força a porta para o Ser perdido. Comparado a ele, Jaspers parece cauteloso, moralizador e muito mais ligado à linguagem convencional da filosofia europeia – apesar de seu estilo e vocabulário facilmente reconhecíveis, característicos e muito pessoais –, adaptando-se melhor

---

* Traduzido do alemão por Wolfgang Freis de "Der Philosophische Glaube angesichts der Offenbarung", presente em *Karl Jaspers: Philosoph, Arzt, Politischer Denker* (Munique: Piper Verlag, 1986). Copyright © 1986 por Piper Verlag. Revisado pelo autor em inglês.

ao *mainstream* do pensamento ocidental e, portanto, menos visível em sua singularidade. Em última análise, a diferença entre eles é, talvez, aquela entre um profeta e um professor.

Jaspers não foi o único filósofo notável que adaptou toda a tradição da filosofia à própria maneira pessoal e traduziu os pensamentos de outros na própria linguagem. Essa assimilação foi completada conspicuamente *modo recipientis*. Todo o passado filosófico foi "jasperizado", por assim dizer. Em dadas ocasiões, ele foi acusado de haver adaptado a herança filosófica de forma arbitrária às suas necessidades filosóficas (por exemplo, na crítica de Cassirer de sua interpretação de Descartes). Mas Jaspers não foi um historiador no sentido estrito, apesar de seu imenso conhecimento histórico. Suas reflexões históricas foram intencionalmente concebidas como um diálogo sem fim com as grandes mentes do passado, em vez de como uma busca de fatos históricos. Seus estudos históricos devem ser considerados como expressões de sua filosofia, não como livros didáticos. Ele não praticou a história das ideias. Em vez disso, procurou exemplos em que a continuidade da cultura foi quebrada pela invasão imprevisível de uma grande mente, e em que o absolutamente novo, o inexplicável (portanto, o que tinha permanência e grande importância para o mundo) surgiu. Jaspers acreditou na capitalização da riqueza indestrutível da mente. Assim, o historicismo – uma doutrina que qualifica todos os fenômenos culturais como resultados de circunstâncias históricas acidentais e os considera dependentes de seus tempos – estava destinado a ser estranho para ele. Em *Weltgeschichte der Philosophie*, editado por Hans Sauer a partir do manuscrito de Jaspers, podemos ler que

> A classificação mais alta é não apenas o que é mais valioso, é aquilo que é essencialmente mais real. Ela representa um alcance além da humanidade biológica presa à existência em direção a uma realidade superior [...]. A grandeza, em si, é a medida final; e ela não se torna valiosa através de relação histórica, efeito, localidade ou origem, ou de precisões específicas e explicáveis.[1]

---

1 Karl Jaspers, *Weltgeschichte der Philosophie*, Einleitung, ed. Hans Saner (Munique/Zurique: Piper Verlag, 1982), p. 155.

Assim, a grandeza na história deveria ser algo como um repositório eterno da mente, onde seus recursos crescentes seriam depositados eternamente. Por isso, é evidente que a noção de Jaspers da história da filosofia está ligada, de modo inseparável, à doutrina da transcendência.

No entanto, como a transcendência é concebível? À primeira vista, pode parecer que, para um filósofo cuja orientação de pensamento é definida pelo conjunto inatingível, a questão de Deus é inevitável e ele deve se sentir obrigado a dar uma resposta inequívoca. Mas é notável que certo número de grandes filósofos realmente permaneceu ambíguo (ao menos no sentido de que pareciam às vezes puramente ateus e, em outras ocasiões, crentes, e sugeriam essas formas extremamente contrárias de entendimento a seus leitores). Esse foi o caso de Spinoza, Hegel, Giordano Bruno e até mesmo Descartes. Foi o caso de Jaspers também. Apesar de ambígua e interpretada de diversas maneiras, os filósofos não deveriam deixar essa pergunta-chave em suspenso.

Mas talvez o pensamento de Jaspers, em particular, possa nos familiarizar com o *insight* de que a pergunta "Você acredita ou não em Deus?", proposta como uma questão filosófica – ou dentro do que Jaspers chama de *fé filosófica* –, é colocada incorretamente e, portanto, não deve ser respondida com clareza. Desde o momento em que o Deus dos cristãos, o Pai amoroso e Senhor, misturou-se ao Absoluto neoplatônico (e esse foi sem dúvida um dos acontecimentos mais decisivos da história cultural), a "questão de Deus" teve que ser reformulada de forma significativa, pois não temos ferramentas conceituais confiáveis à nossa disposição com as quais compor um todo coerente a partir das características de uma pessoa e dos atributos de um absoluto. Os místicos estavam cientes disso e repetidas vezes enfatizavam que Deus, revelado a eles como um fato da experiência, não podia ser pego em nossa rede conceitual; portanto, eles permaneceram fortemente indiferentes à teologia natural.

Jaspers, é claro, não era nenhum místico – pelo menos, ele não se refere a nenhuma experiência pessoal particular que o tenha elevado de uma maneira privilegiada à transcendência. Ele pretendia permanecer dentro da experiência cotidiana da qual todos participam e não desejava ser visto como um escolhidos por Deus. Em certo sentido importante, no entanto, sua obra literária é semelhante à mensagem dos místicos: ele não tenta justificar o que não pode ser provado dentro do quadro conceitual do pensamento, que descreveu como "a elucidação da existência"; ele não deixa espaço para a pergunta: "Por que eu deveria supor isso?" Em vez disso, quer apelar para o que todos carregamos dentro de nós mesmos, semiconsciente, secreta ou inarticuladamente, como ele acredita. Quer tocar uma corda que pertence firmemente à nossa constituição existencial; nada pode ser feito se a corda está morta ou imóvel. Tal como os escritos místicos, sua mensagem é também indiscutível e, portanto, deve parecer sem sentido para filósofos de mente racionalista. Ele parece esperar, no entanto, que suas palavras possam evocar uma compreensão espontânea, uma vez que elas visam esclarecer o significado do que está dentro da experiência universal e da percepção cotidiana.

Mas como elucidar isso? O esclarecimento, como provocado pela reflexão científica, está, naturalmente, fora de questão. O *ultimum* é indescritível; a palavra é capturada dentro de nossa existência empírica. Estamos relacionados à Transcendência, repete Jaspers. Esse não é um fato histórico, psicológico, social ou biológico; nós também não temos que estar conscientes dessa relação.

A Transcendência não é um objeto; não pode ser objetivada, diz Jaspers. O que isso realmente significa? Há algo mais envolvido do que o fato de que somos incapazes de expressá-la em conceitos e palavras? Como a Transcendência é acessível para nós?

Jaspers confessa a Santo Agostinho: *Deum et animam scire cupio*. Em sua interpretação, no entanto, a alma não é a alma, e Deus não é Deus em um sentido reconhecível. A existência e a transcendência, que substituem as duas últimas realidades definitivas da alma e de Deus, respectivamente, são aspectos extramundo de abrangência, o que nós nunca encontramos em um reflexo do mundo ou em uma experiência do mundo. Elas se tornam presentes para nós por meio de um salto que nos lança para fora deste mundo, fora de nosso pensamento empírico, sim, mesmo fora de nosso espírito. Essas são entidades da tradição cristã, embora privadas de toda a substancialidade.

Essas duas realidades definitivas, no entanto, entre as quais nossa vida e a do mundo se estendem, não podem de forma alguma ser consideradas polos determinados simetricamente ou como, no mesmo sentido, *alia* incompreensíveis, ambos similarmente localizados atrás das fronteiras do conhecimento.

Certamente a existência não pode ser objetivada, porque, como diz Jaspers, ela não é "ser-como-tal (*Sosein*), mas possibilidade de ser", ou porque é *der je Einzelne*. "Isso significa: eu não sou uma existência, mas uma possível Existência".[2] A existência é o que eu sou, se eu conseguir me considerar não mais como um objeto presente no mundo e determinado por esse pertencimento, mas se conseguir me colocar na negatividade de minha liberdade. Provavelmente seria estranho à linguagem de Jaspers dizer que eu sou um ser livre, mas seria aceitável dizer que sou o movimento da própria liberdade; e esse movimento, essencialmente, não pode ser observado de fora. Para cada observação e cada análise, a liberdade pode ser considerada apenas como conhecimento desejado de determinação no mundo, com uma lacuna cognitiva, mas não como realidade. Por sua natureza, cada *insight* objetivo – mesmo psicológico – deve negar a liberdade, uma vez que esta almeja a explicação, portanto deve rejeitar *a priori* qualquer coisa que seja, a princípio, inexplicável.

Mas, embora a liberdade não seja tangível ou imaginável como objeto, e embora nunca possa ser expressa em uma linguagem universalmente válida, ainda é parte do "lado subjetivo" Daquilo-que-Tudo-Abrange. Uma vez que ela é o que eu sou, e uma vez que se revela a mim como eu mesmo, o "salto" em sua direção deve significar algo inteiramente diferente do salto em direção à fronteira Daquilo-que-Tudo-Abrange, ou seja, em direção à transcendência. Certamente, nesse sentido, é possível afirmar a negatividade da liberdade e negar a transcendência. Nietzsche e Sartre já o confirmaram. Como, então, é possível o segundo salto? Não há existência sem transcendência, Jaspers reafirma. Pode-se concluir a partir daí que aqueles indivíduos que experimentam uma liberdade irredutível na realidade não a experimentam, ou que eles vivem a *mala fide* por permanecerem insensíveis ao atrativo poder da transcendência.

Os crentes estão em uma posição diferente. Deus é acessível a eles de duas maneiras: primeiro, pela experiência mística ou quase mística, que certamente não pode se tornar manifesta, mas que confere certeza inabalável sobre aqueles que a experimentam; em segundo lugar, pela preservação e contínua mediação da revelação original, pela tradição habitual. Em ambos os casos,

---

2 Karl Jaspers, *Der philosopische Glaube angesichts der Offenbarung* (Munique: Piper Verlag, 1962), p. 118.

Deus se revela – ao menos no espaço espiritual do cristianismo – como amor e, portanto, como uma pessoa. Ambos os caminhos, contudo, permanecem fora da fé filosófica como Jaspers a concebe. A transcendência não se revela como amor.

Isso não é exatamente o que os teólogos cristãos costumavam chamar *via negationis*. Esta é certamente uma admissão de fraqueza da razão e da linguagem humanas diante do infinito, que só pode ser descrita como a negação de atributos finitos conhecidos por nós no mundo. Dizer que Deus é acessível a nós apenas de forma negativa não exclui nosso entendimento Dele como amor ou como uma pessoa. Mesmo a expressão bíblica *Deus absconditus*, usada por Jaspers, talvez não seja muito adequada, porque, na compreensão cristã da fé, a ocultação de Deus não invalida nem a revelação, nem a abordagem mística. Naturalmente, a mesma expressão no uso de Jaspers pode ser compreendida em um sentido um pouco cético, em que a completa inacessibilidade de Deus suscita que declaremos que sua possível presença não é relevante para nós.

A passagem em *Der philosophische Glaube* na qual Jaspers considera o "salto da Imanência para a Transcendência" é surpreendentemente curta, e o significado do salto é pouco explicado. Mas ela parece confirmar a necessária conexão bilateral entre existência e transcendência.

> Se a Transcendência subsiste, contudo, apenas para a Existência, isto é, se ela é apenas o lado objetivo cujo lado subjetivo é chamado Existência, então a Transcendência não é válida para a consciência-em-geral, nem subsiste como um objeto real na existência [empírica].[3]

O fato de que a transcendência "subsiste apenas para a Existência" é uma declaração perturbadora. Certamente não significa que a transcendência seja apenas imaginação, muito menos ilusão. Ela sugere, no entanto, que tudo o que descobrimos como transcendência – ainda que nossa abordagem possa ser precária e vaga – se cria dentro dessa descoberta, por assim dizer. Parece que o Ser e a consciência coincidem em ambos os lados da realidade final e

---

3 Idem, p. 139.

definitiva; como se a questão da precedência do Ser ou do Ser apropriado à mente fosse sem sentido. Jaspers, porém, não afirma isso, trata-se de uma suspeita, que é certamente difícil de evitar. Será que Deus é um Deus-para--nós e, se sim, em que sentido? Uma vez que a existência nunca é completa, talvez a transcendência também nunca se conclua.

Sem dúvida, Jaspers nos deixou sua doutrina de cifras. Cifras, de fato, representam a linguagem da transcendência. Mas essa linguagem não é nem discursiva nem estética. Sim, a palavra é um pouco enganadora, já que normalmente nós a usamos sob o pressuposto de que decifrá-la é possível ou de que o significado decifrado é conhecido de alguém; de qualquer forma, vamos supor que exista algo como um texto "original", mesmo que esteja escondido. Mas não há texto verdadeiro atrás das cifras de Jaspers. Elas são alusões a algo que nunca se revela em uma presença decifrada. Nem são signos de Deus em um sentido religioso, que abrem um caminho do signo até a fonte, mesmo que nebuloso; embora seja certamente impossível que Deus se revele por inteiro em seus sinais. A linguagem de cifras "substitui" a revelação da transcendência, diz Jaspers, e essa linguagem é audível apenas na liberdade de existência. As cifras "nunca são a encarnação da própria Transcendência".[4] Em outras palavras, se nós podemos falar de cifras como símbolos, então podemos fazê-lo somente em um sentido singular que remete a Jaspers. No uso linguístico comum, símbolos são substitutos para textos – e, como tais, podem ser traduzidos – ou são imagens por meio das quais o original pode ser reconhecido. No sentido religioso, por outro lado, símbolos não são imagens, mas canais reais que proporcionam uma forma de estabelecer contato energético com a divindade. As cifras de Jaspers não são nem de um tipo nem de outro: elas não podem ser retraduzidas para o original, nem são instrumentos para nos dar acesso a outra realidade. Pelo contrário, são intimações do oculto e desejado, assim como uma evidência da invencibilidade de seu ser escondido. Na presença das cifras nós verificamos nosso irresistível esforço em direção à transcendência, mas também nossa fatídica incapacidade de satisfazer tal esforço. Nesse sentido, as cifras revelam nosso destino como

---

4 Ibid., p. 163.

fracasso – são sinais de falha por excelência: nós batemos com a cabeça contra a porta eternamente fechada e, ao mesmo tempo, estamos conscientes de que nunca poderemos resistir à compulsão de repetir essa vã tentativa, pois ela é parte do ser humano e, por isso, não é vã. O único em cada um de nós é confirmado pelo esforço.

A verdade da cifra elucidando, mas não forçando, a decisão da existência em uma instância é medida pela circunstância dessa instância, mesmo que sua decisão seja para sempre reconhecida e adotada como sua própria decisão; se eu sou idêntico a ele e originalmente me renovo em repetição [...]. A verdade das cifras prova-se não por qualquer cognição ou discernimento, mas apenas através da força elucidativa na história existencial de cada indivíduo.[5]

Parece que a fé filosófica não era nada além da vontade de enfrentar a presença de cifras e nunca deixar nossa situação na presença do indecifrável cair no esquecimento.

Portanto, infere-se que a fé filosófica é inconciliável com a fé da revelação e com a teologia positiva. A fé da revelação realiza-se na obediência, que bloqueia nosso acesso à existência e, portanto, à transcendência; e se congela inevitavelmente dentro da instituição eclesiástica. A fé da revelação não pode evitar a tentação de trazer obediência pela força e não pode escapar de um círculo notório: eu devo acreditar porque tenho a posse da revelação e, por causa da minha fé, sei que a revelação é verdadeiramente a palavra de Deus. Em última análise, a teologia positiva é uma cristalização da certeza enganadora da fé da revelação. A fé da revelação interfere na comunicação entre os seres humanos, e a certeza enganosa mata a inquietação criativa da existência.

A crítica de Jaspers da fé da revelação e da teologia positiva é basicamente a do Iluminismo. Sua inspiração deve ser buscada na noção kantiana de dignidade humana, bem como no conceito humanista dos seres humanos como seres incompletos, abertos. Jaspers chamou a si mesmo de cristão, e por isso ele talvez tenha querido apontar mais do que uma filiação cultural acidental

---

5 Ibid., p. 173.

determinada pelo nascimento. Ele acreditava na singularidade da Bíblia, e, sim, em sua verdade. Mas não se trata de verdade no sentido comum. A "verdade", em Filosofia, bem como em qualquer pensamento relacionado à transcendência, é definida pela origem ou pela vontade original de iluminar a própria existência, não por qualquer *adaequatio*. Assim, parece que todos os grandes filósofos e profetas revelam uma verdade para nós, mesmo se suas palavras são completamente incompatíveis quando confrontadas umas com as outras como ideias abstratas. Em Jaspers encontramos análogos de muitos símbolos fundamentais da crença cristã; mesmo assim, eles são reformulados de tal maneira que dificilmente qualquer cristão pode se reconhecer neles. Uma lista de símbolos pode ser facilmente reunida:

- Deus – Transcendência
- Alma – Existência
- Revelação – Cifras
- O satânico – Paixão pela noite
- Experiência mística – Momentos de eternidade no tempo
- Caridade cristã – Comunicação existencial
- Salvação – Aceitação das próprias falhas

Faltando nessa lista estão símbolos e termos sem os quais faz pouco sentido falar de cristianismo em um sentido histórico ou em conformidade com sua autointerpretação: não há distinção entre *sacrum* e *profanum*, nenhuma graça, nenhum amor de Deus pelos seres humanos, nenhum mediador ou salvador, nenhuma reconciliação final. Certamente, todos esses símbolos são importantes para Jaspers: eles devem ser levados a sério como tentativas dos seres humanos de expressar sua relação com a transcendência. Mas a sua "verdade" não é aquela que as próprias pessoas têm atribuído a esses símbolos. São cifras, assim como qualquer coisa pode ser uma cifra. Para Jaspers, no entanto, ler uma cifra não produz conhecimento, embora elas sejam aceitas como uma verdade universalmente obrigatória na percepção mítica. Dentro dos limites de nossa compreensão, a interpretação de símbolos fornecidos pelos crentes, embora explicável, é positivamente inadmissível e mítica, eclesiástica ou teológica no sentido pejorativo. Podemos afirmar positivamente que não há nenhuma revelação, graça, redenção ou encarnação de Deus, nenhum salvador – no qual as pessoas comumente acreditam – nesses símbolos. A fé filosófica exclui a revelação. Jaspers não é cristão. Alguma relação pode talvez conectá-lo aos modernistas católicos do início do século, mas, de acordo com meu conhecimento, ele não faz referência a eles. Trata-se de uma relação distante. Para os modernistas que de igual modo separaram o conhecimento da experiência religiosa e pretenderam salvar o cristianismo do confinamento em dogmatismo e lei institucional rígida, o encontro com Deus era real. Mas vale a pena mencionar esse parentesco na medida em que pode nos ajudar a localizar os pensamentos de Jaspers dentro de uma corrente tão ampla como fenômeno cultural.

A fé filosófica pode ser considerada um projeto de religião dos esclarecidos. É não somente uma fé filosófica, mas também uma fé de filósofos que alegam ser capazes de substituir o religioso. Muitas vezes se tem a impressão de que, para Jaspers, o ser humano é definido por uma realização acessível somente a poucos, o que dá margem à suspeita de que apenas alguns filósofos alcançam o estado de seres humanos. Foi uma das grandes realizações do cristianismo determinar o sentido de sua doutrina de tal forma que não restasse espaço para uma distinção entre a fé do homem comum e a do letrado ou esclarecido. Desse ponto de vista, a fé filosófica de Jaspers deve ser vista como uma prova de arrogância ou como descrença.

É certo que Jaspers considera a capacidade de compreender a si mesmo como "Existência" ao ler cifras para ser universalmente humano, e o acesso à "transcendência" é aberto por eventos que ele chama de *situações borderline* e que todos nós experimentamos – sofrimento, morte, fracasso. Se essas situações mostram necessariamente um caminho para a transcendência, isso é psicologicamente incerto, mas, se assim o fazem, o caminho leva mais para o Deus pessoal da religião revelada – uma forma que Jaspers de uma maneira geral e no espírito do Iluminismo deveria denunciar como um lapso em direção ao mito e uma renúncia da existência. Nesse ponto, creio eu, Karl Barth estava certo em atacar a indescritível e na verdade insubstancial "Transcendência" de Jaspers como sendo estranha à tradição cristã.[6]

---

6 Ibid., p. 485, e Karl Barth, *Kirchliche Dogmatike*, vol. 3, p. 549ss.

No entanto, a fé de Jaspers e a religião da revelação têm em comum uma ansiedade fundamentalmente humana, a saber, a consciência da autoinsuficiência do mundo e da existência humana dentro dele. Isso é um pouco mais do que uma simples autodemarcação negativa do naturalismo e do cientificismo, uma vez que Jaspers considera que as barreiras intransponíveis do conhecimento tornam esses assuntos, sem dúvida, algo além do trivial ou insignificante. Exatamente o contrário: somente tentando pular para o "outro lado" nós alcançamos nossa existência, mesmo que essa tentativa não possa ser descrita na linguagem das categorias universalmente válidas. O significado das cifras, com certeza, é capturado na própria singularidade da existência:

> O lado objetivo de [uma] cifra só é significativo se ela tem o sentido existencial; como um mero estado de coisas, torna-se um simples conceito. O lado subjetivo diz respeito à origem existencial, que se torna transparente para si mesma no lado objetivo da cifra; apenas sendo subjetivo, ela se torna o assunto de uma psicologia.[7]

É notável que Jaspers, que, em contraste com muitos outros filósofos, não pensou *contra os outros*, mas, como Hegel, pretendeu adotar de uma forma positiva a completa herança filosófica ocidental, tenha ele mesmo obstruído a forma da fé da revelação e se sentido compelido a simplesmente negá-la. No entanto, ele considerou a vitalidade do legado bíblico um requisito indispensável para a sobrevivência da cultura ocidental. Será que ele de fato acreditava que a Bíblia – se o seu conteúdo fosse reduzido a uma coleção de cifras indescritíveis, uma vez que já não podia servir como o ponto de cristalização de uma comunidade religiosa – poderia ainda manter sua força espiritual como a fonte inspiradora de uma cultura? Em sua luta contra a fé da revelação e a religião institucional, parecia, em algumas ocasiões, que a face de um obtuso catequista de escola, sufocando a mente do talentoso menino, aparecia continuamente diante de Jaspers.

Mas deixemos de lado esse pedantismo mal-humorado. A questão não é repreender Jaspers por suas ambiguidades, mas compreendê-las dentro de um processo cultural mais amplo. É óbvio que ele participou na revolta modernista contra o positivismo e o cientificismo. Ele dirigiu suas perguntas para o todo

---

7 Karl Jaspers, *Der Philosophische Glaube Angesichts der Offenbarung* (Munique: Piper Verlag, 1962), p. 309.

e aspirava a entender o todo. No entanto, o todo é – como ele sabia – não um conceito empírico ou empiricamente realizável; ele não é um objeto da razão. Ainda assim, sem dominar o todo, o significado de cada detalhe permanece duvidoso. Ele rejeitou as críticas de Kant, a fim de assumir um ponto de vista verdadeiramente hegeliano, segundo o qual a razão, de modo a compreender o todo, deve compreender o próprio processo de compreensão como um "momento" do todo; caso contrário, a posição da razão como observadora permanece inexplicável. O positivismo, no entanto, é incapaz de compreender o fato de que a realidade, que ele quer apreender em atos cognitivos, é precisamente o objeto de atos cognitivos, como Jaspers colocou em sua crítica. Consequentemente, o todo no positivismo não é genuíno.[8] Mas Jaspers estava disposto a aceitar alguns resultados importantes da abordagem positivista como irrevogáveis: por exemplo, a impossibilidade de objetivar a realidade definitiva. Na verdade, não podemos falar sobre "Existência", já que esta permanece conceitualmente inexprimível; por outro lado, somos forçados a tentar discutir isso, porque, sem tal tentativa, a comunicação genuína é impensável. Ao tentarmos compreender as condições de cada objetivação, nos deparamos com a liberdade e, portanto, deixamos as fronteiras do conhecimento. O conhecimento não pode se justificar. Assim, parece tautológico dizer que a substanciação do conhecimento não é mais conhecimento, mas é indispensável para uma vida digna se tornar claramente consciente dessa tautologia – a mensagem de Jaspers nesse aspecto talvez possa ser parafraseada assim.

Mas nunca deixamos as fronteiras do conhecimento, da objetividade e do mundo no sentido de nos encontrarmos em um novo terreno, tendo esquecido o velho. De modo incessante, permanecemos dentro da existência empírica quando buscamos o acesso à "Existência" e que Àquilo-que-Tudo-Abrange. Para a liberdade, o mundo natural é um lugar de resistência, assim como uma condição da própria existência, da mesma forma que a água para o nadador. Eu não posso me compreender diretamente, mas apenas através da mediação do que eu *não sou*. Isso não significa que minha existência seja pura negatividade – o vazio de Sartre – mas que ela pode nunca aparecer como substância. Além disso, como podemos ler em uma bela passagem de *Vom Ursprung und*

---

8 Ibid., p. 263s., 285s.

Ziel der Geschichte, todas as nossas tentativas de pular para fora da estrutura de referência histórica e alcançar uma base fora da história são não apenas indispensáveis como também malsucedidas, no sentido de que todas elas devem permanecer dentro da história.[9] Devemos permanecer fiéis, no entanto, à Terra, bem como a nós mesmos, e ambas as obrigações não se juntam no mesmo nível da linguagem.

Jaspers, se assim se pode dizer, trouxe à luz a escuridão de uma situação cultural que se desenvolveu no fim do século XIX e da qual permanecemos herdeiros. Ela é definida pela consciência simultânea da crise entre os dois inimigos que competem pela dominação de nossa vida espiritual e intelectual: o Iluminismo e o cristianismo. Por um lado, o cristianismo se sente cada vez mais inseguro em relação às suas reivindicações a respeito da racionalidade escolástica, e a crítica do Iluminismo o forçou cada vez mais a procurar outros meios de expressão para sua sabedoria. Por outro lado, a autossuficiência do racionalismo, onisciente e otimista, também ruiu. Os cristãos estavam cada vez mais preparados para aceitar, embora com relutância, que *Deus et anima* [Deus e alma] estivessem ausentes do mundo do conhecimento. E o racionalismo cada vez mais provava sua incapacidade de encontrar uma base para si e de chegar a um acordo com perguntas que compartilham a determinação da existência humana e não podem ser banidas por meio de exorcismos e excomunhões pelos defensores do cientificismo. Jaspers expressou com excelência ambos os lados dessa consciência da crise. Ele não só reagiu à antropologia naturalista, mas também notou que a existência humana não podia ser compreendida racionalmente para além do naturalismo e do psicologismo. Além disso, almejou descrever essa percepção sob o pressuposto de que a vontade de compreender o ininteligível em mim é minha tarefa humana por excelência. Assim, nem a investigação filosófica nem a religiosa fornecem a "verdade" no mesmo sentido em que falamos da verdade na área da ciência. Uma vez que verdade filosófica e verdade religiosa são definidas por suas origens, sua gênese, mas não por seus conteúdos, não existem obstáculos para afirmar, simultaneamente, ideias que se chocam umas com as outras em seu conteúdo. O ato de escolha real, e não a substância da escolha, constitui a verdade.

---

9 Karl Jaspers, *Vom Ursprung und Ziel der Geschichte* (Zurique, 1949), p. 325ss., 331ss.

Em outras palavras, uma vez que cruzamos as fronteiras do conhecimento, a verdade está relacionada à singularidade da existência e não pode ser considerada atraente para todos os seres humanos. Nem pode o historicamente único ser generalizado: a revelação, um fato único e irrepetível, não pode conceder significado à história. A palavra de Deus é pregada exclusivamente para mim, e parece que a vida religiosa como bem comum só é possível *mala fide*. Deus Se realiza somente em minha incurável desolação – e essa é a provável razão pela qual meu encontro com Ele inevitavelmente culmine em fracasso: somente na comunicação com outros eu posso me iluminar como "Existência", mas a "Transcendência", que é o ornato necessário para a "Existência", nunca se torna real como campo de comunicação. Ricoeur estava certo quando apontou que para Jaspers a culpa se tornou o estado ontológico dos seres humanos, em vez de um resultado de uma ofensa humana evitável. Eu moldo o meu ser humano pela livre escolha, e pelo livre-arbítrio eu me torno culpado. Parece mesmo que a desgraça humana e até a maldade humana têm sua base no fato de que nós existimos como pessoas autônomas; como se minha limitação, minha existência autônoma, fosse uma doença do ser – como algumas tendências do budismo e Schopenhauer afirmam. Como não existe nenhum Deus universalmente acessível e, por conseguinte, não existe salvação, eu me deparo com um dilema: *ou* caio no não genuíno, por me submeter voluntariamente à autoridade e, assim, perder minha existência, *ou* aceito minha liberdade e, consequentemente, aceito o fracasso como meu destino inescapável e afirmo a minha dignidade na destruição de mim mesmo. Em um sentido particular, ninguém é condenado, pois o caminho sugerido por Jaspers está sempre aberto a todos; em outro sentido, todo mundo está condenado, pois o melhor caminho possível termina na derrota.

Em última análise, parece que o terceiro caminho entre o racionalismo e a fé da revelação pode talvez nos salvar do autoengano, mas ao preço da autodestruição em um estado de dignidade recuperada. De novo, Jaspers expressa de maneira excelente a paralisia simultânea do Iluminismo e do cristianismo. Contra o Iluminismo, ele ressaltou a impossibilidade de explicar a ininteligibilidade do mundo empiricamente acessível a partir de dentro de si. Contra o cristianismo, pretendeu mostrar que essa ininteligibilidade do mundo nunca pode ser estabelecida como um bem comum da humanidade, uma conquista universalmente válida ou um campo de comunicação. O resultado de seu pensamento teve que permanecer ambíguo, e a ambiguidade não está na personalidade do nosso filósofo, mas da nossa civilização, cujo duplo bloqueio foi refletido na filosofia de Jaspers. Tendo expressado soberbamente essa ambiguidade e paralisia, Jaspers não ofereceu nenhuma solução para sua eliminação. Mas talvez essa seja a chamada para os filósofos revelarem crises, em vez de curá-las.

11.

De verdade em verdade*

Uma vez tive uma ideia comercial maravilhosa: eu fundaria uma agência, um negócio que ninguém do meu conhecimento jamais havia pensado, uma agência de conversão. Seu *slogan* publicitário seria: "Nós convertemos qualquer coisa em qualquer coisa"; se você quiser se tornar um judeu piedoso, um maoista ou adventista – nós cuidamos de tudo sob encomenda, por uma taxa correspondente, é claro.

As taxas seriam naturalmente determinadas de acordo com o grau de dificuldade para uma determinada conversão. Seguindo esse plano, as conversões mais caras seriam aquelas para o comunismo da Albânia e para a variedade do Islã de Khomeini; a mais barata seria aquela para sistemas de crenças que são relativamente confortáveis e não exigem muito de seus confessores, talvez o anglicanismo ou o judaísmo reformado liberal; o satanismo estaria localizado no meio. Se a tabela de taxas deveria também contar o estado mental do cliente e se o pagamento deveria ser ajustado pelo grau de dificuldade envolvido em livrar a pessoa da crença existente, isso permaneceria uma questão em aberto. Desde que as pessoas que procurassem minha agência fossem mentalmente preparadas para deixar suas crenças ou descrenças, tais complicações da tabela de preços poderiam ser dispensadas.

Psicólogos e outros especialistas em doutrinação deveriam então ser confiados ao trabalho real, que jamais violaria a liberdade do indivíduo. A própria agência deveria permanecer estritamente neutra, em termos religiosos e ideológicos; ela poderia ser nomeada Veritas, "Verdade" ou Certitudo, "Certeza" (talvez "Certeza Feliz").

---

* Traduzido do alemão por Wolfgang Freis de "Von Wahreit zur Wahrheit", palestra realizada numa rádio da Baviera, em 1984. Revisado pelo autor em inglês.

É difícil estimar com antecedência quão grande seria a demanda para esse serviço. Uma vez que em todos os lugares muitas pessoas estão procurando por certezas intelectuais e espirituais, e uma vez que tantas seitas religiosas e ideológicas estão sendo fundadas em todos os lugares do mundo – algumas incrivelmente absurdas e grotescas – se poderia contar com um considerável sucesso, acredito eu. Além disso, é provável que em países democráticos tal agência pudesse operar de modo inteiramente legal e fosse possível pagar seus impostos de forma legítima. Em países ideológicos, o negócio da agência provavelmente seria visto como subversivo e punido com morte, prisão ou um campo de concentração.

Minha preguiça e falta de espírito empreendedor me impediram de tornar esse projeto criativo realidade, mas estou disposto a licenciar a ideia por uma pequena quantia para pessoas mais diligentes. Basta de autopropaganda.

Tal agência é imaginável? Sim, por que não? Em princípio, é apenas uma técnica de doutrinação que pode ser eficaz independentemente de se os técnicos acreditam ou não no dogma ao qual querem converter outras pessoas.

Alguém pode argumentar que não seria uma verdadeira conversão, mas somente uma doutrinação. Mas o que é a conversão "verdadeira"? Certamente, no sentido cristão, a verdadeira conversão é um presente de Deus, mas mesmo um sacerdote que converte alguém à verdade não tem nenhum sinal fiável de que a conversão tenha sido ou não genuína, isto é, inspirada pela graça de Deus. Para nosso propósito, é suficiente que a conversão seja psicologicamente verdadeira, isto é, que o convertido acredite no que se propôs que passe a acreditar. E isso pode ser conseguido por meios técnicos. Caso contrário, minha agência não afirmaria estar nas mãos de Deus.

Nenhuma técnica detalhada foi elaborada para minha agência até agora. Neste ponto, no entanto, somos capazes de confiar em tradições centenárias. Existem muitos procedimentos possíveis para fazer as pessoas seguirem uma crença. Em um extremo da escala, existe uma pressão puramente física: é possível fazer as pessoas assinarem ou confessarem uma profissão de fé. No outro extremo estão os argumentos racionais e irrefutáveis com os quais se pode convencer pessoas da verdade. E há muitas técnicas indiretas e mistas. Nenhuma das duas técnicas já mencionadas seria usada em nossa agência. A tortura seria evitada, não necessariamente porque seria mal sucedida, mas porque não haveria voluntários suficientes para se submeterem a esse procedimento. A persuasão racional não seria usada porque é aplicável somente para algumas poucas verdades, e isso poderia não alcançar uma conversão total – independentemente do que estivesse envolvido. É fato que, em certas ocasiões, fala-se sobre conversões em termos muito específicos: é possível dizer que um cientista que resistiu a certa teoria por muito tempo finalmente chegou a concordar com ela ou que alguém passou a fumar uma determinada marca de cigarros. Mas esses são usos derivativos e não muito corretos da palavra. O tipo de conversão de que estamos falando, a forma como ela é geralmente entendida, é algo diferente. Acima de tudo, inclui uma certeza inabalável, acostumada a todas as argumentações possíveis, que nunca pode ser obtida de forma racional. Mas isso não é o suficiente, porque essa certeza inabalável também pode estar relacionada a convicções muito específicas. A conversão no sentido propriamente dito leva a uma crença que opera como uma ideologia universal, fornecendo respostas definitivas não apenas para todas as questões importantes da existência humana, da sociedade e do universo, mas também fornecendo sentido prático para se distinguir o certo do errado e o bem do mal. Além disso, a crença fornece mais do que conhecimento abstrato, ou seja, energia genuína e competência prática em traduzir todas essas verdades e direções para a realidade viva. Estes três aspectos da crença – conhecimento, energia e competência – só podem ser distinguidos externamente; a verdade teórica, a direção prática e o comprometimento real na mente do crente são uma e a mesma coisa. Pela conversão se ganha não simplesmente verdade, mas total verdade – pelo menos no que diz respeito a todas as questões que são importantes, interessantes e significativas para a vida. Ganham-se não apenas critérios para se distinguir o certo e o errado, mas critérios que estão além de qualquer dúvida, que não são atingidos por qualquer argumento, que concedem certeza moral ao convertido.

Assim, a conversão é um radical ponto de virada intelectual ou espiritual, que leva a uma compreensão abrangente do mundo, livre de incertezas, resolvendo todas as questões teóricas e práticas, e eliminando todas as dúvidas. Considerando a conversão psicologicamente nesse sentido, ela pode se aplicar, é claro, tanto à fé religiosa quanto às ideologias seculares, desde que tais ideologias aleguem ser inclusivas e demandem adesão a um certo estilo de vida. Não seguir esse estilo de vida significa não ter se convertido por inteiro à ideologia: nós não chamamos de verdadeiros cristãos indivíduos que tenham adotado intelectualmente uma visão de vida cristã, mas não demonstram que suas crenças influenciam suas existências.

Por essa razão, nós também falamos sobre conversão, no caso de cristãos que nunca deixaram de verdade a Igreja, mas cuja lealdade morna de repente muda para uma fé apaixonada que permeia suas vidas por inteiro. As biografias de muitas das grandes figuras da história do cristianismo testemunham tais conversões, incluindo as de Santa Catarina de Siena, Santo Inácio de Loyola e Pascal. Eles não mudaram da descrença (ou de crenças erradas) para a crença, como, por exemplo, Santo Agostinho, São Justino, ou, para citar o caso mais paradigmático, São Paulo; em vez disso, eles vieram de uma filiação herdada, que nunca haviam questionado, para um ato de sacrifício ardente e que os consumiu totalmente, para uma absorção na certeza final. Uma perda de fé, no entanto, se termina em indiferença não deve ser descrita como conversão.

A Sociologia compreende a conversão como a admissão de uma pessoa adulta em uma congregação religiosa. Como evento psicológico, no entanto, ela deve estar relacionada à sua autenticidade e ao seu efeito, e não deve envolver nenhum sistema de crenças, mas somente aqueles que criam fortes demandas intelectuais e práticas para o convertido. Se podemos falar sobre conversão para uma crença puramente filosófica, é incerto. É concebível, porém, que certas doutrinas filosóficas possam ser qualificadas como requerendo conversões genuínas. Nas décadas de 1940 e 1950 do século XIX, parece que vários indivíduos se converteram ao hegelianismo. Mesmo que temporariamente, os jovens intelectuais – Bielinski e M. Bakunin, por exemplo – encontraram na filosofia da história hegeliana, ainda que interpretada correta ou incorretamente, uma expressão intelectual de seu desespero. Isto eles perceberam por si: se podemos adotar a ideia de inevitabilidade histórica, é possível aceitar o que é necessário e interromper a luta vã contra o curso fatal dos acontecimentos. Assim, ao viverem seus destinos, eles poderiam esconder sua impotência e desespero no *pathos* e moldá-lo em uma quase religião. Certamente, esses dois pensadores logo chegaram a um ponto de virada e desistiram de seu masoquismo histórico melancólico para seguirem em direção a uma ideologia de revolta radical.

Se suas leituras de Hegel eram ou não corretas é irrelevante no presente contexto. Só o fato de que uma construção filosófica abstrata pode operar em casos especiais como uma ideologia universal e ser a ocasião de conversão é importante aqui. Eu também posso imaginar que algumas pessoas se converteram, no mesmo sentido, à filosofia de Spinoza, embora não tenha conhecimento de exemplo algum que testemunhe, sem deixar dúvidas, isso. Qualquer filosofia que prometa tanto resolver enigmas metafísicos – ou erradicá-los – assim como responder à pergunta "Como viver?" pode assumir tal função: por exemplo, o estoicismo, a doutrina de Nietzsche, ou talvez mesmo a de Heidegger. Sua atração depende, naturalmente, das circunstâncias culturais da época, das necessidades dos seres humanos, de sua vontade de serem convertidos e da autenticidade da filosofia. É difícil imaginar, em contraste, uma conversão ao cartesianismo: a doutrina destinava-se a lidar com questões metafísicas e cosmológicas, mas não forneceu orientação suficiente para garantir a segurança intelectual e não dispensou poder inspirador para responder aos problemas da vida.

Até agora temos falado apenas sobre conversões a crenças que já existem. Uma conversão, porém, pode igualmente ser constituída de uma iluminação que forme um começo absoluto, um encontro puramente pessoal com a verdade, uma revelação privada. Uma pessoa vê a luz, e ninguém é capaz de convencê-la de que está errada ou enganada. Experiências místicas, no sentido estrito da palavra, bem como as revelações que alguns budistas experimentam no fim de suas buscas espirituais, pertencem a essa categoria. Tais casos não implicam uma compreensão e adoção de certa sabedoria, mas sim um ato pessoal e intransferível de iniciação espiritual a um novo mundo, em que a verdade não é apenas conhecida, mas vivida; ou melhor, em que a pessoa se torna a verdade.

Algo semelhante, embora não idêntico, ocorre, talvez, na reflexão filosófica, quando uma longa luta com questões metafísicas de repente culmina em uma única iluminação, retirando todas as dúvidas e levando o convertido a um estado de certeza absoluta (ou graça intelectual). Alguns grandes filósofos certamente experimentaram tal iluminação em algum ponto, e não havia necessidade de interpretá-la como uma luz enviada por Deus. A razão, nesses casos, poderia servir como um substituto para Deus; mas a sensação de possuir a verdade definitiva, pode-se suspeitar, era semelhante a uma iluminação religiosa.

Em nossos tempos, uma conversão típica, embora não religiosa, é naturalmente relacionada a ideologias políticas seculares universais. Elas são muitas vezes comparadas a movimentos religiosos ou consideradas seus substitutos em uma sociedade amplamente secularizada. Tais comparações são em parte, mas não de todo, verdade. As ideologias políticas com pretensões globais, como o comunismo, operam – ou melhor, operavam – psicologicamente de uma maneira análoga à crença religiosa em muitos aspectos; nesse sentido, a conversão também é semelhante à conversão religiosa. Os convertidos, em primeiro lugar, ganham completa certeza, e, em segundo lugar, suas crenças são invulneráveis a todo tipo de argumentação e discussão. Na crença religiosa, argumentos racionais são usados essencialmente como armas contra seguidores de outras religiões, contra os hereges e contra os céticos. Uma crença rigorosa permanece invulnerável. Então, tal crença política costuma ser construída de forma tão vaga que é capaz de absorver todas as circunstâncias factuais. Enquanto o comunismo e o marxismo existiam como crenças vivas – o que é dificilmente o caso agora na Europa, sem mencionar o Leste Europeu – as pessoas eram convertidas a eles, e não convencidas. Um curto credo era suficiente para tornar-se onisciente, conhecer a história humana com perfeição e interpretá-la, para entender todas as circunstâncias do presente sem dúvida e prever o futuro de maneira infalível. A diferença entre crença religiosa e ideologia política, e, portanto, entre as duas formas de conversão, é que a primeira se apresenta como aquilo que é: uma crença impulsionada por uma revelação divina. Uma ideologia política universal, contudo, deseja ser ambos – crença e conhecimento racional. Por essa razão, é sempre acompanhada de uma consciência ruim. Deve-se acreditar nela cegamente, mas, ao mesmo tempo, deve-se estar convencido de possuir uma sabedoria racional superior e chamar a própria cegueira de "ciência". No caso de uma teoria incluir elementos que são formulados como verdades empíricas e poder ser criticamente examinada, ainda que venha a se provar falsa, pode-se dizer, como Lukács e Bloch o fizeram (seguindo o exemplo de Fichte): "Pior para os fatos", e continuar a aderir de modo resoluto à sua crença.

Estamos todos lutando por uma explicação abrangente da vida e precisamos de certeza de que estamos vivendo na realidade. Viver em interminável insegurança, em flutuação, e ser incapaz de responder às questões básicas com que o universo e o mundo humano nos envolvem é difícil de tolerar.

Psicologicamente concebida, a conversão – deixando de lado a graça – se origina no desejo de segurança, não na razão. Esse desejo é humano, demasiado humano, e portanto qualquer conversão, independentemente de como possa ser categorizada teológica ou socialmente, é uma resposta a uma necessidade genuína – ou seja, de cunho antropológico. Ao dar-nos a capacidade de questionar, de permanecer insatisfeitos com o conhecimento limitado da experiência direta, de ser curiosos, e ao nos inocular com a determinação de compreender o mundo, a natureza também nos deu um desejo de certeza espiritual. Apenas uma crença que se impõe sobre os fatos, em vez de ser derivada deles, pode satisfazer esse desejo: o conhecimento por si só, não importa sua extensão, não o preenche.

O desejo de certeza espiritual, e portanto de crença, é natural, e não é de se esperar que seja eliminado um dia. Por conseguinte, o fenômeno da conversão é uma parte constante da vida humana também. Que indivíduos possam viver sem satisfazer esse desejo, ou seja, possam conviver com a frustração, não contradiz tal fato. É possível viver sem satisfazer as necessidades sexuais, que também são naturais. Se fatores culturais ou psicológicos nos impedem de satisfazer o desejo por uma crença na forma religiosa, um grande número de substitutos não religiosos, e até mesmo antirreligiosos, surge para suprir a mesma satisfação. A real dominação intelectual do mundo não é importante para a conversão; o que importa é a certeza de que, de maneira geral, o mundo – em princípio – já foi dominado intelectualmente. Assim, é uma questão de "lealdade" para com uma visão existente do mundo; para ser convertido, é necessário saber apenas um pouco, só os aspectos mais fundamentais dessa visão. De qualquer forma, isso é o que acontece na maior parte do tempo. Naturalmente, é diferente no caso dos profetas que *ex nihilo* [surgir do nada] – ou aparentemente *ex nihilo* – descobrem uma nova, até então desconhecida, verdade.

Uma vez que a conversão parece ser um *juramento de lealdade* para com uma verdade que explica o mundo, e a conquista de uma certeza, é compreensível que ela não seja realizada com facilidade em isolamento. Normalmente (embora não necessariamente), fazer tal juramento requer uma comunidade na qual a verdade se cristaliza, ou que é proprietária ou guardiã da verdade. Assim, a certeza também geralmente necessita da associação com aqueles que servem ou guardam a verdade, ou com aqueles iniciados na verdade: uma seita, igreja ou grupo ideológico. Isto é – devo repetir –, não indispensável, porém natural. Fenômenos de conversão em massa, como são conhecidos na história – quando uma seita ou movimento ideológico, de repente e por razões inexplicáveis, começa a se espalhar como um incêndio – não são de forma alguma espúrios. Por outro lado, uma conquista coletiva de certeza absoluta, vista psicologicamente, é bastante compreensível, e com frequência se tem a impressão de que o desejo de certeza tem uma importância mais significativa do que o conteúdo da crença. Isso se torna evidente nos casos de algumas seitas que são paupérrimas em termos intelectuais e quase sem substância nenhuma e ainda assim têm êxitos significativos no mercado de ideias. O romance *Messiah*, de Gore Vidal, apresenta um exemplo satírico, no qual uma seita, cuja crença é quase desprovida de substância, conquista uma parte inesperadamente grande da humanidade.

No mundo de hoje, onde o desejo de certeza espiritual é sentido de modo tão doloroso, e onde pode ser observado o avivamento das igrejas tradicionais e confissões – especialmente entre os jovens de vários países –, apesar da progressiva "secularização", não pode ser descartado que, por exemplo, uma seita atualmente desconhecida, que hoje talvez conte com cinquenta membros em Oklahoma, venha a, um dia, de maneira repentina e inexplicável, se expandir e mudar a situação do mundo dentro de poucos anos.

A partir dessa caracterização entende-se que uma conversão alcançada pela força não seja inconcebível, e é bem possível que a aplicação de pressão possa produzir uma conversão psicologicamente genuína. A distinção entre persuasão por pura força e doutrinação é de grau, não de substância. E doutrinação, por exemplo, no caso das crianças, quase não difere de socialização. Isso não diz respeito necessariamente à educação religiosa. Em todas as questões de desenvolvimento psicológico – moral, bem como intelectual –, a socialização das crianças, isto é, sua adaptação a uma sociedade, consiste em doutrinação: forçar algo a uma pessoa indefesa (que todos nós éramos quando crianças), algo que deve ser aceito como válido. A validade, no entanto, deriva do fato da convicção da geração mais velha. Não pode ser diferente: dar às crianças total liberdade em seu próprio desenvolvimento, isto é, deixá-las sem nenhuma doutrinação, significaria criá-las sem socialização alguma; então, elas permaneceriam em um nível de brutalidade.

A doutrinação não está presente apenas na educação religiosa, e não consiste apenas na instrução das crianças para que venham a distinguir o bem do mal, o moral do imoral e o pensamento correto do incorreto; ela está incluída na aquisição da própria *linguagem*: a linguagem oferece uma visão fundamental do mundo, um modo de dividir e classificar o mundo e o que é concebível ou inconcebível. A linguagem já apresenta formas e distinções carregadas de valor. Assim, a educação sem doutrinação é *não* educação; isso equivale a privar a humanidade de jovens humanos e impedir o desenvolvimento desses indivíduos como seres humanos. Não significa, porém, que toda forma de doutrinação é louvável e tão boa quanto qualquer outra. O mal em potencial consiste não no ato de doutrinação, mas no fato de que a pessoa doutrinada é privada da oportunidade de comparar diferentes pontos de vista, ou é artificialmente isolada de um mundo que acredita em algo diferente, ou ainda não tem permissão para pensar de maneira crítica. A doutrinação nesse sentido é característica da educação totalitária.

Mas, mesmo com os adultos, é difícil sustentar que uma conversão forçada seja necessariamente falsa. A fronteira entre um modo de agir imposto e uma crença verdadeira não está claramente definida, e o comportamento pode levar à crença. A prova reside no simples fato de que as conversões forçadas em grande escala foram bem-sucedidas no fim: várias partes da Europa foram uma vez convertidas ao cristianismo pela força, e, se isso não aconteceu na primeira geração, a segunda incluiu, em sua maioria, crentes verdadeiros. Mesmo Pascal, querendo ajudar as pessoas dispostas a se converter, mas não encontrando o poder espiritual, deu um conselho simples: você deve começar com assuntos "externos" e agir como se estivesse acreditando – faça o que os crentes fazem, sim, "estultifique" a si mesmo. E, não sem razão, ele esperava que a crença verdadeira fosse crescer do comportamento puramente externo.

Até agora falei sobre a conversão em um nível totalmente neutro, sem expressar juízos de valor sobre o conteúdo da conversão. É claro que essa não é a minha abordagem. Não poderia estar mais longe do meu pensamento a dedução de que toda crença é igualmente valiosa, ou igualmente sem valor. De acordo com a nossa experiência histórica, parece inegável que existem crenças misantropas, e outras que incluem uma força com a qual o bem – mais do que o mal – na natureza humana pode ser estimulado e realçado. Por outro lado, não estou em posição de aparecer como sacerdote ou pregador de uma confissão específica. E comparar cada uma das possíveis crenças às quais as pessoas podem ser convertidas é, naturalmente, uma tarefa impossível. Só vou fazer algumas poucas observações sobre os possíveis métodos de comparação.

Existem formas de crença que reforçam o ódio e outras que reforçam o amor nos seres humanos. Naturalmente, todos carregamos em nós mesmos o potencial para o ódio e para o amor e, na medida em que uma crença é capaz de estimular a energia do amor e enfraquecer ou destruir o estoque de ódio, *essa crença é boa*. Esse é o critério mais geral e mais essencial (embora não o único) com o qual podemos comparar e julgar as várias formas de conversão.

Sob esse critério, é provável que fique evidente que ideologias políticas universais – aquelas para as quais os seres humanos têm de ser convertidos no verdadeiro sentido da palavra – são, por natureza, mais adequadas para liberar o mal em nós, e não o amor: o diabólico, e não o divino. Tais ideologias subordinam toda a filosofia da vida aos objetivos políticos; assim, o bem e o mal são diferenciados de acordo com critérios de utilidade política, isto é, a distinção é simplesmente abolida. Quando um objetivo político – portanto, dominação – se torna a diretriz universal, e quando o foco de uma ideologia se torna a aniquilação de um oponente, parece óbvio que a mobilização do ódio se torna um meio natural dentro de tal filosofia. Em um sentido cristão, essas ideologias devem ser rotuladas de idolatria, ou de absolutismo e idolatria de bens relativos que, por meio da própria idolatria, se transformam em ferramentas de escravidão.

Mesmo se for verdade que semelhantes mecanismos psicológicos e certas necessidades sociais possam ser observados em todas as conversões, e que os valores espirituais adquiridos pela conversão também pareçam semelhantes, tal analogia não invalida a distinção entre uma conversão para o diabólico e uma para o divino. Uma conversão que promove o amor em nós e erradica o ódio *deve* ser parte da verdade, seja qual for o conteúdo da crença.

PARTE III

SOBRE LIBERAIS, REVOLUCIONÁRIOS E UTÓPICOS

12.

A morte da utopia reconsiderada[*]

Quando me perguntam onde eu gostaria de viver, minha resposta padrão é: no meio da floresta virgem de uma montanha à beira de um lago na esquina da avenida Madison, em Manhattan, com os Champs Elysées, em uma pequena e organizada cidade. Portanto, eu sou um utópico, e não porque o lugar dos meus sonhos não existe, mas porque ele é, em si, contraditório.

Seriam todas as utopias contraditórias em si mesmas? Isso depende, é claro, da forma como definimos a palavra, e não há nenhuma razão contundente que aponte que devêssemos resumir a abrangência de seu significado àquelas ideias nas quais a incoerência lógica ou a impossibilidade empírica são evidentes. Ao falarmos sobre utopia, devemos permanecer razoavelmente próximos do uso atual da palavra, apesar de percebermos que esse uso é, de certa forma, incerto e impreciso. É um processo cultural interessante, em que uma palavra cuja história é bem conhecida e que surgiu como um nome adequado inventado artificialmente adquiriu, nos últimos dois séculos, um sentido tão amplo que ela se refere não apenas a um gênero literário, mas a uma maneira de pensar, uma mentalidade, uma atitude filosófica, e está sendo empregada para descrever fenômenos culturais que remontam à Antiguidade, muito antes do momento histórico de sua invenção. Esse fato sugere a alguns historiadores e filósofos que temos uma relação com uma forma de sensibilidade humana perene, com um dado antropológico permanente para o qual um pensador inglês do século XVI simplesmente inventou um nome adequado. Isso pode soar plausível se presumirmos que inflamos o conceito a um tamanho suficiente para englobar

---

[*] Reimpresso com permissão do editor de McMurrin, organizador de *The Tanner Lectures on Human Value*, vol. 4 (Salt Lake City: University of Utah Press, 1983). Copyright © 1983 pela University of Utah.

nele (como Ernst Bloch o fez) todas as projeções humanas de algo melhor do que é, e, também, todas as imagens religiosas de felicidade paradisíaca. Assim ampliada, no entanto, a noção é de pouca utilidade, uma vez que tudo que as pessoas já fizeram para melhorar suas vidas coletivas ou mesmo individuais, assim como todas as suas expectativas escatológicas, deveriam ser consideradas projeções "utópicas", por meio das quais o conceito não seria mais aplicável como uma ferramenta em nenhuma investigação histórica ou filosófica. Por outro lado, ao adjetivo utópico foi dado um sentido pejorativo no discurso cotidiano e ele é aplicado a todos os projetos, por mais triviais que sejam, que por qualquer motivo sejam impraticáveis ("É utópico esperar que chegaremos a tempo para o jantar hoje à noite"), e tal conceito, novamente, não apresenta nenhum valor no estudo da cultura humana.

Considerando, portanto, que uma quantidade de arbitrariedade é inevitável ao tentarmos restringir o conceito e que é louvável que ele permaneça mais ou menos dentro do escopo de seu uso atual, mais do que empregar uma palavra já existente para fins totalmente alheios, eu sugiro que prossigamos com uma limitação dupla. Primeiro, vamos falar sobre utopias tendo em mente não ideias de melhoria de qualquer parte da vida humana, mas somente a crença de que uma condição definitiva e insuperável é atingível, uma condição em que não há mais nada para ser corrigido. Em segundo lugar, devemos aplicar a palavra a projeções que se supõem ser implementadas por meio do esforço humano, portanto excluindo tanto imagens de um paraíso de outro mundo quanto esperanças apocalípticas de um paraíso terrestre que seria conseguido por puro decreto divino. Consequentemente, de acordo com o segundo critério, o revolucionário anabatismo do século XVI pode ser incluído na história das utopias assim concebidas, mas não diversos movimentos chiliásticos ou adventistas, nem ideias que esperam o Reino na Terra como resultado da Parousia. Por outro lado, conforme o primeiro critério, eu não descreveria como utópicas diversas fantasias tecnológicas futuristas se essas não sugerem a ideia de uma solução definitiva da situação da humanidade, uma perfeita satisfação das necessidades humanas, um estado final.

Assim, restrito em dois lados, o conceito é ampliado na medida em que pode ser aplicado não somente para visões globais de uma sociedade definitivamente salva, mas também para algumas áreas específicas da criatividade humana. Podemos falar, por exemplo, de utopias epistemológicas, ou seja, da busca ou pela certeza perfeita ou pela fonte definitiva de valores cognitivos; também nada nos pode impedir de rotular como *utopia científica* a esperança de uma base definitiva de qualquer ciência – em especial da física ou da matemática – ou de todas as ciências empíricas, esperança que, uma vez cumprida, iria fechar o caminho para o progresso futuro, exceto no que diz respeito a aplicações da equação definitiva em casos específicos. De outra forma, seria difícil procurar utopias arquitetônicas ou artísticas, uma vez que dificilmente se encontra, na história do pensamento humano – embora ela seja repleta de expectativas loucas de um *eschaton* –, a ideia de um edifício definitivo ou de um poema definitivo.[1]

Descartes pode ser chamado de fundador da utopia epistemológica moderna. Ele acreditava (e talvez com razão) que, se nenhuma fonte de certeza absoluta e inabalável pudesse ser encontrada, nenhuma certeza em absoluto seria concebível, e, portanto, também nenhuma verdade, exceto em um sentido pragmático. Ele acreditava que essa garantia cognitiva final pudesse de fato ser descoberta e que ele a havia revelado. Ele não a revelou apenas no Cogito: se tivesse ficado satisfeito com o Cogito como a única verdade que resistia a todas as dúvidas possíveis, não teria sido capaz de ir além dessa descoberta, e ela teria permanecido uma tautologia autocontida e vazia, que não levaria a lugar nenhum. Para continuar a partir dessa iluminação inicial em direção a uma reconstrução confiável do universo, tinha que estar dotado de critérios universalmente válidos de verdade que ele foi incapaz de legitimar sem a onisciente mente divina. Um círculo vicioso que os primeiros críticos perceberam em seu raciocínio (o critério da clareza e da nitidez de ideias é empregado para provar a existência de Deus, uma vez que Deus aparece como garantia da confiabilidade das ideias claras e distintas), e que subsequentemente seria discutido pelos filósofos até nossos dias, não precisa nos preocupar agora. Se sua proposta era ou não válida em termos lógicos, ele perguntou (ou reviveu) a formidável questão utópica que manteve os filósofos ocupados durante séculos: será que a certeza perfeita pode ser atingida? E, se for, podemos alcançá-la sem um apelo à sabedoria divina absoluta? Se não, somos obrigados a desistir, além de uma base definitiva do conhecimento, do próprio conceito de verdade

---

[1] O termo grego *eschaton* significa "futuro absoluto", futuro definitivo; na tradição judaico-cristã, ele é associado ao fim dos tempos, quando Jesus se afirmaria como Senhor absoluto e definitivo da vida e da história. [*N. do E.*]

no sentido usual – ou seja, transcendental –, e a ficar satisfeitos com critérios práticos de aceitabilidade, renunciando para sempre ao sonho da episteme? Seja qual fosse a resposta, a questão não era trivial, e os momentos cruciais nas vicissitudes da filosofia moderna são marcados por confrontos entre empíricos e céticos, por um lado, e defensores de diversas formas de abordagem transcendentalista, por outro.

A utopia epistemológica nunca desapareceu de nossa cultura, e, no início do século XX, seu defensor mais obstinado e valente foi, sem dúvida, Edmund Husserl. De maneira incansável e incessante, ele melhorou, corrigiu e reconstruiu o projeto cartesiano, cavando cada vez mais fundo as camadas da consciência transcendental, em busca do fundamento definitivo – entre todos os fundamentos, aquele que podemos alcançar sem apelar para a veracidade divina. Foi impulsionado não somente por uma curiosidade de jogador filosófico, mas também pela convicção de que a renúncia cética ou empirista à ideia de certeza, e, assim sendo, de verdade, significaria a ruína da cultura europeia.

O movimento filosófico, no entanto, não conseguiu manter o sucesso que atraiu de início. Mesmo entre aqueles que estavam prontos para assumir suas ideias, os mais importantes pensadores – acima de todos, Heidegger e Merleau-Ponty – abandonaram a esperança de uma redução fenomenológica radical. Não acreditavam que nós poderíamos nem mesmo nos colocar na posição de puros sujeitos cognitivos que tivessem se livrado de tudo o que fosse historicamente relativo, de todas as sedimentações socialmente assimiladas de nossa consciência, e que poderíamos começar de novo, por assim dizer, de um ponto zero. Não importa em que momento nós começamos nossa reflexão, já fomos lançados no mundo, somos moldados pela experiência e obrigados a nos expressar em uma linguagem que não inventamos. Mesmo que possamos ir muito longe, ou que imaginemos poder fazê-lo, ao buscarmos o começo do conhecimento "sem pressupostos", perfeitamente sem preconceitos, estaremos sempre no meio da estrada. Não há distância absolutamente transparente (e muito menos uma abolição da distância) entre nós e o mundo, nenhum vazio cognitivo pelo qual o mundo, de forma fiel, possa chegar e entrar no nosso espaço interior. A divisão entre o mundo externo e interno, que a tradição cartesiana estabeleceu e que constituiu uma condição da busca pela base epistemológica definitiva foi, sem dúvida, repetidas vezes atacada no século XIX por Avenarius e Mach, entre outros, e de fato por todos os filósofos pós-darwinistas que acreditavam que atos cognitivos pudessem ser corretamente interpretados dentro de uma estrutura biológica como reações defensivas, e, portanto, rejeitavam a tradicional busca pela verdade como resultado de preconceitos metafísicos. Foi contra esses anticartesianos que Husserl empreendeu sua árdua jornada rumo ao desconhecido da consciência transcendental e tentou reverter a tendência do naturalismo relativista. Ele não conseguiu descobrir ou redescobrir a ilha paradisíaca do conhecimento inabalável, mas realmente abriu novos caminhos para o pensamento e transmutou completamente o cenário filosófico da Europa; assim como Descartes, Rousseau ou Kant antes dele, obrigou a próxima geração de filósofos, incluindo aqueles que se recusavam a compartilhar suas esperanças, a se definirem em relação ou em oposição a ele.

Uma nostalgia escondida em relação a uma utopia epistemológica ainda estava ativa em algumas tendências empiristas nas primeiras décadas do século XX: não no sentido das expectativas transcendentalistas, com certeza, mas sob a forma da longa busca pelos dados definitivos do conhecimento ou das proposições irredutíveis, em última análise. E isso também já passou. A fenomenologia transcendental chegou a um ponto morto ao perseguir a transparência perfeita; o positivismo lógico ficou preso a suas tentativas frustradas de conceber definições satisfatórias de verificabilidade e analiticidade. Muito tem sobrevivido de ambos, sem dúvida, mas não a esperança de um *ultimum* epistemológico. A pesquisa transcendental recuou em favor da ontologia existencial, que, de diversas formas, manifestou sua recusa em acreditar que nós pudéssemos um dia compreender tanto o sujeito quanto o objeto separadamente em seu frescor não contaminado, e que o Ser ou a existência humana pudessem ser conceitualmente dominados. O empirismo lógico foi substituído pelos últimos trabalhos de Wittgenstein, pela filosofia da linguagem comum. A utopia filosófica parece ter morrido. Se está verdadeira e definitivamente morta ou apenas temporariamente adormecida, não podemos dizer com certeza, mas, mesmo que não detectemos agora sinais perceptíveis de sua ressurreição, podemos ter razões para não acreditar em sua total extinção. Sou extremamente relutante em admitir que uma vida filosófica deixada como presa de pragmáticos e relativistas seja provável ou desejável. Minha relutância é baseada em certa compreensão de que a Filosofia é um fenômeno cultural, e esse entendimento, por sua vez, baseia-se, é claro, em uma interpretação de suas vicissitudes históricas.

Minha atitude geral pode ser expressa da seguinte forma: o que a Filosofia busca não é a Verdade. A Filosofia nunca pode descobrir verdades universalmente admissíveis; e se um filósofo por acaso contribuiu de maneira genuína para a ciência (poderia se pensar, por exemplo, nas obras matemáticas de Descartes, Leibniz ou Pascal), sua descoberta, talvez pelo fato de ser reconhecida como um ingrediente da ciência estabelecida, de imediato deixou de ser parte da Filosofia, não importa que tipo de motivações metafísicas ou teológicas pudessem estar atuando ao produzi-la. O papel cultural da Filosofia não é o de entregar a verdade, mas o de construir o *espírito da verdade*, e isso significa nunca deixar que a energia inquisitiva da mente adormeça, nunca parar de questionar o que parece ser óbvio e definitivo, sempre desafiar os recursos aparentemente intactos do senso comum, sempre suspeitar que possa haver um "outro lado" naquilo que nós presumimos ser certo e nunca nos permitir esquecer que existem questões que estão além do horizonte legítimo da ciência e que são, mesmo assim, de crucial importância para a sobrevivência da humanidade como a conhecemos. Todas as preocupações mais tradicionais dos filósofos – como distinguir o bem do mal, o verdadeiro do falso, o real do irreal, o ser do nada, o justo do injusto, o necessário do contingente, o eu dos outros, o homem do animal, a mente do corpo, ou como encontrar ordem no caos, a providência no absurdo, a atemporalidade no tempo, as leis nos fatos, Deus no mundo, o mundo na linguagem – se resumem à busca pelo sentido; e eles pressupõem que para dissecar tais questões nós podemos empregar os instrumentos da razão, mesmo que o resultado final seja a rejeição da razão ou sua derrota. Os filósofos não semeiam nem colhem, apenas movimentam o solo. Não descobrem a verdade, mas são necessários para manter a energia da mente viva, para enfrentar diversas possibilidades de resposta às nossas perguntas. Para fazer isso, eles – ou ao menos alguns deles – devem acreditar que as respostas estão dentro do nosso alcance. Aqueles que mantêm essa confiança são os verdadeiros garimpeiros e, embora eu não possa partilhar o argumento deles de que, ao escavarem cada vez mais fundo, finalmente encontrarão o *Urgrund*, a base de todas as bases, acredito que sua presença na continuação de nossa cultura é vital e imprescindível. Eles são utópicos, e nós precisamos deles. Ao lado dos garimpeiros, porém, precisamos de curandeiros que apliquem a medicina cética, a fim de limpar nossa mente dos preconceitos, de desmascarar as premissas ocultas de nossas crenças, de nos manter vigilantes, de melhorar nossas habilidades lógicas, de não deixar que sejamos levados pelas ilusões fantasiosas. A Filosofia, para sobreviver, precisa tanto de garimpeiros quanto de curandeiros, tanto de aventureiros ousados quanto de cautelosos corretores de seguros. Eles até mesmo parecem apoiar uns aos outros em meio às suas brigas intermináveis. O problema é que, seja quem for que diga isso, estando interessado em enigmas filosóficos, e, portanto, envolvido no conflito de uma forma ou de outra, não pode evitar o risco de antinomia ou contradição: não é capaz de não tomar partido no conflito, e afirma algo que acabaria por obrigá-lo a estar em ambos os extremos ao mesmo tempo. Nós podemos escapar à contradição somente nos colocando fora da Filosofia, suspendendo nossos interesses nas questões e chegando a um ponto de observação em que a própria Filosofia aparece como uma parte da história da civilização. O problema, contudo, é que, para chegar a esse ponto, quase certamente precisaremos de algumas premissas e alguns instrumentos conceituais que têm sido elaborados no reino ambíguo da Filosofia.

Ainda assim, pode ser dito de maneira justa que a vida da mente de hoje é antiutópica, e que, com frequência, ou estamos prontos para admitir fronteiras inescapáveis que limitam a expansão das nossas paixões cognitivas, ou, para argumentar mais coerentemente e mais de acordo com a tradição do ceticismo e do empirismo, que a própria noção de valor cognitivo ou de "verdade" metafisicamente concebidos nada mais é que uma aberração da mente que procura afirmar sua autonomia e autoconfiança ilusórias em vez de se ver como o que é, ou seja, um útil dispositivo de defesa do nosso organismo. É possível que a partir de uma perspectiva histórica algumas conquistas importantes da ciência do século XX – o princípio de Heisenberg e o teorema de Gödel – sejam vistas como contribuições para o mesmo espírito antiutópico de nossa época; elas mostraram obstáculos fundamentais que foram impostos (pela natureza da Mente, pela grande Natureza ou por Deus) sobre o nosso conhecimento.

E quando eu digo que a extinção definitiva do movimento utópico na Filosofia não é provável nem desejável, não quero esquecer seus perigos intrínsecos e aparentemente irremovíveis. Quem diz que é possível descobrir uma fonte de certeza perfeita ou uma base de conhecimento definitiva diz, na verdade, não que isso é possível, mas que *realmente* a encontrou. As expectativas de um julgamento final epistemológico certamente podem produzir intolerância e cegueira presunçosa. E elas não podem escapar à pergunta cética mais tradicional sobre a regressão infinita: *qui custodiet ipsos custodes?* [Quem vigia os vigilantes?] Independentemente dos critérios que estabeleçamos, podemos sempre perguntar quais são os critérios de validade *deles*.

O perigo pode ser evitado, talvez, se tais critérios finais forem considerados – para usar o jargão kantiano – ideias reguladoras, mais do que constitutivas; eles nos servem melhor se forem marcos que mostram a direção para um objeto inatingível, em vez de afirmarem que o objetivo foi ou está prestes a ser alcançado. Em outras palavras, o espírito de utopia tem duas versões: uma delas corresponde à máxima kantiana da razão pura e consiste, na verdade, na construção do fundamento definitivo, ou pelo menos na crença de que a premissa de todas as premissas será descoberta; a outra é a busca por um fundamento de todos os fundamentos que nós acreditamos já ter desvendado, e corresponde ao que Hegel estigmatizou como o "mau infinito". O primeiro inclui uma esperança de encontrar e apreender intelectualmente o Incondicionado em sua própria qualidade de incondicionável e, portanto, uma esperança de um tipo de *theosis*[2] filosófica para uma mente finita que adquiriu propriedades divinas. O último inclui tanto a aceitação da finitude da mente quanto a vontade de expandir suas potencialidades, sem atribuir nenhum limite definido a essa expansão.

Observações análogas podem ser feitas com relação às utopias sociais. Pode parecer pouco plausível sustentar que assistimos ao declínio da mentalidade utópica quando observamos tantos movimentos que nos prometem um milênio secular ou teocrático bem próximo e que aplicam todos os tipos de instrumentos de opressão e violência para realizá-lo. Eu diria, contudo, que o declínio está acontecendo, que os sonhos utópicos praticamente perderam tanto o apoio intelectual quanto sua autoconfiança e vigor anteriores. As grandes obras do século XX são antiutopias ou *kakotopias*, visões de um mundo no qual todos os valores com que os próprios autores se identificam foram terrivelmente esmagados (Zamiatin, Huxley, Orwell). Existem algumas obras que elogiam o pensamento utópico, com certeza, mas é difícil citar uma utopia importante escrita nesse período.

---

2 Na teologia cristã, a *theosis* significa a deificação ou divinização do homem, que, por meio da prática dos ensinamentos espirituais de Jesus Cristo, realiza uma espécie de espelhamento ou união com Deus, que é o objetivo da vida espiritual. [*N. do E.*]

A MORTE DA UTOPIA RECONSIDERADA

Para além dessa questão não emocional, defendo uma abordagem das utopias sociais semelhante àquela que tentei justificar ao discutir as abordagens filosóficas. Conhecemos, é claro, incontáveis fantasias utópicas, algumas revolucionárias, algumas pacíficas, umas de caráter socialista, outras de caráter anarquista; não vou fazer um inventário delas ou classificá-las. Quero salientar as características gerais que são relevantes para o meu assunto.

Em primeiro lugar está a ideia da fraternidade humana perfeita e eterna. Esse é o núcleo comum e permanente do pensamento utópico, e tem sido criticado por diversos motivos. As críticas se resumem a isto: primeiro, uma fraternidade universal é inconcebível; em segundo lugar, qualquer tentativa de implementá-la produzirá uma sociedade altamente despótica que, para simular a perfeição impossível, sufocará a expressão do conflito e, portanto, destruirá a vida cultural por meio de uma coerção totalitária.

Essa crítica é boa, mas devemos refletir sobre as conclusões a que conduz. Pode-se argumentar de maneira efetiva que, por serem criativas e livres, as pessoas têm de lutar por objetivos que colidem uns com os outros e são impelidas por desejos conflitantes; por nunca poderem alcançar a satisfação completa, as necessidades humanas podem aumentar e expandir indefinidamente, e, assim, os conflitos são inevitáveis. Essa parece ser uma condição da existência humana; Santo Agostinho a conhecia, assim como todos os autores das teodiceias cristãs. Podemos imaginar a fraternidade universal dos lobos, mas não dos seres humanos, uma vez que as necessidades dos lobos são limitadas e definíveis, e, portanto, é concebível que elas sejam satisfeitas, enquanto as necessidades humanas não têm limites que possamos delinear; consequentemente, a satisfação total é incompatível com a variedade e a indefinição das necessidades humanas.

Isso é o que a mentalidade utópica se recusa a admitir e o que torna as utopias fundamental e incuravelmente "utópicas" (no sentido comum). Um mundo utópico viável deve pressupor que as pessoas perderam a criatividade e a liberdade, que a variedade de formas de vida humana (e, portanto, de vida pessoal) foi destruída e que todas as pessoas conseguiram a perfeita satisfação de suas necessidades e aceitaram uma estagnação mortal perpétua como condição normal. Um mundo assim marcaria o fim da raça humana como a conhecemos e definimos. A estagnação é uma condição imprescindível para a felicidade utópica; essas mudanças que costumamos chamar de progresso ou enriquecimento em qualquer área da vida – tecnologia, ciência, arte, formas institucionalizadas de comunicação social – são todas respostas à insatisfação, ao sofrimento, a um desafio qualquer.

As utopias que – como a de Campanella ou de Marx – nos prometem um mundo que combina a satisfação, a felicidade e a fraternidade com o progresso podem sobreviver apenas graças à sua incoerência. Aqueles que são coerentes aceitam e louvam um mundo estagnado no qual toda a variedade foi exterminada e os seres humanos foram reduzidos a uma mediocridade universal e imóvel. A utopia mais coerente foi provavelmente inventada por Dom Deschamps. Trata-se de uma sociedade perfeita, na qual todas as pessoas são completamente substituíveis e idênticas entre si, em que toda a variedade que pode diferenciar os seres humanos foi erradicada e as pessoas se tornaram uma coleção de espécimes uniformes em absoluto, não muito diferentes de moedas cunhadas na mesma forma. A perfeição social matou de modo irreversível a personalidade humana. Os habitantes desse paraíso poderiam muito bem ser pedras, e seriam igualmente felizes.

O ideal de igualdade – concebido como identidade, ausência de diferenças – é contraditório, com certeza, no pressuposto de que as pessoas são o que têm sido ao longo da história conhecida por nós. Os utópicos, porém, continuam nos prometendo educar a raça humana para a fraternidade, quando então as infelizes paixões que dilaceram as sociedades (a ganância, a agressividade, o desejo de poder) desaparecerão. No entanto, uma vez que o cristianismo tem tentado levar a cabo essa tarefa educativa por dois milênios e os resultados não são animadores, os utópicos, que tentam converter suas visões em propostas concretas, avançam com o projeto mais maligno já inventado: querem institucionalizar a fraternidade, que é o caminho mais certeiro rumo ao despotismo totalitário. Eles acreditam que o mal é resultado de instituições sociais defeituosas que vão contra os impulsos genuínos da natureza humana, sem se perguntar como essas instituições foram criadas e estabelecidas. No famoso fragmento sobre a origem da desigualdade, Rousseau parece acreditar que a propriedade privada foi simplesmente inventada por um louco; ainda assim, não sabemos como esse artifício diabólico, em sua oposição aos instintos humanos inatos, foi apropriado por outras pessoas e espalhado por todas as sociedades humanas.

Havia a previsão bastante frequente de que os conflitos humanos, a luta por poder e dominação, a ganância e a agressividade – como resultado da revogação coercitiva institucional da propriedade privada – permaneceriam onde têm estado, ou talvez até aumentassem, previsão essa feita muito tempo antes que a prescrição de uma fraternidade eterna, planejada sobre os princípios utópico--marxistas, fosse aplicada. Essa previsão se baseou na experiência comum, e deveria ser infalivelmente confirmada em toda a história das sociedades socialistas.

Uma tentativa de implementar uma ordem sem conflitos por meios institucionais pode realmente ser bem-sucedida no sentido de, ao aplicar a coerção totalitária, lograr prevenir que conflitos sejam expressos. Sendo incapaz, no entanto, de erradicar as fontes de conflito, a tecnologia utópica necessariamente envolve um grande maquinário de mentiras para apresentar seu inevitável fracasso como uma vitória. Uma visão utópica, uma vez traduzida para um idioma político, torna-se falsa ou contraditória; ela fornece novos nomes para velhas injustiças ou oculta as contradições sob rótulos inventados *ad hoc*. Isso é especialmente verdadeiro nas utopias revolucionárias, sejam elas elaboradas no processo revolucionário efetivo ou simplesmente aplicadas em seu curso. A linguagem orwelliana já era conhecida, embora não fosse codificada, muito antes do despotismo totalitário moderno. O famoso lema de Rousseau – "É preciso obrigar as pessoas à liberdade" – é um bom exemplo. E também o é o anúncio da Comuna de Paris, afirmando ao mesmo tempo que o serviço militar obrigatório havia sido abolido e que todos os cidadãos eram membros da Guarda Nacional. Outro bom exemplo é a utopia revolucionária-igualitária de Tkachev (uma importante fonte da doutrina leninista), que afirma que o principal objetivo da revolução é a abolição de todas as elites e que essa tarefa deve ser realizada por uma elite revolucionária.

Em outras palavras, os dois princípios mais comuns das projeções utópicas – a fraternidade pela coerção e a igualdade imposta por uma vanguarda esclarecida – são ambos contraditórios. Eles são, apesar disso, compatíveis, e com frequência aparecem juntos nos sonhos utópicos. Pode-se notar, no entanto, uma diferença na distribuição da ênfase na fraseologia utópica. Para alguns utópicos, uma comunidade sem conflitos é o objetivo final, enquanto outros descrevem a igualdade como o valor maior em si. No último caso, o pressuposto é, então, que não importam os indivíduos humanos, seu sofrimento ou bem-estar; importa apenas o fato de que o sofrimento e o bem-estar estão distribuídos de maneira uniforme, de modo que devemos almejar uma igualdade perfeita, mesmo que seja provável que todo o povo, incluindo os menos privilegiados, sofra mais como resultado do estabelecimento da ordem igualitária. Além de ser obviamente contraditório (conceberia-se uma igualdade perfeita apenas caso ela fosse implementada por um despotismo totalitário, e uma ordem que é ao mesmo tempo despótica e igualitária é impossível), esse ideal é um fenômeno curioso na história da civilização; as forças psicológicas que o têm sustentado e estimulado podem ser apenas uma questão para especulação. O sonho de uma utopia de fato igualitária significa abolir tudo o que possa distinguir uma pessoa da outra – um mundo no qual as pessoas vivem em casas idênticas, em cidades idênticas, sob condições geográficas idênticas, usando roupas idênticas e partilhando, é claro, ideias idênticas é uma noção utópica familiar. Pregar esse ideal significa implicar que existe um mal intrínseco no simples ato de afirmação da própria personalidade, mesmo sem prejudicar outras pessoas – em outras palavras, que há algo fundamentalmente errado em ser humano.

Utopias radicais e utopias igualitárias coerentes são, portanto, anti-humanas. Baseadas na estética da simetria impecável e da identidade definitiva, elas buscam, em desespero, uma ordem na qual toda a variedade, todas as distinções, todas as insatisfações e, consequentemente, todo o desenvolvimento desapareceram para sempre; mesmo a palavra *ordem* talvez seja inadequada, uma vez que não há nada para ser ordenado em uma massa perfeitamente homogênea. Reconhecemos na tentação utópica um vago eco daquelas teologias orientais e neoplatônicas para as quais nossa separação da fonte do ser, do Inteiro indiferenciado – isso significando a própria individualidade –, era uma espécie de maldição ontológica que poderia ser revogada apenas quando a individualidade tivesse sido destruída. A utopia igualitária perfeita é, por isso, uma caricatura secular da metafísica budista. Ela pode ser vista, talvez, como uma expressão peculiar do impulso suicida da sociedade humana, um impulso que detectamos em muitas versões historicamente relativas ao longo da trajetória das ideias religiosas e filosóficas. Em última análise, equivale a isto: a vida envolve, necessariamente, tensão e sofrimento; como consequência, se queremos abolir a tensão e o sofrimento, a vida deve ser extinta. E não há nada de ilógico neste raciocínio.

A MORTE DA UTOPIA RECONSIDERADA

Estou falando de utopias perfeitamente consistentes, das quais temos apenas poucos exemplos. Nos exemplos inconsistentes, muitas vezes, descobrimos a mesma tentação mesclada com ideias que são incompatíveis com a perfeição utópica: o elogio da criatividade, a glória do progresso, e assim por diante. Poucos utópicos (Fourier foi, sem dúvida, o exemplo mais notável) estavam cientes de que as necessidades de variedade, autoafirmação e distinção pessoal eram forças que não podiam ser canceladas ou suprimidas na vida humana, e eles tentaram arquitetar seus planos para a felicidade universal de acordo com isso. Eles acreditavam que essas necessidades poderiam ser satisfeitas sem suscitar hostilidades e lutas entre as pessoas, que a competitividade poderia ser preservada e a agressividade canalizada para direções inofensivas, produzindo assim uma sociedade que combinaria alegremente satisfação com criatividade, assim como o instinto de distinção com a amizade universal.

O que fez com que as utopias parecessem malignas em nosso século claramente não foi o próprio sonho de perfeição; contraditórias ou não, as descrições de uma felicidade celestial na Terra eram em si não mais do que inofensivos exercícios literários. As utopias se tornaram ideologicamente venenosas na medida em que seus defensores conseguiram se convencer de que haviam descoberto uma genuína tecnologia do apocalipse, um dispositivo técnico para forçar a porta do Paraíso. Essa crença tem sido a qualidade característica das utopias revolucionárias, e foi incorporada em várias ramificações da doutrina marxista. Tendo se tornado, como resultado de muitos acidentes históricos, o principal suporte de autojustificação e autoglorificação ideológica do câncer totalitário que devora o tecido social de nosso mundo, a utopia marxista ou quase marxista naturalmente chamou nossa atenção para a literatura revolucionária-apocalíptica de tempos antigos, que havia apresentado características semelhantes.

A segunda característica importante dessa utopia foi a crença de que o futuro glorioso não é simplesmente pré-determinado pelo curso da história, mas já estava lá, não empiricamente perceptível e ainda mais real que o presente empírico prestes a desmoronar. Essa crença em uma realidade "superior" que, embora invisível, já estava embutida no mundo real pode ser rastreada, com certeza, até suas origens hegelianas; mais exatamente, trata-se de uma extensão em direção ao futuro – ilegítimo, em termos estritamente hegelianos – da forma hegeliana de investigar o passado. A habilidade invejável de detectar naquilo que parece ser algo que parece não ser, mas que de fato *é* em um sentido mais eminente do que aquilo que é "apenas" empírico, foi, em Hegel, uma versão secularizada do conceito cristão de salvação que, embora não seja diretamente perceptível, está não somente nos planos de Deus, mas já até ocorreu, pois na eternidade divina o que irá acontecer já aconteceu. Isso justifica o sentimento de superioridade ilimitado daqueles que não só são capazes de prever o futuro, mas que na verdade já são seus proprietários abençoados, e isso dá a eles o direito de tratarem o mundo real como essencialmente inexistente. Se a revolução iminente e definitiva não é um simples passo afortunado nos eventos históricos, mas uma ruptura na continuidade, um começo total, um novo tempo, o passado – incluindo tudo o que poderia acontecer ainda, antes da grande ruptura – não é, propriamente falando, um progresso. Este último significa acumulação, melhora gradual, crescimento; enquanto que o acontecimento definitivo, inaugurando o novo tempo, não acrescenta mais riqueza para o estoque existente que nós já capitalizamos, mas marca um salto do abismo infernal para o reino da suprema excelência.

Essas três características da mentalidade utópico-revolucionária fornecem justificativa para três atitudes políticas menos inocentes. Uma esperança de fraternidade para a qual uma elite iluminada pode forçar as pessoas por decretos fornece uma base natural para a tirania totalitária. Acreditar em uma realidade de ordem superior que está definida no presente e, embora invisível a olho nu, seja a realidade verdadeira justifica o extremo desprezo pelas pessoas que existem de verdade, que mal merecem atenção quando em contraste com as gerações do futuro, aparentemente inexistentes, mas muito mais importantes. A ideia de um novo tempo dá legitimidade a todos os tipos de vandalismo cultural.

Nesse sentido, as restrições da utopia são bem fundamentadas. Podemos até dizer mais: considerando que o modelo mais perfeito do gênero foi escrito no século XVIII pelo já mencionado Dom Deschamps, é possível argumentar que a utopia socialista tenha se matado por causa da própria coerência, antes mesmo de ter nascido.

O mesmo, aliás, pode ser dito da quase utopia individualista. Provavelmente, a utopia individualista-anarquista mais coerente foi criada por Max Stirner em 1844. Começando com uma premissa bastante razoável de que a vida social – como tal, não como qualquer forma específica de ordem social –

necessariamente impõe limites sobre nossas aspirações e nossa preocupação exclusiva com nós mesmos, ela sugeria uma "libertação" que todos poderiam atingir, de maneira isolada, ao abandonarem todas as normas, restrições e exigências dos ditames da "sociedade", incluindo regras lógicas e morais e, presumivelmente, a língua também. Estou falando de "quase utopia" porque a questão é menos inventar uma sociedade perfeita e mais abolir a sociedade em prol do valor mais elevado, que cada pessoa humana é para si.

E ainda há outro lado da história, que nós não podemos descartar de forma leviana. A mentalidade utópica, devo repetir, está definhando. Seu *status* intelectual desceu ao nível de uma algaravia adolescente patética, que sobrevive nas seitas esquerdistas. Nas ideologias comunistas estabelecidas, a linguagem utópica e as imagens utópicas têm sido cada vez menos perceptíveis ao longo das últimas décadas.

É legítimo perguntar se esse desaparecimento da utopia, embora justificável em termos da macabra história das políticas utópicas, pode ser visto como um ganho líquido. Meu argumento sobre isso é análogo ao que acabo de dizer sobre as utopias epistemológicas. Acredito, de fato, que o sonho de fazer da humanidade uma irmandade universal duradoura não é apenas inviável, mas causaria o colapso de nossa civilização, se levado a sério como um plano a ser materializado por meios técnicos. Por outro lado, é muito fácil usar todos os argumentos antiutópicos bem fundamentados como um dispositivo pelo qual podemos aceitar ou até mesmo santificar qualquer tipo de opressão e injustiça flagrante se eles não estiverem apoiados na fraseologia utópica. Isso, mais uma vez, não é uma questão de possibilidade abstrata, mas de experiência histórica bem registrada. Durante séculos o mal intrínseco da natureza humana não só foi invocado como argumento contra as tentativas de restaurar as condições paradisíacas na Terra, mas justificou a resistência a todas as reformas sociais e às instituições democráticas também. Portanto, a crítica antiutópica requer importantes diferenciações. O dogma utópico que afirma que o mal em nós resultou de instituições sociais defeituosas e com elas desaparecerá é, com efeito, não só pueril, mas perigoso; ele equivale à esperança, que acabamos de mencionar, de uma irmandade garantida institucionalmente, uma esperança sobre a qual as ideologias totalitárias foram fundadas. No entanto, poderia ser não menos pernicioso substituir essa fantasia otimista por seu oposto, implicando que em toda relação humana não há nada além de hostilidade, ganância e desejo de dominação, e que todas as expressões de amor, amizade, fraternidade e sacrifício não são mais do que aparências enganosas que escondem as motivações "reais", sempre egoístas. Baseado na antropologia de Hobbes, de Freud ou dos primeiros trabalhos de Sartre, esse credo nos torna naturalmente propensos a aceitar todas as monstruosidades da vida social perpetradas pelo homem como inevitáveis para sempre. Pode-se argumentar que a falácia daqueles que veem a natureza humana como irremediável e totalmente corrompida é mais segura e menos sinistra do que a confiança autodestrutiva dos utópicos: uma sociedade na qual a ganância é a motivação dominante é preferível, apesar de tudo, a uma sociedade baseada na solidariedade obrigatória. A teoria da corrupção total, porém, pode ser empregada também para apoiar uma ordem totalitária ou altamente opressiva: os exemplos abundam, começando com as doutrinas e práticas teocráticas dos primeiros tempos do calvinismo. Os pressupostos dessa teoria são especulativos, não empíricos – não há evidências para refutar o banal senso comum de que o potencial para a amizade desinteressada e a solidariedade está em nós, bem como as sementes do ódio, da inveja e da ganância. Afirmar que o que quer que seja bom em nós é apenas uma máscara do mal, longe de ser um relato de experiência, é um axioma metafísico; chega a tornar a vida social ininteligível: se não há nada em nós além do mal, de que serviria a máscara?

Pode ser verdade que os exemplos mais adoráveis de fraternidade conhecidos por nós tenham tido, com frequência, um fundo negativo e possam ser encontrados com maior facilidade quando foram forçados sobre as pessoas por meio de um perigo comum, guerras ou catástrofes. É verdade que a experiência de todas as associações comunistas voluntárias – sem falar das compulsórias – não é muito encorajadora – nada de valor sobreviveu das comunidades estabelecidas nos Estados Unidos pelos primeiros socialistas (Cabet, Weitling, Considérant) ou pelos *hippies*. As comunas mais duradouras e mais bem-sucedidas são, talvez, os *kibutzim* judeus, criados por ideais comuns socialistas e sionistas. Algumas comunidades monásticas, ou quase monásticas, assim como muitos grupos informais, podem servir como exemplos positivos. É inegável, porém, que as pessoas são capazes de criar condições nas quais a agressividade, a hostilidade e o egoísmo, se não forem erradicados, são de fato minimizados.

A conclusão geral dessas observações pode parecer um tanto banal, mas, como é o caso de muitas banalidades, vale a pena ponderar sobre ela. Diz-se

A MORTE DA UTOPIA RECONSIDERADA

que a ideia de fraternidade humana é desastrosa como programa político, mas indispensável como sinal de orientação. Precisamos dela, para usar outra vez o mesmo jargão kantiano, como ideia reguladora, mais do que como princípio constitutivo. Em outras palavras, tanto a teoria do mal radical de Kant quanto sua crença na progressão indefinida da racionalidade – uma progressão que pode se dar em meio à tensão incessante entre nosso amor pela liberdade e nossa sociabilidade, entre aspirações individuais e ordem social, entre paixões e razão – são úteis para nós. No sentido padrão da palavra *utopia*, Kant foi claramente um antiutópico, uma vez que nunca esperou um estratagema técnico engenhoso que realizaria o estado real de perfeição e felicidade. Ele acreditava, no entanto, na vocação da raça humana, em um movimento impulsionado teleologicamente, cujo fim nós nunca podemos alcançar ou localizar no tempo – um crescimento assintótico, por assim dizer – e que, mesmo assim, sempre temos que manter em mente se queremos permanecer humanos. Esses dois lados complementares de sua filosofia "como se" – uma crença em um movimento perpétuo, carregado de lutas e contradições, em direção a uma meta, e uma descrença de que a meta nunca poderia ser efetivamente alcançada – são, sem dúvida, conciliáveis em termos filosóficos. É improvável, no entanto, que a humanidade como um todo possa um dia ser convertida à filosofia kantiana. Por isso, é provável que dois tipos de mentalidade (a cética e a utópica) sobrevivam separadamente, em um conflito inevitável. E nós precisamos dessa coexistência instável, já que ambos são importantes para a nossa sobrevivência cultural. A vitória dos sonhos utópicos nos levaria a um pesadelo totalitário e à queda absoluta da civilização, enquanto o domínio incontestável do espírito cético nos condenaria a uma estagnação sem esperança, a uma imobilidade que um pequeno acidente poderia converter com facilidade em um caos catastrófico. Em última análise, temos de viver entre duas reivindicações inconciliáveis, cada uma delas tendo sua justificativa cultural.

13.

A idolatria da política[*]

É apropriado nesta ocasião analisar por um momento aquela que talvez seja a mais famosa frase já escrita no hemisfério ocidental: "Consideramos estas verdades como evidentes: que todos os homens são criados iguais, que são dotados por seu Criador com certos Direitos inalienáveis, e que entre estes estão a vida, a liberdade e a busca pela felicidade." (Se não for a frase mais famosa, é a segunda mais famosa, após os dizeres: "Coca-Cola é isso aí!"). Uma vez que olhamos para essa frase, de imediato percebemos que o que parecia evidente para o santo patrono do nosso encontro desta noite pareceria claramente falso ou sem sentido e supersticioso para a maior parte dos grandes homens que continuam formando nosso imaginário político: Aristóteles, Maquiavel, Hobbes, Marx e todos os seus seguidores, Nietzsche, Weber e, aliás, a maior parte de nossos teóricos políticos contemporâneos. Se "evidente" significa "óbvio", ou tirando sua verdade do próprio significado dos conceitos envolvidos, as verdades que acabamos de citar não são evidentes em absoluto. Elas agora são reservadas para mensagens pontifícias ou sermões dominicais e, no entanto, são banidas, para além da lembrança, do jargão filosófico ou teórico permitido; existem poucos pensadores que ainda se apegam à crença de que os critérios de bem e de mal, em vez de serem livremente inventados e cancelados, se necessário, pela raça humana, ou em vez de expressarem, na melhor das hipóteses, seus invariantes biológicos, estão de alguma forma incorporados na ordem das coisas. Esses aventureiros estão bem cientes de que pisam em um solo perigoso e escorregadio.

---

[*] Jefferson Lecture in the Humanities, 1986. Republicado com permissão de *The New Republic*, 16 de julho de 1986. Copyright © 1986 por The New Republic, Inc.

Que essa mudança de percepção importa não há necessidade de provar. A recusa racionalista de tomar como certa qualquer ordem herdada de regras políticas ou morais foi, como sabemos, um aspecto do mesmo processo secular por meio do qual a ideia moderna de liberdade negativa e os princípios de liberdade da atividade econômica e da igualdade legal foram estabelecidos. A economia de mercado, a filosofia racionalista, as doutrinas políticas e instituições liberais e a ciência moderna surgiram como aspectos interligados da mesma evolução, e nenhum destes poderia ter se afirmado separadamente. As razões para essa interdependência são razoavelmente claras e bem investigadas por muitos historiadores.

Mesmo que o alvo principal de ataque de todo esse desenvolvimento ideológico e político tenha sido a princípio a Igreja com suas alegações de supremacia espiritual e política, uma parte importante do Iluminismo foi ideologicamente inconsistente em sua atitude em relação ao legado cristão e no âmbito do efetivo crédito que devia a esse legado. São afirmados com frequência os direitos da razão autônoma, os princípios dos direitos pessoais e da tolerância, em oposição a instituições eclesiásticas, embora não em oposição à tradição cristã, de certa forma semelhante à maneira como a Reforma e as heresias medievais, anteriormente, apelavam para os Evangelhos, a fim de destruírem a estrutura institucional e dogmática da Igreja Romana. E era mais do que uma questão de cegueira ideológica ou conveniência política. Pode-se argumentar com razão que as doutrinas liberais modernas encontram raízes históricas na crença bíblica de que, em um sentido básico, todos os seres humanos são iguais e igualmente preciosos. Ainda que tenha sido tortuoso e contraditório o caminho do sentido religioso para o político dessa percepção, e embora ele tenha sido muitas vezes repleto de conflitos e lutas, foi um caminho historicamente real.

Boa parte disso está, hoje em dia, completamente esquecida. As ideias de tolerância religiosa e de separação entre a Igreja e o Estado – e, por extensão, entre a ideologia e o Estado – pertencem ao arcabouço natural da tradição republicana. Elas foram estabelecidas contra as forças clericais – e talvez estritamente falando, contra as forças teocráticas – no cristianismo, e ganharam a civilização ocidental. Elas implicam que nenhum grupo religioso é privilegiado ou discriminado pela lei, que não pode haver ensino obrigatório de religião nas escolas públicas, que as lealdades religiosas são irrelevantes para os direitos e deveres dos cidadãos, e assim por diante. Os poucos desvios possíveis ou reais do princípio de estrita neutralidade do Estado são em grande parte cerimoniais, como o *status* da Igreja Anglicana, ou de pequena importância, como as posições especiais de igrejas nas leis de tributação e caridade em vários países.

No entanto, podemos perguntar: até que ponto essa neutralidade religiosa e ideológica do Estado pode ser coerentemente mantida? Em países democráticos, as ideias, assim como as religiões, são regidas pelas regras do mercado: o consumidor tem incontáveis opções e possibilidades de escolha. Apesar disso, essa liberdade de produzir, distribuir bens religiosos e ideológicos e dar publicidade a eles é em si o resultado de uma opção ideológica – e indiretamente religiosa. Se nós acreditamos que a liberdade é melhor do que o despotismo; que a escravidão, isto é, a propriedade de uma pessoa por outra pessoa ou pelo Estado, é contrária à própria noção de ser humano; que a igualdade é algo correto, e privilégios estabelecidos no âmbito legal são injustos; que o espírito de tolerância religiosa deve ser apoiado e o fanatismo opressivo combatido, e assim por diante, não somos "neutros" em questões relativas a valores básicos. Também não o é um Estado que, de uma forma ou de outra, inscreveu esses valores em sua estrutura constitucional. Do contrário, ele seria neutro em relação à própria neutralidade, portanto a neutralidade derrotaria a si mesma. Se esses valores são, direta ou indiretamente, de origem bíblica, não há razão para afirmar que isso minaria o princípio da separação. Em termos de sua origem histórica e suas normas vigentes, seria tolice dizer que qualquer Estado dentro da esfera da civilização ocidental, por ser neutro, é não cristão, ou não muçulmano, ou não hindu.

Durante a discussão recente nos Estados Unidos sobre a oração voluntária nas escolas, foi impossível não se impressionar com o teor quase histérico presente naqueles que atacaram a permissão para tais orações, como se não proibir que alguns alunos orassem ao Senhor durante um intervalo no turno escolar significasse jogar o país em um abismo de sinistra teocracia.

É certo que essa questão em particular é um fragmento de um conflito maior, que inclui questões mais sérias, como o aborto e a pena de morte, assim como pressões de vários grupos religiosos intolerantes ou até mesmo fanáticos. Acredito, no entanto, que seria aconselhável impor certas restrições moderadoras na estrutura geral do debate sobre as relações entre as tradições política e religiosa.

É sem dúvida verdade que nos últimos anos temos assistido, em várias regiões do nosso planeta, ao aumento do papel de grupos e ideias religiosos em conflitos políticos. Isso pode ser um efeito da crescente decepção de muitas pessoas com as ideologias políticas dominantes que herdamos, desde antes da Primeira Guerra Mundial, quando o cenário político parecia (certa ou erradamente) leve e promissor, em comparação ao nosso. Isso pode ter sido resultado da necessidade natural por regras de conduta, que são simples e absolutamente válidas. Pode ser, em parte, devido ao simples fato de que em muitos países do Terceiro Mundo as ideologias políticas disponíveis parecem ser de pouco uso operacional, enquanto a necessidade de uma legitimidade de cunho ideológico do sistema de poder existente é mais urgente. Embora possamos observar, alarmados, esse processo, é justo dizer que ele não produziu nenhum crescimento significativo das tendências teocráticas no cristianismo – em contraste com o Islã, em que tais tendências, apesar de explicáveis pelas vicissitudes históricas da fé islâmica e de seu conteúdo, são bastante vigorosas. O temor de que o mundo ocidental talvez se torne presa de uma teocracia totalitária parece infundado; a tendência oposta, que reduz o cristianismo a uma ideologia política, cortando assim suas raízes, parece, ao contrário, bastante resistente.

A outra parte da mesma estrutura política é esta: nós tentamos sobreviver em um mundo dilacerado por um conflito que não pode ser visto como a simples competição de grandes potências que disputam o alargamento de suas respectivas áreas de influência; trata-se de um choque de civilizações, um choque que pela primeira vez na história assumiu uma dimensão mundial. Apesar de nossa civilização ser desagradável em alguns de seus aspectos grosseiros, e embora esteja enfraquecida por sua indiferença hedonista, pela ganância e pelo declínio das virtudes cívicas, dilacerada por lutas e cheia de mazelas sociais, a razão mais poderosa para sua defesa incondicional (e eu estou pronto para enfatizar esse adjetivo) é fornecido pela alternativa a ela. Confrontamo-nos com uma nova civilização totalitária do sovietismo, e o que está em jogo não é apenas o destino de uma forma cultural específica, mas da humanidade como a conhecemos: não porque essa nova civilização seja militarista, imperialista e agressiva, mas por causa de suas metas educacionais, porque nos promete converter pessoas em partes perfeitamente substituíveis da impessoal máquina estatal, cada uma delas não tendo mais realidade do que aquela que lhes é conferida por essa máquina, e cada uma tendo uma mente que seria, idealmente, uma réplica passiva de um robô sem vida, sem vontades, sem capacidade de se revoltar, sem pensamento crítico próprio. Embora tenhamos argumentos para afirmar que esse ideal é inatingível por razões que são inerentes à natureza humana (a abissal inépcia econômica dessa civilização, seus recuos e suas concessões relutantes as revelam), um forte movimento nessa direção já provocou indescritíveis desastres culturais e é provável que cause outros.

Eu iria um pouco além e repetiria o que Karl Jaspers certa vez escreveu. Jaspers, que era extremamente sensível à intolerância religiosa e ao fanatismo na tradição cristã, disse que se tivesse que fazer a escolha angustiante entre o totalitarismo cristão (ele queria dizer católico) e o comunista, optaria pelo primeiro, já que, afinal de contas, a fonte espiritual do cristianismo, a Bíblia, é a fonte da cultura europeia e, com isso, nossa civilização, mesmo tomando uma forma tão opressiva, não perderia sua continuidade nem seria separada de suas origens.

Não é preciso dizer que aqueles de nós cuja mente foi moldada, em grande medida, pelo Iluminismo e que não estão preparados para rejeitar seu legado por completo, não importa quão autodestrutivo seu resultado final possa parecer, abominam a perspectiva de tal escolha. E podemos estar errados ao pensar que essa não é mais do que uma possibilidade, uma abstração inventada; não é iminente, com certeza, mas não é uma visão fantasiosa ou surrealista também, considerando a energia dos movimentos que a tornam possível.

Muitos têm defendido que, se queremos enfrentar o perigo de que nossa civilização desmorone rumo a uma frouxidão niilista e se torne uma presa fácil para a tirania, e confrontá-lo em uma perspectiva histórica mais ampla, em vez de em termos de técnicas políticas ou militares diretas, o legado espiritual do Iluminismo pede uma revisão. Há, de fato, pelo menos três pontos cruciais nos quais as crenças humanistas parecem ter atingido um estágio suicida.

O primeiro ponto é a crença nos chamados valores absolutos. Zombar dos "valores absolutos" tem sido extremamente fácil, é claro, uma vez que o movimento do Iluminismo conseguiu nos convencer de que todas as crenças humanas sobre o bem e o mal são ligadas à cultura e historicamente relativas, e que já sofremos o suficiente por causa de lutas entre diversas religiões e doutrinas cujos adeptos, de todos os lados, tinham profunda convicção de serem os únicos portadores privilegiados da verdade absoluta. O ceticismo humanista, incluindo a rejeição aos "valores absolutos", forjou uma arma poderosa contra o fanatismo de disputas sectárias e criou uma base para a estrutura institucional de uma sociedade pluralista e tolerante.

Também revelou seus perigos, no entanto. Tornou as próprias ideias de pluralismo e tolerância tão relativas quanto seus opostos. Nós nos acostumamos a nos livrar de muitos horrores do nosso mundo ao falarmos sobre diferença cultural. "Nós temos os nossos valores, eles têm os deles" é algo que com frequência ouvimos quando lidamos com as atrocidades do totalitarismo ou de outras formas de despotismo. Aqueles que dizem essas palavras procuram realmente afirmar que não faz sentido e é arrogante fazer juízos de valor sobre as diferenças entre as formas pluralistas de vida política e aquelas sociedades nas quais o único método conhecido de competição política é abater os rivais? Quando estendemos nossa generosa aceitação da diversidade cultural a todas as regras do bem e do mal e afirmamos, por exemplo, que a ideia de direitos humanos é um conceito europeu – impróprio e ininteligível em sociedades que compartilham outras tradições –, queremos dizer que os norte-americanos preferem não ser torturados e empilhados em campos de concentração, mas que vietnamitas, iranianos e albaneses não se importam com isso, ou gostam dessas experiências? Se assim for, o que há de errado com as leis raciais da África do Sul, e por que não deveríamos ficar satisfeitos em dizer que o africâneres simplesmente "têm alguns valores próprios" e que não temos nenhuma maneira de provar que os nossos são melhores? Ou, sendo mais diretos, devemos dizer que a diferença entre um vegetariano e um canibal é apenas uma questão de gosto (mesmo se o "gosto" estiver de fato envolvido)?

Sem dúvida, nós geralmente não expressamos nossa tolerância esclarecida de uma forma tão ousada assim, mas isso poderia ser resultado de nossa relutância em tornar explícita a consequência de nossa fé. É mais fácil dizer, de maneira vaga, "as sociedades têm valores diferentes" ou "a crença em valores absolutos é obsoleta e ingênua", do que admitir com clareza que a escravidão é tão boa quanto a liberdade, reconhecendo que nada é intrinsecamente bom ou mau. Com grande frequência somos incoerentes, menos por razões cognitivas do que por razões políticas: gostamos de professar nossa complacência relati-

A IDOLATRIA DA POLÍTICA

vista em casos que preferimos, por motivos políticos ou por covardia, tratar com civilidade, reservando nossa intransigência moral e "valores absolutos" para outros casos. Por exemplo, nós gostamos de ser moralistas em problemas relativos à África do Sul, mas somos adeptos da *realpolitik* e relativistas corteses ao lidar com sistemas comunistas ("Eles têm seus valores..."), ou vice-versa, o que significa que convertemos nossos compromissos políticos em princípios morais, e é isso precisamente o que a idolatria da política pretende: fabricar deuses para uso *ad hoc* em um jogo de poder político.

Dizer isso não resolve nenhuma questão política específica e de maneira alguma implica afirmar que a inflexibilidade moralista fornece uma boa base para todas as decisões políticas, ou que se possa inferir toda a política de um país a partir, digamos, do conceito de direitos humanos. Isso é claramente impraticável. Em muitas decisões é inevitável que o custo moral esteja envolvido, infelizmente. O derramamento de sangue sempre é ruim, mas temos de admitir que não é o mal supremo. Ao longo da história, as pessoas aceitaram derramamentos de sangue por boas causas, e seria tolo decidir que devemos evitar os derramamentos de sangue em todas as circunstâncias e a qualquer preço, pois, em alguns casos, não evitá-los é a única maneira de evitar calamidades piores e maiores derramamentos de sangue. Pode ser desagradável dizer isso em um mundo que vive na sombra de uma possível guerra e enfrenta os horrores diários do terrorismo, mas esse fato é, ainda assim, trivialmente verdadeiro. A questão é estarmos conscientes de nossas escolhas e sermos claros quanto a nossas posições, o que não é frequente nos conflitos políticos.

Mas, vamos repetir, acreditar em regras intrinsecamente válidas de bem e mal e admitir que não é viável fundamentar decisões políticas somente nessas regras não resolve nenhuma questão política específica. No entanto, não há nada de extravagante em uma reflexão que, sem ser diretamente útil em assuntos políticos, tem por objetivo analisar a fonte não política de doenças que afetam a vida política: não se trata de nossa incapacidade técnica de lidar com problemas, mas sim de nossa incapacidade de lidar com problemas que não são técnicos e não são solúveis por dispositivos técnicos. Pode-se argumentar que essa incapacidade seja parte da mentalidade que herdamos do Iluminismo, ou até dos *melhores* aspectos do Iluminismo: sua luta contra a intolerância, a autocomplacência, as superstições e o culto não crítico da tradição.

Mesmo que os grandes mestres do Iluminismo não tenham necessariamente desenvolvido suas ideias relativistas de uma forma que, como estou argumentando, exerce uma influência paralisante sobre nossa capacidade atual de nos opormos ao mal e à intolerância, eles plantaram uma boa semente, que veio a produzir frutos perigosos. A negação dos "valores absolutos", por causa tanto dos princípios racionalistas quanto do espírito de abertura geral, ameaça completamente nossa capacidade de distinguirmos o bem do mal. Estender a tolerância ao fanatismo significa favorecer a vitória da intolerância; abster-se de lutar contra o mal, sob o pretexto de que "somos imperfeitos", pode converter nossa imperfeição em barbárie.

O segundo ponto no qual percebemos o movimento autodegradante do Iluminismo é o estado incerto e a fragilidade do conceito da personalidade humana. O ditado sobre a natureza social da criatura humana tem sido repetido por vinte e três séculos. Seu significado, porém, tem pelo menos duas vertentes: pode ser algo trivialmente verdadeiro ou que não é apenas bastante controverso em termos filosóficos, mas, se aceito de forma geral, muito prejudicial, talvez desastroso para a nossa civilização. É trivialmente verdadeiro que a linguagem, o conhecimento, as formas de pensamento, as emoções e as aspirações de cada um de nós são moldadas pelo que experimentamos em nosso ambiente humano, e é verdade que não poderíamos sobreviver física ou mentalmente sem compartilharmos nossa experiência com outros, e sem nos comunicarmos com eles. Ainda assim, essa trivialidade não implica que a realidade de cada um de nós seja inteiramente redutível ao que os outros nos têm dado, que, sem uma participação na vida comunitária, uma criatura humana literalmente não é nada, como se cada um de nós fosse apenas uma coleção de máscaras que são colocadas em um espaço vazio e não houvesse nenhuma outra humanidade a não ser a coletiva, nenhum eu, a não ser o *moi commun* de Rousseau. A crença em um núcleo irredutível e singular da personalidade, com certeza, não é uma verdade demonstrável pela ciência (com exceção de sua descrição em termos genéticos, que não é o que se quer dizer), mas, sem essa crença, a noção de dignidade pessoal e de direitos humanos é uma mistura arbitrária, suspensa no vazio, indefensável, fácil de ser rejeitada.

A crença de que a pessoa humana é inteiramente construída pela sociedade, mesmo que seja moldada a partir de uma matéria-prima (que é física, e não humana), tem algumas consequências alarmantes. Muitas pessoas têm percebido e investigado a erosão do próprio conceito e do sentimento de responsabilidade pessoal na civilização contemporânea, e é difícil não perceber como tal processo está ligado à crença da qual estou falando. Se "eu" não sou "eu", se a palavra *eu* é um pronome ao qual nenhuma realidade corresponde, ao menos nenhuma realidade constituída em termos morais, se eu sou totalmente definível em termos "objetivos" de relações sociais, então é verdade que não haja razão por que eu, em vez da "sociedade" abstrata, deva ser responsável por qualquer coisa. Eu me lembro de ter visto na televisão americana um jovem que foi condenado pelo estupro brutal de uma criança, uma garotinha; seu comentário foi: "Todos cometem erros." Dessa forma, nós agora sabemos quem estuprou a criança: "todos", ou seja, ninguém. Pensemos no famoso julgamento recente, quando uma empresa de cigarros foi levada ao tribunal por uma família que a acusou de ser culpada pelo vício de um membro da família, que falecera. Será que iremos ver um estuprador processando a "sociedade", ou seja, a escola ou o governo, por ser ele mesmo um estuprador? Ou uma esposa exigindo que o governo ordene que seu marido, que fugiu com outra mulher, a ame novamente? Não há nenhum sentido em se prolongar sobre este assunto ou em multiplicar os exemplos; a tendência geral de delegar a responsabilidade pelos atos individuais (em especial, erros e defeitos) a entidades coletivas anônimas é bem conhecida e pode ser facilmente documentada.

O lado mais sinistro dessa perda da nossa capacidade de afirmar o *status* de personalidade independente, irredutível e ontológico é que ela nos torna conceitualmente indefesos em face de doutrinas, ideologias e instituições totalitárias. Não existem, é claro, motivos para atribuir à pessoa humana um valor absoluto e insubstituível, deduzindo que uma pessoa não é mais do que uma expressão de um agregado impessoal; portanto, não há motivos para se opor à ideia de que os indivíduos são órgãos do Estado e todos os aspectos de suas vidas, e a própria vida, devem ser tratados de acordo, que seu valor deve ser inteiramente medido por sua utilidade (ou falta de utilidade) a serviço do Estado. Sob esse mesmo pressuposto, somos impotentes para resistir àqueles aspectos da democracia que, em algumas condições empiricamente observáveis, são compatíveis com o totalitarismo – o princípio da maioria concebida como uma regra absoluta é um exemplo.

A distinção entre o lado pessoal e o coletivo da vida, embora banal e investigada durante séculos por filósofos e pensadores sociais, não deixa de ser digna de exame. Ela assume um significado especial na modernidade, quando é expressa politicamente em dois requisitos, sempre distintos, e que às vezes limitam um ao outro: a participação no poder, por um lado, e os direitos pessoais, por outro. O direito de participar do poder, expresso nas instituições democráticas, por si não assegura a proteção dos direitos pessoais. Os últimos, longe de serem uma extensão do princípio da maioria, coloca um limite a ele, considerando que os direitos pessoais podem ser suprimidos com a aprovação da maioria e que uma ordem despótica ou mesmo totalitária, que conta com o apoio da maioria, não é apenas concebível, mas pode realmente ser mostrada por meio de exemplos. Uma sociedade abalada pelo desespero e pelo horror, imersa no pânico, pode procurar solução em uma tirania que priva os indivíduos, inclusive aqueles que a apoiam, de seus direitos pessoais. A maioria deu poder a Hitler, a Khomeini, talvez a Mao, se nem sempre por um auxílio ativo, ao menos pela submissão inerte ao estupro. No curso normal das coisas, todas as revoluções que estabeleceram uma tirania deixam rapidamente um saldo amargo, mas, em geral, é tarde demais para que o povo consiga se livrar do jugo autoimposto.

É possível argumentar que proteger os direitos pessoais é mais importante em nosso mundo do que defender o sistema de participação no poder. Se os direitos pessoais podem ser destroçados com o apoio ativo ou aquiescente da maioria, o contrário também é verdade: eles podem ser protegidos em uma situação em que há muito pouca participação no poder. Podemos mostrar, em vários períodos históricos e em vários países, exemplos de autocracias ou oligarquias moderadas em que a participação no poder era restrita a uma pequena parcela privilegiada da população, não existia sufrágio universal e os direitos pessoais eram, no entanto, protegidos – se não perfeitamente, ao menos razoavelmente bem –, em que as pessoas não costumavam se tornar presas da brutalidade desgovernada, com a lei sendo cumprida e a vida cultural não sofrendo restrições severas. O olhar mais superficial sobre a história da Europa pode nos convencer de que a vida em uma ordem não democrática não precisa ser um horror incessante, de que os indivíduos – tanto os ricos quanto os pobres – podem sobreviver razoavelmente bem e as artes podem florescer nesses regimes, de que uma autocracia pode ser, se não bastante generosa, ao menos não cruel. Para apoiar essa linha de argumentação, algumas pessoas apontam que a participação no processo democrático é, em grande parte,

A IDOLATRIA DA POLÍTICA

ilusória ou reduzida – como o muito subestimado pensador francês Jacques Ellul afirma – ao chamado compromisso político, que não significa nada além da rendição da vontade individual à vontade de políticos profissionais. Podemos acrescentar que, nos países democráticos, há muitos sinais de que o grau de identificação do povo com o governo que levou ao poder por meio de eleições livres não é impressionantemente alto. Isso é suficiente para que façamos uma pergunta infantil: se as pessoas têm o governo que elegeram, isto é, um governo que desejam, e consequentemente têm a lei que desejam, incluindo a legislação tributária, porque milhões delas fraudam seus impostos? É razoável supor que, em uma boa democracia, pede-se que as pessoas paguem seus impostos na quantidade que desejam pagar, mas tirar essa conclusão, em total ingenuidade, de princípios constitucionais pode somente revelar o grotesco hiato entre os princípios e a realidade psicológica.

Esses argumentos são provavelmente razoáveis, mas representam apenas metade da verdade. A outra metade mostra que, enquanto podemos encontrar exemplos de uma ordem autocrática ou aristocrática benigna, estes vêm do passado e não do presente. Tiranias benevolentes, autocracias esclarecidas e de bom coração não existem mais – talvez tenham se tornado culturalmente impossíveis. Podemos apenas especular sobre o porquê disso. O poder sempre foi desejado e procurado como um bem em si, não somente como uma ferramenta para ganhar outros benefícios. Mas a ideia de que todos têm o direito de participar do poder é de origem relativamente recente e pertence ao arsenal ideológico da modernidade que é verbalmente admitida nos regimes mais terrivelmente despóticos. Uma vez estabelecida, não pode ser cancelada, e a participação no poder em um processo democrático, embora possa parecer duvidosa para os indivíduos (que muitas vezes percebem no processo a prova da própria impotência, em vez de experimentarem um dispositivo através do qual podem influenciar os acontecimentos), é a única defesa confiável contra o despotismo. Portanto, em nosso mundo, trata-se de uma condição necessária para a proteção dos direitos pessoais, assim como do pluralismo cultural.

Não é uma condição suficiente, porém, e, assim sendo, eu acredito que seja importante ter em mente que os direitos pessoais definem limites para os princípios democráticos, em vez de ser sua consequência natural. E os direitos pessoais são defensáveis apenas na suposição de que há um reino da realidade pessoal que é definível em termos morais, não biológicos; eles têm de ser justificados por razões morais, assim como sua implementação depende de condições políticas. Em um mundo onde tudo se tornou politizado, é importante repetir o antigo truísmo que diz que os objetivos políticos têm que ser avaliados em termos não políticos. Esse truísmo tem um peso talvez ainda maior hoje, uma vez que não há um consenso nem mesmo no que diz respeito à estrutura mais geral dos objetivos políticos, e ninguém pode definir de forma incontestável o que significa a "boa vida" aristotélica como objetivo político. Fomos ensinados, por meio de uma longa experiência, que os bens básicos que podemos estar prontos para aprovar estão em conflito uns com os outros: segurança e liberdade, liberdade e igualdade, igualdade e direitos pessoais, direitos pessoais e o governo da maioria.

Os direitos pessoais, além disso, na medida em que incluem o direito de propriedade, entram em conflito, inevitavelmente, com a ideia de justiça distributiva. Seria inútil afirmar ambos sem qualificações. A noção normativa que diz que todas as pessoas têm direito a uma participação na riqueza da natureza e nos frutos da civilização, que elas podem fazer reivindicações por uma vida minimamente decente, que as instituições de bem-estar do Estado devem ser preservadas como uma questão de justiça, não somente de necessidade política, é incompatível com o direito de todos de desfrutarem de propriedades legalmente adquiridas.

Em vão repetimos lemas que misturam todos os nossos "valores", como se nós soubéssemos como implementá-los em conjunto. Quando dizemos "paz e justiça", precisamos ter sempre em mente que quarenta anos de paz na Europa foram baseados em injustiça flagrante, na escravização das partes central e oriental do continente. Embora essa paz fosse precária e instável – no sentido da ausência absoluta de guerra –, foi preservada durante quatro décadas. E então, quando usamos generalidades como "paz e justiça" como expressões de nossos bons desejos, com grande frequência simplesmente evitamos as questões e as escolhas reais.

Nós, portanto, voltamos à clássica distinção de Max Weber entre a ética da intenção e a ética da responsabilidade. É claro que as boas intenções de um político não contam para sua performance – ele é avaliado de acordo com suas habilidades em prever as consequências previsíveis de seus atos (na verdade, ele muitas vezes é chamado para prestar contas sobre os efeitos imprevisíveis também). Não podemos evitar o fato de que os atos que estamos prontos a considerar nobres, quando realizados por um indivíduo por razões morais, podem ser não apenas indesculpáveis, mas desastrosos quando são convertidos em atos políticos, sem falar em regras da política. Aqueles antigos pacifistas que, por motivos religiosos ou morais, se recusaram a portar uma espada, mas estavam prontos para servir em um campo de batalha como maqueiros ou enfermeiros e para compartilhar os perigos dos soldados, merecem respeito integral, uma vez que provaram que sua recusa tinha motivação moral e significava mais do que uma simples busca por segurança. Esses pacifistas que hoje agem como órgãos políticos têm de ser avaliados por critérios políticos, ou seja, por sua capacidade de calcular as consequências de suas ações, e não por suas intenções de garantir a paz – como se qualquer pessoa pudesse agora desejar provocar uma guerra mundial. Mesmo que alguém possa argumentar com sensatez que suas ações tornam a guerra mais provável (como acredito que seja o caso dos defensores do desarmamento unilateral na Europa), eles têm que ser julgados de maneira adequada. Ainda assim, as consequências pretendidas, materializadas ou não, obviamente têm de ser julgadas também por critérios não políticos; caso contrário, a eficiência na busca de qualquer objetivo, mesmo que hediondo, permaneceria como a única medida.

Devido à tradição do Iluminismo, nós já nos acostumamos à crença de que todos os pilares sobre os quais a esperança humana por um mundo bom descansavam – liberdade, justiça, igualdade, paz, fraternidade, prosperidade, abundância – podem ser construídos em conjunto, em uma harmoniosa progressão. Muitos poucos de nós conseguem agora preservar essa crença e levá-la a sério. Os liberais e socialistas europeus que espalharam essa fé eram com frequência acusados pelos conservadores de não terem percebido ou explicado o mal inerente às questões humanas. Eles viram o mal, de acordo com essa crítica, como um erro técnico, algo contingente que poderia ser erradicado por uma tecnologia social adequada. Liberais e socialistas, por sua vez, acusaram os conservadores de usarem a doutrina do mal não erradicável como pretexto para se opor a todas as reformas que poderiam fazer nosso dia a dia mais tolerável e reduzir o sofrimento humano. Há alguma justiça em ambas as acusações, e, portanto, é provavelmente mais seguro para nós que os progressistas e os conservadores coexistam em conflito constante do que o cenário em que uma dessas mentalidades irreconciliáveis pudesse conquistar uma vitória definitiva.

O terceiro ponto em que o legado do Iluminismo se tornou destrutivo em nossa civilização é a erosão da consciência histórica. Não me refiro, é claro, à pesquisa histórica, que vem florescendo e está, aparentemente, em ótima forma; nem quero dizer historicismo como doutrina filosófica, que continua a crescer como dispositivo ideológico desde o fim do século XVIII. Eu nem mesmo quero aludir à quantidade de conhecimento histórico que as pessoas conseguem nas escolas ou nos livros e na televisão. Eu tenho em mente o declínio progressivo da consciência de que nossa vida espiritual inclui a sedimentação do passado histórico como componente real e ativo, e que o passado deve ser percebido como uma moldura de referência que nunca desaparece em nossos atos e pensamentos. Que a vida humana, na verdade, inclui esse componente e se articula nessa moldura de referência pode ser verdadeiro sem termos consciência disso. É o definhamento dessa consciência que eu estou abordando.

Não se trata, sem dúvida, de um novo princípio: ele tem preocupado muitas pessoas por várias décadas e ao abordá-lo não tenho a pretensão de descobrir novos continentes. Mas é válido discutir a questão, à medida que inauguramos uma época em que as crianças, desde a mais tenra idade, estão se sentando à frente de seus computadores e, como resultado, têm a mente, em sua totalidade, moldada pelos atos de calcular, com a autocompreensão histórica afundando rumo à irrelevância ou ao esquecimento.

A musa da história é gentil, culta e despretensiosa, mas quando negligenciada e abandonada, ela se vinga e cega aqueles que desdenham dela.

Uma tendência importante no Iluminismo, desde Descartes, costumava se livrar da noção historicamente definida de existência humana, por razões óbvias: primeiro, porque esta parecia irrelevante para o progresso da ciência, da tecnologia e da felicidade futura da humanidade (e não é o passado, afinal, uma enorme massa de paixões irracionais, ignorância e erros tolos?); segundo, porque o respeito pela história incluía o culto à tradição, a veneração do que é antigo e estabelecido sem razão melhor do que por ser antigo e estabelecido. De acordo com essa mentalidade, somos nós, os modernos, que somos velhos, enquanto os anciãos eram crianças – como muitos pensadores, desde Francis Bacon, alegaram –, e não há razão para que os mais velhos procurem sabedoria na mente das crianças. E qual lucro, além de um possível entretenimento, podemos obter a partir da informação de que Zorobabel gerou

Abiud, e Cláudio foi manipulado por Agripina? Sem dúvida, quase ninguém hoje expressa o desprezo racionalista pela história de uma maneira tão simplista, mas a disposição natural da mente racionalista parece ter conseguido a supremacia sobre a curiosidade histórica na educação geral e nos hábitos mentais da modernidade. Foi dito a nós muitas vezes que não aprendemos com a história. Essa afirmação também é trivial e verdadeira em um sentido e perniciosa e errada em outro. É trivial e verdadeira no sentido de que os eventos e as situações históricos são, por definição, únicos, e as coisas de que os processos históricos são feitos são incontáveis acidentes, coincidências que não se repetem, forças díspares interferindo imprevisivelmente umas nas outras. Além de banalidades do senso comum, não podemos adquirir, a partir de estudos históricos, quaisquer regras úteis de conduta que possam ser aplicadas em novas situações. Um político – para usarmos um exemplo maquiavélico – não precisa estudar as vicissitudes de imperadores romanos a fim de descobrir que não pode contar com a lealdade incondicional das pessoas que promoveu; para estarmos conscientes da alta probabilidade de guerras perdidas provocarem convulsões sociais internas, não precisamos mergulhar nas crônicas da Rússia moderna.

Derivar, a partir de tais observações, um princípio geral de que "nós não aprendemos com a história" implica, contudo, afirmar que o conhecimento histórico seria útil somente se nos fornecesse uma orientação técnica que pudéssemos aplicar posteriormente ao governo, à disputa pelo poder ou à guerra, como se estivéssemos consultando um manual para consertar um aspirador de pó quebrado. Uma vez que os estudos históricos são comprovadamente inúteis nesse sentido, eles são de todo inúteis. Essa abordagem manipuladora e técnica do passado é uma consequência natural da visão racionalista geral da vida, e pode revelar-se desastrosa para a nossa civilização.

Aprendemos história não para saber como nos comportar ou obter sucesso, mas para saber quem somos. E o que importa não é o alcance do nosso aprendizado. De um bom filme histórico sobre, digamos, Ricardo III, posso aprender mais do que já aprendi sobre o assunto, e até mesmo com uma precisão razoável. Entendo isso como uma forma de diversão, e meu conhecimento recém-adquirido, em termos de vida mental, não é diferente do "conhecimento" que eu ganho de um *thriller* puramente fictício. Pessoas educadas e até mesmo não educadas em sociedades pré-industriais, cujo aprendizado histórico era muito pequeno, eram talvez mais históricas – no sentido que estou abordando aqui – do que nós. A condição histórica em que eles viviam era tecida de mitos, lendas e histórias transmitidas oralmente, cuja precisão material com frequência era duvidosa. Ainda assim, era bastante bom dar a eles o sentimento de vida dentro de uma comunidade religiosa, nacional ou tribal contínua, para proporcionar a eles o tipo de identidade que tornou ordenada (ou "plena de sentido") a vida. Dessa forma, tratava-se de uma tradição viva, que ensinava ao povo por que e pelo que ele era responsável, e como e por que tal responsabilidade deveria ser assumida na prática.

Seria difícil, por outro lado, refutar a objeção de que a história que é concebida não como um objeto de investigação científica, um conhecimento mundano, mas como uma força imperativa que une as pessoas através da consciência de um destino comum e de responsabilidades comuns está fadada a ser uma história mitológica – inquestionável e imune ao escrutínio racional. Além disso, os mitos históricos têm, em geral, confinado seu poder em entidades tribais ou nacionais, e a história universal – quer como estrutura de nossa vida mental ou mesmo como realidade – apenas começou a surgir. Os mitos de religiões universais chegaram o mais perto possível de uma memória abrangente, geradora de significados, mas nenhum deles provou até agora ser capaz de se tornar de fato universal. Buda e Jesus certamente nos forneceram uma memória de acontecimentos de significado universal, não restrita a nenhuma percepção tribal, mas mesmo a poderosa radiação desses eventos quebrou a resistência da autocontenção tribal somente em pequena escala. E enquanto a autocompreensão histórica tem a virtude de dar sentido a uma comunidade específica, ela tem o vício de dividir a raça humana como um todo.

Eu reconheço que isso pode soar como uma velha conversa reacionária. Ela é velha. Não era nova quando Sorel afrontou os sonhadores utópicos que, ignorantes das realidades históricas, estavam construindo na imaginação seu mundo de perfeição. Não era nova quando Dostoiévski zombou dos apóstolos do progresso que odiavam a história porque odiavam a vida em si. Não era nova, ainda, quando Burke argumentou (em parte, contra Thomas Paine) que todos os contratos sociais legítimos envolvem gerações passadas. Mas não acredito que quem esteja interessado e preocupado com a fragilidade espiritual dos jovens possa negar que a erosão de um sentido historicamente definido de "pertencimento" tenha causado problemas em suas vidas e ameaçado a capacidade deles de suportar os possíveis julgamentos do futuro.

Temos razões para nos preocuparmos com o declínio da consciência histórica em um sentido mais específico e mais pertinente politicamente. Uma abordagem manipuladora e racionalista (distinta de "racional") do conhecimento histórico é uma parte orgânica da crença geral de que o potencial da tecnologia social é ilimitado; ou seja, de que a sociedade é "em princípio" tão maleável quanto qualquer material; de que nós podemos, passo a passo, eliminar o acaso dos processos históricos de modo tão eficiente quanto o eliminamos de nossas máquinas; de que, se formos espertos o suficiente e benevolentes o suficiente, poderemos, empregando essas habilidades tecnológicas, produzir uma sociedade sem males e hostilidades, sem escassez e sofrimento, sem frustrações e fracassos. Uma vez que nos permitimos ser convencidos da ideia de que o passado é inútil porque não consegue nos fornecer prescrições confiáveis para resolvermos quaisquer problemas específicos atuais, caímos em uma armadilha paradoxal. Por um lado, por perdermos a consciência clara da continuidade da cultura e, portanto, abandonarmos a moldura histórica de referência para nossas questões, perdemos a base sobre a qual tais questões podem ser apresentadas devidamente; por outro lado, podemos imaginar com facilidade que o passado – ignorado ou reduzido a nada – não é um obstáculo real para os nossos sonhos de perfeição, que a técnica política, se melhorada de forma apropriada, pode chegar ao ponto da quase onipotência, e que todas as preocupações humanas são solúveis por meios políticos. Esperar que o acaso possa ser removido dos processos sociais, que a história possa ser simplesmente cancelada, é uma ilusão mortal. Acreditar que a fraternidade humana é um "problema" político equivale a imitar os antigos saint-simonistas, que projetavam casacos especiais, abotoados na parte de trás do corpo, de modo que as pessoas não pudessem se vestir ou se despir sem a ajuda de terceiros – supunha-se que isso promoveria a fraternidade universal. Faz sentido esperar que várias formas de sofrimento humano possam ser combatidas com sucesso (que a fome possa ser vencida e algumas doenças tornadas curáveis), mas imaginar que a escassez, como tal, a escassez *tout court*, deverá ser erradicada é desafiar toda a experiência histórica, já que a escassez é definida pelos desejos, e os desejos humanos podem crescer indefinidamente. Em todas essas esperanças percebemos o mesmo espírito de idolatria.

Não existem "leis da história", mas existem camadas de realidade – climáticas, demográficas, técnicas, econômicas, psicológicas e intelectuais – que se modificam e se movem em velocidades diferentes, combinando suas energias de formas irregulares e nos surpreendendo repetidas vezes com extravagâncias e caprichos inesperados. O conhecimento histórico não pode impedir que essas surpresas ocorram e não nos dá pistas para prever o imprevisível, mas pode pelo menos nos proteger contra as esperanças tolas e revelar os limites de nossos esforços, limites definidos por invariantes físicas e culturais, por aspectos permanentes da natureza humana e da Grande Natureza, e pelo peso da tradição. As condições de competição política são tão duras que os políticos profissionais e homens de Estado não têm tempo nem energia para gastar em estudos desinteressados; para ter sucesso, eles normalmente têm de iniciar suas carreiras bem cedo. Assim, devem restringir seu conhecimento ao que pode ser útil e relevante para suas preocupações diárias, e não podem se dar ao luxo de manter a distância dos eventos atuais que uma perspectiva histórica mais ampla poderia ajudá-los a adquirir. Aqueles poucos políticos das últimas décadas que tiveram mais intimidade com o passado histórico – como de Gaulle e Churchill – não foram protegidos de fazer asneiras, mas, se a influência deles foi mais profunda e mais duradoura, isso se deu, talvez, pela sua consciência firme de viverem dentro de (e serem limitados por) uma corrente histórica contínua.

Em todas as três áreas nas quais, como tentei apontar, as ambiguidades de nossa herança cultural amadureceram, transformando-se em contradições imobilizantes, não podemos ser confortados, infelizmente, pela esperança de descobrirmos um *juste milieu* bem equilibrado. A crença ou descrença em "valores absolutos" muitas vezes nos é apresentada como uma escolha entre a intransigência fanática e a indiferença niilista. Afirmar ou descartar o valor intrínseco e irredutível da vida pessoal poderia, com facilidade, significar apenas rejeitar a ideia de justiça distributiva ou ceder às tentações totalitárias, isto é, aceitar ou o lado inaceitável do liberalismo ou o lado inaceitável do coletivismo. Experimentar a dimensão histórica de nossa vida como fonte de significado ou negar a validade dessa experiência muitas vezes equivale a escolher entre voltar para a adoração romântica inerte de um passado mitológico ou decretar que a história, como tal, é irrelevante, e, portanto, demolir todas as bases não totalitárias da vida comunal. Afirmar que alguém está "entre" tais opções ou que as tenha conciliado em uma visão sintética é mais fácil, em termos gerais, e mais difícil quando as escolhas detalhadas precisam ser feitas. Nesse contexto, ficamos mais tentados a nos colocar simultaneamente em dois extremos irreconciliáveis.

Em decisões e atitudes políticas, as pessoas podem recorrer à lei divina, à lei natural e à teoria do contrato social, ou ao sentimento de continuidade histórica, do qual eles são agentes, mesmo que se revoltem contra isso. Parece que estamos prestes a perder todos esses três pontos de referência; assim, ou reduzimos a política às regras técnicas de sucesso ou tentamos dissolver nossa existência em uma devoção irracional e fanática de um tipo ou de outro, ou então fugimos da vida e caímos nas drogas ou em outros dispositivos de atordoamento. Talvez possamos ser curados, mas não de forma indolor.

Há uma objeção possível aqui, apontando que o que eu disse poderia muito bem pegar seu título de empréstimo do famoso tratado de Abelardo: *Sic et non* [Sim e não]. Eu poderia até ficar em apuros ao tentar refutar tal acusação, mas minha defesa seria dizer que *Sic et non* é um título adequado para grande parte do material do qual nossa mente é feita.

14.

O autoenvenenamento da sociedade aberta[*]

Enquanto eu estava relendo *A sociedade aberta e seus inimigos*, depois de muitos anos, me impressionou o fato de que, quando Popper ataca as ideologias e os movimentos totalitários, ele negligencia o lado inverso da ameaça.[1] Com isso quero dizer que o que poderia ser chamado de autoanimosidade da sociedade aberta – não apenas a incapacidade inerente da democracia de se defender com eficácia contra inimigos internos somente por meios democráticos, mas, mais importante ainda, o processo pelo qual a extensão e a aplicação coerente de princípios liberais os transforma em sua antítese. Os adeptos das doutrinas totalitárias são inimigos externos, mesmo dentro de uma sociedade aberta, mas se essa "abertura" pode resultar na própria paralisia, então estamos lidando com autodestruição. Pareceria até mesmo que a filosofia hegeliana do desenvolvimento pela autonegação, atacada por Popper, está, de certa forma, sustentada (eu mesmo não tenho o desejo de apoiar esse ponto de vista, contudo; muito pelo contrário). Embora possa ser discutível, não vou considerar a questão do quanto Platão, Aristóteles, Hegel ou Marx contribuíram para a disseminação da visão de mundo totalitária. Se, e em que sentido, a sociedade aberta se torna sua própria inimiga, se esse mecanismo autodestrutivo é impulsionado por alguma necessidade do destino – o que eu não acredito, de forma alguma –, esse é o enigma perturbador da atual confusão política, e, talvez mais do que qualquer outro, mostra-se digno de discussão.

---

[*] Traduzido do alemão "Selbstgefährdung der offenen Gesellschaft", em *Liberalismus – nach wie vor* (Buchverlag der Neuen Zürcher Zeitung, 1979), de Susan MacRae. Reproduzido com revisões do autor, com permissão do editor de *Survey* 25, nº 4 (outono de 1980): p. 113. Copyright © 1980, por Eastern Press, Ltd
[1] K. R. Popper, *The Open Society and Its Enemies*, 5ª ed. (Londres: Routledge, 1966).

A princípio, pode parecer que a razão de Popper não o ter abordado é que os diversos fenômenos intelectuais e sociais observáveis hoje em dia em estágios avançados de desenvolvimento eram embrionários e dificilmente perceptíveis há trinta e cinco anos. Contudo, isso não é verdade no caso presente. O potencial autodestrutivo do liberalismo foi percebido pelos grandes pensadores conservadores do século XIX, Dostoiévski entre eles; o escritor liberal clássico John Stuart Mill se referiu à questão várias vezes. Mas a pergunta tem que ser feita: por que é tão difícil para os defensores do liberalismo reconhecer esse potencial? Talvez seja porque essa filosofia liberal tem certo otimismo inato, o que certamente não consiste em uma teodiceia histórica, mas sim na atitude de tender a acreditar que existe uma boa solução para cada situação social e não que surgirão circunstâncias nas quais as soluções disponíveis não são apenas ruins, mas muito ruins.

Mas chega de generalidades. Meu propósito é examinar algumas qualidades da sociedade aberta e, ao fazê-lo, avaliar o conceito mais uma vez.

Ao mencionar brevemente a teoria de Bergson da "sociedade aberta",[2] Popper a distingue de sua própria da seguinte forma: para Bergson a distinção entre a sociedade fechada e a sociedade aberta deve ser entendida em termos religiosos – a sociedade aberta sendo vista como produto da intuição mística, mas, como o misticismo é uma expressão do anseio da sociedade fechada e uma reação contra o racionalismo, sua teoria, incluindo a aceitação "histérica" de mudança, deve ser encarada como contrária à teoria de Popper.[3] De acordo com Popper, "fechamento" é, acima de tudo, característica de uma comunidade tribal, em que rígidos tabus mágicos operam, e qualquer mudança é encarada com temor e desconfiança, em que o debate crítico e o uso da razão são sufocados, e ideologias democráticas, individualistas e igualitárias são proibidas, com a tendência a uma autarquia econômica prevalecendo. A sociedade aberta, por outro lado, é caracterizada por um espírito geral de crítica e antidogmatismo, por uma disposição para o debate público e a subordinação da autoridade à razão, pelo abandono dos tabus irracionais, pela fé nos métodos científicos, por uma crença na fraternidade universal entre as pessoas (em contraste com

---

2 Exposto em Henri Bergson, *Deux sources de la morale et de la religion*.
3 K. R. Popper, *The Open Society and Its Enemies*, 5ª ed., vol. 1 (Londres: Routledge, 1966), p. 202; p. 314.

a exclusividade e a autossuficiência de uma tribo). Esse contraste, exemplificado por aquele entre Esparta e Atenas na época de Péricles, se manifesta hoje, em essência, no confronto entre ideias e sistemas totalitários e pluralistas. A sociedade aberta, nota Popper, precisa de um sistema de ética que englobe as antigas virtudes cristãs, que na verdade desafiam os valores do sucesso e da recompensa e estimulam a capacidade de autossacrifício e abnegação.[4]

Independentemente do julgamento, que eu considero depreciativo, na teoria social e no misticismo de Bergson, o forte contraste entre uma sociedade aberta e uma sociedade fechada parece-me altamente questionável pelas razões que se seguem.

A sociedade aberta é menos descrita como uma Constituição de Estado do que como um conjunto de valores, entre os quais a tolerância, a racionalidade e a falta de compromisso com a tradição aparecem no topo da lista. Supõe-se, de uma forma que considero ingênua, que esse conjunto seja isento de contradições, o que significa que os valores que o compõem se apoiam mutuamente em todas as circunstâncias ou, pelo menos, não limitam uns aos outros.

Gostaria de levantar as seguintes reservas sobre essa interpretação otimista da vida social: I) entre os valores essenciais da sociedade aberta estão aqueles que, por razões empíricas, não necessariamente lógicas, se confrontam e devem ser executados apenas por limitação mútua; II) portanto, é inevitável que quaisquer tentativas feitas para introduzir alguns desses valores de uma forma completamente coerente ameace a continuação da sociedade aberta; III) nenhuma sociedade, nem mesmo a sociedade aberta, pode sobreviver sem a confiança na tradição em algum grau, ou, colocando de outra maneira, são indispensáveis para a sociedade aberta alguns valores "irracionais" que são característicos da sociedade fechada. Em suma, um contraste evidente entre as duas formas de sociedade não é apenas empiricamente inviável (o mesmo pode ser dito de quase todas as distinções empíricas), mas uma sociedade completamente aberta não se permite ser descrita como ideal, seja em sentido normativo seja em sentido metodológico. Hoje, mais do que nunca, isso é provavelmente mais evidente, em especial porque o poder autodestrutivo dos princípios liberais se tornou muito evidente, de várias maneiras.

---

4 Ibid., vol. 2, p. 277ss.

É difícil questionar que a ideia de liberdade pessoal, bem como as instituições políticas que a garantem, tenha se desenvolvido ao longo da história em conexão com o desenvolvimento do comércio e do poder do mercado. Essa ligação tem sido bem pesquisada e descrita em estudos históricos. Isso não significa que a ideia de liberdade tenha sido produzida de maneira casual pela economia de mercado, ou que não existisse antes sob nenhuma forma. Parece não haver dúvida, no entanto, de que na história recente os liberalismos político e econômico se alimentaram e se apoiaram mutuamente. Nesse sentido, é verdade – como os críticos conservadores da revolução, os românticos e os pioneiros socialistas da primeira metade do século XIX enfatizavam repetidas vezes – que liberdade "negativa" é uma ideia burguesa. Essa origem ou conexão tem, naturalmente, tão pouco a ver com a nossa avaliação da ideia quanto a informação sobre a gênese de um fenômeno tem a ver com os julgamentos de valor sobre ele; o fato de que a arte de El Greco pode ter sido influenciada por sua visão defeituosa não altera a avaliação estética de suas pinturas. Quando os românticos contrastavam a sociedade que se baseava em elos negativos de interesses privados egoístas com seu desejo de solidariedade "orgânica" de uma tribo, aldeia ou nação, eles possuíam certa justificação, no sentido de que o que eles julgavam como a miséria da nova ordem social estava, obviamente, muito ligada à liberdade econômica. Resumindo, o mercado significava liberdade política, crescimento da racionalidade, progresso técnico, desprezo pela tradição, e também significava a luta sem piedade dos interesses privados, o egoísmo, a obsessão pelo dinheiro, a indiferença pelos semelhantes, o declínio do valor religioso, a pobreza e a exploração dos trabalhadores, assim como a vitória da razão sobre a história, a autoridade e o sentimentalismo.

Deve ter se tornado logo evidente que essa não era uma situação de escolha inevitável, nem um "pacote fechado" inequívoco, não era uma sociedade como a descrita por Balzac, nem uma sociedade como a sonhada pelos românticos. A escolha não é, necessariamente, entre um mercado liberal absoluto e uma aldeia medieval, mas, em cada caso, observamos o mesmo conflito entre as necessidades mutuamente limitantes. O sufrágio universal, as liberdades políticas, a liberdade de imprensa, a poluição, a pornografia, a erradicação da fome, a previdência social, a criminalidade, as fronteiras abertas, os problemas insolúveis das grandes cidades, a diversidade cultural, o declínio do sistema escolar, o governo da lei – nós desfrutamos de tudo isso em sociedades ocidentais avançadas, tudo de uma só vez e de forma interdependente. É verdade que, em vários pontos negativos e em todos os pontos positivos dessa lista, incluindo a poluição (e excluindo a pornografia, graças à censura), o registro dos países totalitários parece pior. Por que então há uma ansiedade na Europa Ocidental a respeito da "tentação totalitária"? Por que existem dúvidas generalizadas sobre a capacidade da sociedade pluralista de resistir com sucesso ao despotismo totalitário (no sentido político, não no sentido militar)? De onde, dentro da ordem democrática, as ideologias totalitárias tiram sua força?

Gostaria de abordar apenas alguns dos inúmeros aspectos dessa questão, aqueles que me parecem estar relacionados com a tradição das ideias liberais.

Foi apontado há muito tempo que o crescente papel econômico do Estado nos países democráticos carrega um enorme potencial para o desenvolvimento totalitário. Embora também seja verdade que nos Estados de bem-estar social ocidentais os cidadãos não têm sido privados de nenhuma liberdade essencial como resultado da expansão do intervencionismo estatal, esse sentimento de que a legislatura procura controlar cada vez mais áreas da vida dos indivíduos é muito disseminado (sentimento declarado em todo o mundo na forma de queixas sobre o "grande governo"). Não há necessidade de enfatizar o fato de que o Estado de bem-estar social não faz nada para distribuir o poder econômico de maneira justa ou para "democratizá-lo"; pelo contrário.

A visão de mundo liberal tradicional pressupõe que a liberdade de atividade econômica é uma condição necessária, embora certamente insuficiente, de liberdade política; isso foi revelado tanto pela interdependência demonstrável da vida social quanto pela experiência direta. Quanto à segunda parte do argumento, a história dos países comunistas é considerada uma *instantia crucis*: formas de governo despóticas, a total destruição das liberdades dos cidadãos e dos direitos humanos estão, é claro, intimamente ligadas ao monopólio estatal da produção e do comércio. A isso, os partidários do socialismo democrático respondem que o despotismo comunista surgiu na história não por causa da aquisição estatal dos meios de produção, mas, sem exceção, pelo uso prévio da violência política: a expropriação política precedeu a expropriação econômica. Isso enfraquece o argumento dos liberais. Além disso, dizem os socialistas democráticos, a nacionalização parcial realizada nos países ocidentais e o uso considerável do poder estatal para regular preços, rendas, comércio exterior e investimentos certamente não produziu uma sociedade totalitária; isso prova que a conexão apontada pelos liberais não tem nenhuma base na realidade. Essa é, naturalmente, uma réplica saudável, mas a extensão de sua validade depende de como nós definimos a liberdade em assuntos econômicos. Tomando uma forma ilimitada, essa liberdade traz consigo a ação, tão ilimitada quanto, das leis de acumulação através da competição, criando monopólios, de modo que o princípio original de liberdade em competição se destrua, uma vez aplicado de maneira generalizada. Esse é um fato que há muito tem sido evidenciado pelos socialistas e que tem dado motivos para as várias tentativas de legislação antimonopolista. Mas todos os exemplos atuais de sociedades pluralistas têm economias mistas, e nenhuma demonstra a possibilidade de uma ordem que combine nacionalização total e liberdade política, pois o senso comum e todas as evidências disponíveis contradizem, de forma bastante clara, esse projeto.

Parece que o que é essencial para a sobrevivência da liberdade política não é nenhum método específico de distribuição de propriedade, mas apenas a existência do mercado em si. Enquanto o mercado opera, não é economicamente importante se a propriedade dos meios de produção é privada, individual, empresarial ou cooperativa, mesmo que isso possa ser importante para a distribuição do lucro não investido ou para medições de eficiência. "Não economicamente importante" significa aqui "não diretamente relevante para a troca". Pode-se imaginar uma ordem na qual predomine a propriedade cooperativa, em que quase não exista a propriedade privada dos meios de produção por parte dos indivíduos, e que seja construída inteiramente sobre os princípios da competição sem limites e do livre comércio, com todas as consequências econômicas de uma economia liberal pura. Com efeito, o ideal anarquista de autonomia total de unidades produtivas e de total autogoverno por parte dos trabalhadores representa um modelo da economia liberal do século XIX. Seria inevitável que esse ideal, se pudesse ser implementado, produzisse todas aquelas consequências sociais que os socialistas denunciam na economia capitalista: desigualdade extrema, desemprego em grande escala, crises, falências e miséria.

A abolição do mercado, por outro lado, só é possível se o Estado monopolizar os meios de produção e comércio, o que implicaria uma ordem política totalitária. A abolição do mercado significa não apenas que os consumidores – ou seja, todos os membros da sociedade – são privados de praticamente todas as escolhas de consumo e toda a influência sobre a produção, mas também que os instrumentos de informação e comunicação são monopolizados pelo Estado, uma vez que eles também precisam de uma vasta base material para operar. A abolição do mercado significa, então, que tanto os bens materiais quanto os intelectuais seriam totalmente racionados. Sem mencionar a ineficiência da produção demonstrada de forma convincente pela história do comunismo, essa economia requer um estado policial onipotente. Em suma, a abolição do mercado significa uma sociedade *gulag*.

Pode-se talvez perguntar: se fosse o caso, por que seria impossível combinar a propriedade estatal de todos os meios de produção com o funcionamento do mercado? Será que há mesmo alguma incompatibilidade física – sem mencionar alguma incompatibilidade lógica – nisso?

Eu responderia fazendo outra distinção: direitos de propriedade são, com efeito, direitos de disposição. Todas as leis que limitam a liberdade de disposição também limitam o direito de propriedade; em muitos casos, tais leis são bem justificadas por razões sociais, mas não se pode dizer que elas não afetam os direitos de propriedade. Imaginemos então que o Estado, de fato, tenha a posse dos meios de produção, mas que o direito de usar esses meios livremente permaneça nas mãos de pessoas privadas, de cooperativas, de empresas, de conselhos de trabalhadores etc. Aqui o Estado não é mais proprietário, e quanto menos ferramentas de intervenção e controle existem, menos proprietário ele é. Todas as limitações que hoje o Estado impõe sobre os direitos de disposição dos proprietários privados são em geral limitações sobre os direitos de propriedade. Em outras palavras, a propriedade estatal dos meios de produção é compatível com o funcionamento do mercado somente na medida em que tal propriedade é fictícia. A propriedade real, o que significa poder ilimitado de disposição, exclui o mercado, mas inclui o planejamento total (seja ele real ou aparente), o que significa a expropriação política, bem como econômica, de toda a sociedade.

Se imaginarmos, por outro lado, que o Estado não é o proprietário nominal dos meios de produção, mas que tem um direito ilimitado para controlar a utilização desses meios e dos produtos em si, ele pode realizar a expropriação total de tudo, menos do nome, e acabar com o mercado. Nesse caso, as consequências políticas já mencionadas logo seguiriam.

O que isso tem a ver com a aplicação dos princípios liberais? Parece que a inclinação para abolir a operação do mercado entra em contradição direta com tais princípios. Mas esse não é o caso. Já no fim do século XIX, o princípio liberal de que o Estado não tem praticamente nenhum direito de intervir na vida econômica contava apenas com alguns poucos defensores. Se lermos a obra clássica de L.T. Hobhouse, *Liberalism* (1911), veremos a filosofia liberal se definindo no caminho da coerência desordenada que conduziu à sua morte. De forma convincente, Hobhouse deriva das premissas liberais o que mais tarde foi chamado de *Estado de bem-estar social*: a liberdade para todos só pode ser assegurada se o Estado proteger os fracos dos fortes, e se suprimir o poder privado ou corporativo por meio de coerção legislativa. Mas na vida econômica, também, tais circunstâncias emergem: os trabalhadores são fracos em relação a seus empregadores, e enquanto a situação de mercado não permite aos primeiros nenhuma liberdade real de escolha, eles são forçados a aceitar os termos dos últimos, sem nenhuma menção a um "contrato livre". Portanto, o princípio do liberalismo exige que, também nesse caso, o Estado deva cuidar do lado mais fraco, o que é, na realidade, o que a lei industrial faz ao restringir a exploração e controlar as horas de trabalho, o trabalho infantil, a remuneração e assim por diante.

Até aí tudo bem. O Estado de bem-estar social dificilmente será atacado por qualquer pessoa por princípio. Mas se nós justificarmos a instituição da segurança social a partir da noção de que é papel do Estado proteger os fracos dos fortes, então não é difícil perceber que, se aplicado em pleno vigor, esse princípio levará à total abolição do mercado e a um Estado totalitário. O mercado envolve, necessariamente, a competição, uma forma de luta, e, por definição, o mais forte vence a luta (não importa se a "força" de algum empreendimento específico advém de diligência, pura sorte ou vantagens previamente adquiridas). Os resultados indesejáveis em sociedade da competição desenfreada podem ser mitigados por um sistema de salvaguardas e controle estatal, mas a competição em si somente pode ser removida com a completa eliminação do mercado.

Se aceitarmos o que acaba de ser dito, que há uma conexão fatal e recíproca entre o totalitarismo e a abolição do mercado, então se torna aparente que o preceito liberal de que o Estado deveria cuidar da segurança e proteger os fracos dos fortes exige uma ordem totalitária, em última análise. Não é necessário dizer que, no entanto, o estado totalitário não assegura, de forma absoluta, a proteção dos fracos, mas estabelece a onipotência da máquina do Estado sobre o indivíduo. Pode-se dizer, portanto, que o princípio liberal por sua própria coerência se transforma em seu oposto, ou que a sua aplicação coerente é simplesmente impossível.

Isso não é um malabarismo abstrato com ideias: todas as ideologias totalitárias, na realidade, contam com a mesma ideia liberal de segurança e defesa dos fracos pela lei do Estado, e combatem a competição, ou seja, o mercado, em nome dessa ideia.

Uma linha de raciocínio análoga pode ser conduzida no caso de outro valor reconhecido no legado do liberalismo: a igualdade de oportunidades. A filosofia liberal, é claro, nunca valorizou a igualdade como ideal, nem nunca exigiu das instituições medidas políticas que visassem a promovê-la. Pelo contrário, ela aceitava a necessidade de distinção como um fato inescapável da vida social e enfatizava que as condições para o progresso geral são mais suscetíveis de serem cumpridas nos lugares em que essa necessidade e a inventividade e a energia criativa que ela gera têm o espaço mais amplo possível para que se desenvolvam. Enquanto nos tipos de socialismo utópico-totalitários a igualdade era vista não apenas como um valor em si, mas também como o valor maior, a filosofia liberal salientava que era loucura colocar a igualdade acima do bem-estar de todos. O igualitarismo utópico nos obriga a acreditar que temos que aceitar a igualdade como ideal, mesmo que ela reduza o nível de vida de todos, incluindo os desfavorecidos, e nos obriga a condenar todas as formas de desigualdade, mesmo que elas eventualmente promovam a prosperidade de todos. Mas, uma vez que a teoria da sobrevivência do mais forte foi descartada como a base filosófica do liberalismo e que o conceito de justiça normativa foi introduzido, não tem havido mais razão alguma para não se adotar a ideia de igualdade. Decerto não a igualdade no sentido do resultado final desejado, mas no sentido de oportunidades iguais para todos.

Não foi difícil observar, no entanto, que quando interpretado de maneira incondicional e examinado de forma lógica, esse conceito criou uma legitimação tão poderosa para a ideologia totalitária quanto a igualdade *tout court*. Obviamente, a educação universal não iguala as oportunidades, não abole a variedade de ambientes familiares; entretanto, qualquer desigualdade hoje é uma fonte de desigualdade na geração seguinte. Igualdade completa para indivíduos nas condições sociais nas quais eles se desenvolvem (deixando de lado as desigualdades sob as quais as pessoas nascem) exige a equalização completa de todas as condições de vida. Além disso, para ser aplicado com consistência, esse plano não somente teria que levar em conta a igualdade plena de condições materiais, mas também de condições intelectuais, ou a identidade do meio educacional; mas isso significa a abolição da família e a educação coletiva obrigatória de todas as crianças nas instituições estatais, realizável apenas por meio de formas extremas de poder totalitário. É claro que na continuidade do ambiente familiar várias vantagens e desigualdades persistem, e que, portanto, o "começo privilegiado da vida" é, em certa medida, perpetuado. Em sociedades pluralistas, em que a correlação entre a realização pessoal e a posição social é bastante elevada, tais "privilégios" podem, de fato, ser limitados em favor de diferenças genéticas herdadas, mas não são completamente revogados. Se levarmos a sério o princípio de estabelecer um começo de vida igualitário e desejarmos permanecer fiéis a ele até o fim, temos um pé no caminho para a escravidão totalitária.

A experiência direta, no entanto, juntamente com uma compreensão das paixões humanas, nos ensina que, uma vez introduzida, a ordem totalitária não traz consigo a igualdade de oportunidades na vida, sem falar na igualdade no que diz respeito às coisas materiais. O que se constata é o oposto. Duas coisas são especialmente valorizadas e importantes na sociedade moderna: o livre acesso às fontes de informação e a participação no poder. Nos sistemas totalitários, ambos são negados à maioria avassaladora da população e são racionados de maneira estrita para as pequenas minorias privilegiadas. A desigualdade na distribuição de bens materiais é, então, associada à enorme ampliação da desigualdade no acesso ao conhecimento e ao poder. E a herança social desses privilégios tem um efeito ainda maior do que nas sociedades em que a desigualdade permanece puramente quantitativa e pode ser calculada em termos de dinheiro.

Assim, descobrimos que também nesse caso, se for seguido de forma coerente, o liberalismo nos leva, enfim, ao contrário do que se busca.

Diz-se que a característica essencial da sociedade aberta é a liberdade espiritual. Não são exatamente as instituições que garantem a liberdade de atividade política, de expressão e de imprensa dentro da lei que contam, e sim as condições sociais nas quais um espírito geral de racionalidade e tolerância prevalece, em que todos os tabus irracionais são abolidos e nada é visto como sagrado simplesmente por razões de tradição, em que as pessoas são capazes de tomar decisões importantes para a esfera social por meio da discussão racional e nenhuma autoridade pode funcionar contra o veredito da razão.

Colocadas dessa forma, as regras de "abertura" parecem bastante inquestionáveis, pelo menos para aqueles educados na tradição do Iluminismo. Em uma inspeção mais acurada, no entanto, surgem as dúvidas. Uma sociedade sem tradições ou tabus, sem princípios morais historicamente santificados, teria que ser uma sociedade madura em idade e espírito. Como isso é impossível, existem pelo menos duas instituições que são construídas sobre o princípio da autoridade e que são inconcebíveis de outra forma: a família e a escola. Pode-se dizer que o efeito da autoridade pode e deve diminuir gradualmente, à medida que as crianças crescem, mas isso não altera a situação. Em cada caso, tanto a educação moral quanto a intelectual devem começar a partir da autoridade e depender dela por um longo tempo.

Porém, essa não é a única razão pela qual a liberdade total da autoridade e o antidogmatismo incondicional são *slogans* vazios. Em assuntos morais há uma impraticabilidade mais fundamental. Não existem critérios racionais de bem e mal no sentido moral, isto é, nenhum critério suficientemente baseado na experiência e na lógica. Para os racionalistas – que de outra forma admitem, em sua maior parte, que os julgamentos morais não podem ser inferidos a partir de julgamentos empíricos –, isso não parece causar grande transtorno social, uma vez que todas as pessoas estão preparadas para concordar com muitos valores fundamentais, de modo que, para todos os efeitos práticos, é importante discutir os meios e não os valores, e tal discussão pode e deve ocorrer dentro dos limites dos critérios empíricos. Essa é, infelizmente, uma autoilusão intelectualista, uma inclinação semiconsciente de acadêmicos ocidentais para tratar os valores que eles adquiriram por sua educação liberal como algo natural, inato, correspondendo à disposição normal da natureza humana. Nada está mais distante da verdade do que tal suposição. Que devemos ser gentis, altruístas e úteis para todos os nossos semelhantes não é nada absolutamente óbvio ou natural. Uma vez que os critérios empíricos que dividem o normal do patológico devem ser construídos em bases de frequência, e não em normas morais, parece, infelizmente, que o ódio, a inveja, a exclusividade tribal, o racismo e a agressão são normais.

Isso não quer dizer que eles sejam irremediáveis e inextirpáveis; nem significa que não exista potencial nas pessoas para o desenvolvimento das contravirtudes. Mas, no entanto, quer dizer que a educação moral não pode confiar nos instintos, que ela é, em certa medida, contrária à natureza, caso contrário, dificilmente seria necessária – nem o conhecimento empírico pode criar uma base para ela. Educar as pessoas para que sejam tolerantes e generosas, superar os costumes tribais em favor de padrões morais universais não pode ser feito sem a forte base de uma autoridade tradicional, que até agora tem vindo das grandes religiões universais. Muitas vezes, embora nem sempre, o resultado líquido da educação liberta da autoridade, da tradição e do dogma é o niilismo moral. O contrato hobbesiano de segurança mútua pode, naturalmente, basear-se no "egoísmo racional", mas uma fraternidade baseada na razão é algo que não existe. O lema liberal que nos exorta a lutar pela libertação completa da tradição e da autoridade da história é contraproducente: leva não à sociedade aberta, mas, na melhor das hipóteses, a uma sociedade em que a conformidade imposta pelo medo mantém rigoroso controle sobre a luta de interesses particulares – precisamente o modelo hobbesiano. Não há, no entanto, nenhum mecanismo pelo qual a disseminação de atitudes racionalistas iria produzir a amizade e o amor universais.

Aqui também, como nos casos já mencionados, não estamos apenas brincando com ideias. Os ataques contra a escola e a educação familiar têm sido normalmente realizados sob a bandeira de lemas liberais (liberdade com relação à autoridade). Muitas vezes apoiados por inimigos totalitários dos valores democráticos, eles são apresentados com frequência como uma continuação da velha luta liberal contra a rigidez espantosa e a fria formalidade do sistema escolar do século XIX. Até agora, essa luta tornou-se irrelevante em praticamente todos os países avançados (talvez não em todos os lugares no mesmo grau); os alvos de ataques nesses termos não são os prussianos nem os ginásios czaristas, mas as próprias escolas liberais, escolas com regimes bastante flexíveis, mas ainda baseadas no princípio de que seu dever central é transmitir aos alunos o conhecimento, as habilidades intelectuais, as normas lógicas e a disciplina mental.

Um padrão similar pode ser observado em todos os lugares: as instituições que possibilitam a sobrevivência da sociedade pluralista (o sistema legal, a escola, a família, a universidade, o mercado) são atacadas por forças totalitárias usando lemas liberais – em outras palavras, em nome de liberdade. A liberdade aparece como a ausência de lei e responsabilidade, no sentido anarquista, e, portanto, promete todas as consequências que a filosofia social europeia tem apontado, por várias centenas de anos: a liberdade ilimitada para todos significa direitos ilimitados para os fortes, ou, de acordo com Dostoiévski, no fim, a liberdade absoluta é igual à escravidão absoluta. Onde quer que a liberdade se encontre em oposição à lei, a padrões intelectuais ou a tradições, ela se volta contra si e se torna a arma de seus inimigos. A ideologia do anarquismo derivada – não por meio de uma lógica convincente, mas também não sem base alguma – dos princípios liberais trabalha a serviço do totalitarismo, não necessariamente porque este atende às intenções de seus adeptos, mas porque a ordem totalitária é o único resultado possível do puro negativismo do anarquismo.

O que está em jogo é a sociedade pluralista, cujas chances de sobrevivência dependem, com certeza, não só da existência continuada de suas instituições, mas também de uma crença em seus valores e uma vontade generalizada de defendê-los. No entanto, o outro lado do Estado de bem-estar social são mudanças psicológicas que contribuem para o enfraquecimento dessa crença e dessa vontade. Tais mudanças podem ser grosseiramente descritas como uma *regressão da sociedade em direção ao infantilismo*. Muitas condições técnicas, demográficas e sociais conspiram para transferir para o Estado a responsabilidade sobre muitas, e cada vez mais, áreas da vida. Estamos acostumados a esperar do Estado sempre mais soluções, não só para questões sociais, mas também para problemas e dificuldades particulares. Cada vez mais nos parece que, se não somos perfeitamente felizes, a culpa é do Estado, como se fosse dever do Estado todo-poderoso nos fazer felizes. Essa tendência de termos cada vez menos responsabilidade por nossa própria vida reforça o perigo do desenvolvimento totalitário e promove nossa vontade de aceitar esse desenvolvimento sem protestos.

É bem sabido que, inerente à ordem pluralista, há uma antinomia perpétua: como pode o pluralismo defender-se contra seus inimigos sem usar meios que contradizem a própria essência? Esse dilema é esmagador, mas sem propósitos teóricos. Uma Constituição, que garante os direitos dos cidadãos, assim como as liberdades políticas, trabalha contra si se coloca fora da lei os movimentos e ideias totalitários, e trabalha contra si se assegura a proteção legal destes. Tanto a tolerância quanto a intolerância aos inimigos da tolerância contradizem o princípio básico do pluralismo, e ninguém pode dizer até onde tal tolerância pode se estender sem causar o colapso da democracia.

Os movimentos totalitários que lutam pelo poder, no entanto, estão encontrando espaço cada vez maior para suas atividades de desestabilização, uma vez que a interdependência crescente por razões puramente tecnológicas de todas as esferas da vida social torna cada vez mais fácil para grupos relativamente pequenos paralisar todo o mecanismo econômico da sociedade. Em todos os países avançados tecnicamente há uma vasta rede de ligações, cada uma das quais, uma vez imobilizadas, pode trazer toda a maquinaria econômica a um impasse. A experiência nos tem dado muitos exemplos disso. E, assim, no momento de perigo, toda a ordem democrática pode se deparar com um dilema fatal: ou se afundar, ou se refugiar em medidas coercivas inconstitucionais. Em circunstâncias "favoráveis" isso pode significar a terrível escolha entre uma ordem totalitária e uma ordem de autoritarismo militar, uma escolha que pode conduzir a uma situação reconhecidamente extraordinária, mas perfeitamente concebível.

Em outras palavras, é difícil proteger a democracia por meios democráticos; difícil, mas viável, desde que a democracia tenha a firme vontade de se defender. Tolerância não é, necessariamente, indiferença; é claro que a ordem pluralista é fundada no reconhecimento de valores específicos, e não é "livre de valores" ou neutra. Além disso, a indiferença da lei pressupõe a não neutralidade de valores; ela é ancorada em uma filosofia social. De modo a se defender, a ordem pluralista deveria expressar esses valores de maneira incessante e em voz alta. Não há nada de surpreendente ou ultrajante no fato de que, no seio da sociedade pluralista, os defensores e os inimigos de seus princípios básicos não são tratados com exatamente a mesma indiferença – é perfeitamente possível tratá-los de modos diferentes sem prejudicar os direitos dos cidadãos ou o princípio da tolerância. Um pluralismo que desenvolvesse, por suas próprias normas, o descuido com relação à sua existência e fizesse deste uma virtude estaria se condenando à morte.

E entre os perigos internos que ameaçam a sociedade pluralista – incluindo o racismo, o nacionalismo, os movimentos comunistas e paracomunistas e o papel crescente do Estado – o que parece pressagiar mais males ainda é o enfraquecimento da preparação psicológica para defendê-la.

Tudo isso não significa que a sociedade pluralista esteja se dirigindo para uma inevitável destruição. Ela não somente tem poderosas reservas internas para autodefesa, mas sua força também reside nas características abomináveis e na irremediável ineficiência econômica do totalitarismo. O resultado final da colisão entre as forças opostas que estão dividindo nosso mundo – uma promovendo a conservação e a difusão do pluralismo e a outra promovendo a reorganização totalitária – não pode ser conhecido por ninguém, e ainda não foi decidido; muitas circunstâncias inexplicáveis desempenham um papel nesse cenário. O próprio fato de que o lado totalitário se sente forçado a se apropriar da linguagem da filosofia social liberal e faz uso enganoso da fraseologia liberal pode ser tomado como prova da vitalidade dos valores democráticos. A causa da "sociedade aberta" não está perdida, desde que não transforme essa abertura na própria doença e fraqueza.

15.

A política e o diabo*

1

De acordo com os ensinamentos cristãos tradicionais, o diabo é incapaz de criar; o que é criado, tendo sido criado por Deus, é absoluta e irrestritamente bom. Toda a natureza, a difusão de Deus, é boa por definição, enquanto a vontade má, diabólica ou humana é pura negatividade. Como consequência, o diabo, a fim de realizar sua obra de destruição, é obrigado a explorar o material fornecido pelo divino e a frustrar seu uso adequado; sua atividade maléfica é totalmente parasitária sobre a excelência da criação. Em assuntos humanos, essa perversão consiste principalmente em que o diabo – se apropriando, é claro, da maldade que todos nós compartilhamos como resultado do pecado original – nos tenta a ver bens relativos como bens em si, a adorar alguns bens secundários como se eles merecessem reverência divina, substituindo, portanto, as criaturas pelo Criador. É nisso, de fato, que consiste a maior parte dos nossos pecados. Nossos impulsos, instintos e desejos naturais são bons enquanto tais – sua utilização é legítima na medida em que finalmente se dirigem para Deus como bem maior, em vez de serem usados para o próprio bem. Nossas necessidades físicas e mentais e nossos desejos são dignos de serem satisfeitos desde que sejamos capazes de manter em mente que Deus é seu objetivo final. O conhecimento é louvável e desejável se nós empregamos nossa razão para entender os mistérios da natureza com o objetivo de conhecer melhor a ordem divina e, assim, seu autor. Os prazeres da vida são dignos na

---

* Originalmente publicado na *Encounter*, n° 400, em dezembro de 1987.

medida em que servem à vida e na medida em que percebemos que o propósito da vida é cantar a glória do Senhor. Amamos outras pessoas corretamente quando amamos a Deus através delas.

Isso não se aplica menos às questões políticas do que a todas as outras. Uma vez que a política é a pura luta pelo poder, ela é obrigada, em termos cristãos, a ser, por definição, o reino do diabo. Ela, então, simplesmente libera nossa *libido dominandi* como energia que se expande, por assim dizer, pelo bem de sua expansão, e não tem objetivos além de si. Como em todas as outras áreas da vida humana, no entanto, o diabo distorce e envenena a boa ordem natural. A dominação da natureza é um privilégio bíblico do homem; também o é a necessidade de ordem política, de garantir a paz e a justiça na Terra como forma de servir a Deus e de cumprir Seus desígnios. Uma vez que os bens políticos adquirem autonomia e se tornam fins em si, estes estão a serviço do diabo. Tomás de Aquino construiu a ordem conceitual mais admirável e abrangente, que – sem descartar ou desprezar os bens instrumentais, os valores relativos e as causas secundárias e, portanto, sem encorajar uma tentação teocrática – encontrou um lugar adequado e legítimo para todos os tipos de atividade humana: cognitiva, política, artística e técnica. Essa ordem era garantida pela sabedoria e bondade divinas, em direção às quais tudo tende, por natureza, para o objetivo final. Não havia nenhum lugar nessa ordem para uma diferença nítida entre a lei em um sentido puramente normativo e a lei como regularidade natural, entre as regras relativas ao bem e ao mal e as regras que governam a sucessão natural dos acontecimentos, ambos os tipos de regras retirando sua validade dos veredictos infalíveis de um Ser no qual a sabedoria e a bondade coincidem. Mesmo que nós possamos, com certeza, violar por meio de nossos atos as regras do bem e do mal, o que nós não podemos fazer no caso de regularidades naturais, em nenhum dos casos a validade da lei é quebrada. Somos punidos pela ordem natural se tentarmos esquecer suas leis, e somos punidos por Deus se violarmos os mandamentos. A lei natural não tem validade em si – ela deriva da lei eterna: é a maneira pela qual a lei eterna opera nas criaturas racionais. *Lex est aliquid rationis*, como diz Tomás de Aquino, antecipando Kant[1] – isso não pode ser revogado pelo "coração humano".[2]

---

1 Aquino, *Suma Theol*. La 2ae. Qu. 91. Art. 2.
2 Ibid., Qu. 94.

Essa ordem elegante, em que todas as áreas da vida humana, inclusive a política, tinham seu devido lugar na hierarquia universal, ruiu de forma irreversível (ou assim parece), e podemos refletir um pouco sobre o significado metafísico desse colapso. Todo o desenvolvimento da modernidade, começando com suas raízes medievais, pode ser visto como um movimento gradual em que a política, as artes, a ciência e a filosofia afirmaram, passo a passo, sua condição de autonomia e independência da supervisão divina e eclesiástica. Cada um desses campos teve que procurar os próprios critérios de validade, em vez de deduzi-los da tradição bíblica e da doutrina da Igreja, e não era mais óbvio o lugar onde essa base normativa seria descoberta, assim como a forma pela qual uma área de pensamento e ação poderia produzir *ex nihilo* os próprios princípios, sem torná-los simplesmente uma questão de escolha arbitrária ou capricho e sem concluir que nenhum desses princípios estava disponível. Essa última fase da libertação niilista viria a ser alcançada na arte, um pouco menos na filosofia e jamais nas ciências, enquanto nas doutrinas políticas isso nunca foi aceito de forma inequívoca e universal, mesmo que as análises maquiavélica e hobbesiana tenham se aproximado desse resultado.

É de se esperar, em conformidade com o cristianismo e, em particular, com os ensinamentos agostinianos, que qualquer área da vida que alcance a independência e produza por si todos os veredictos sobre o que é bom, válido, excelente ou próprio em tal campo recaia sob a influência do diabo. Esses veredictos, pode-se argumentar, tornam-se uma questão de escolha humana livre, e a escolha humana, não informada pela graça, naturalmente opta pelo mal. Se, ao fazer tais escolhas, nós nos rendemos a uma tentação diabólica real ou à podridão da nossa natureza, o resultado será o revigoramento inevitável das forças infernais.

Se a arte, em vez de ser edificante e iniciar as pessoas na verdade cristã, torna-se uma questão de pura diversão, experimentos formais, expressão pessoal irrestrita, ou se esforça para lisonjear os gostos impuros do público, ela se torna não apenas indiferente em termos morais, como também tende a promover o pecado. Se o conhecimento secular, em vez de tentar divulgar no mundo a sabedoria do Criador, desconsidera a verdade revelada e trabalha para a satisfação da curiosidade humana, ele se torna, fatalmente, um instrumento da impiedade. Na verdade, São Bernardo, em seu tratado sobre os graus da soberba, lista a curiosidade entre as manifestações desse pecado horrível, e o mesmo princípio tem sido repetido com frequência na literatura devocional.[3] Quanto ao mal da política secular, este é tão óbvio e tão evidente em termos de sabedoria cristã tradicional que não há necessidade de se deter no assunto. Se os assuntos políticos não têm fundamento no direito natural, que por sua vez deriva da legislação divina, parece evidente que não há nenhuma razão para que a justiça (o que quer que ela signifique), ao invés da injustiça, deva ser louvada, e a cidade humana é deixada sem base, exceto pelo movimento desenfreado das paixões cegas lutando umas contra as outras. A paz poderia, então, ser não mais do que um equilíbrio temporário de forças mecânicas, e a justiça seria reduzida a tentativas infindas, por parte dos lados combatentes, de extrair concessões um do outro. Os pensadores políticos, depois de terem eliminado os evangelhos, poderiam ainda, sem dúvida, ter recorrido ao seu Aristóteles – como de fato fizeram –, mas Aristóteles, embora fosse venerado igualmente por muitos filósofos cristãos e não cristãos, não tinha autoridade divina, não era de modo algum infalível, e seu conselho poderia ser descartado por qualquer pessoa, sem punição.

O fato de que esse era mesmo o padrão de pensamento na doutrina da Igreja nós podemos ver facilmente a partir de inúmeros documentos oficiais e semioficiais e também de grande parte da literatura cristã dedicada ao assunto. Pode-se argumentar que a filosofia de Hobbes era uma espécie de triunfo do cristianismo. Ela justificava a ideia de que todos os princípios normativos da política, uma vez que tivessem sido desligados de sua base religiosa, tendiam a desaparecer, e todo o tecido social seria baseado na pura distribuição de forças, governado pelo medo, pela ganância e pela sede de poder, simplesmente porque essa é a forma como o mundo é organizado.

Se, de fato, a supremacia da lei divina em todas as esferas da vida humana, inclusive na política, é uma parte essencial da doutrina cristã, se nenhuma ordem política pode gozar de legitimidade, a menos que seja explicitamente um fragmento de toda a ordem divina abrangente, se é inevitável que a vida social, privada de sua legitimidade, deslize para as garras de Satanás, não deveríamos supor que a Igreja não pode, sem contradição, renunciar a suas pretensões de supremacia sobre as autoridades civis, e que, segundo a pró-

---

3 São Bernardo, *De gradibus humilitatis et superbiae*, Migne, Patr. Lat., vol. 182, pp. 941-977.

pria doutrina, ela deveria se esforçar pela teocracia, sob pena de render-se ao príncipe deste mundo?[4]

Em caso afirmativo, como vamos interpretar todos os recentes pronunciamentos da Igreja e dos papas, em especial desde o Concílio Vaticano II, que claramente renunciam às pretensões teocráticas, aceitam a autonomia da ciência etc.? Não seriam essas apenas concessões, feitas sob coação, ao espírito da época, à modernidade, e não estariam em desacordo com toda a tradição do cristianismo?

Sem dúvida, alguns teóricos do direito natural entre os deístas e ateus dos séculos XVII e XVIII argumentaram que podemos chegar a conhecer a lei natural diretamente, sem o apoio da revelação, já que isso é uma questão de percepção inata. Nós sabemos instintivamente o que é certo ou errado, justo ou injusto, uma vez que a natureza inscreveu tais intuições em nossa mente. Isso equivale a dizer que a presença de Deus e sua legislação são irrelevantes para os princípios da justiça – tais princípios se bastam, exista ou não um supremo legislador.

Essa crença, no entanto, foi naturalmente corroída pelos argumentos céticos mais simples e pelo fato – que se tornou mais patente à medida que as pessoas aprenderam mais sobre outras civilizações – de que as noções de justiça natural e lei natural não são, de modo algum, histórica ou geograficamente universais e, portanto, nós não podemos confiar que estejam gravadas de forma imutável no coração humano.

De fato, uma vez que a luta de reis e príncipes contra a autoridade papal não somente era expressa em medidas políticas práticas, mas também encontrava uma base teórica, pode-se notar, entre os defensores da política secular e da autonomia das autoridades civis, certo mal-estar diante da ordem política que havia sido privada de sua legitimidade celestial. Isso está expresso na visão de que é apropriado e útil aos governantes políticos que não acreditam em Deus e em vida após a morte empregar imagens, ritos, cleros e sanções religiosas ao promoverem seus interesses e ao garantirem a ordem social. Marsílio de Pádua esclareceu isso bastante bem,[5] e Maquiavel, é claro, com ênfase maior

---

4 "Príncipe deste mundo" é uma das expressões usadas na Bíblia em referência a Satanás. [*N. do E.*]
5 Marsílio, *Defensor of Peace*, 1.5.11.

ainda;[6] assim como Hobbes e – de forma menos explícita, mas inegável – Espinosa, que também declararam que se deve governar o povo de maneira que *pareça* a eles que se autogovernam. Mesmo Montesquieu diz, pela boca de seu Usbek, que, se a justiça depende das convenções humanas, deveria esconder essa terrível verdade até de si mesma.[7] A razão para esse uso fraudulento da religião para fins políticos foi o simples fato de que a maioria das pessoas é estúpida ou má, ou ambos, e que, sem o horror do inferno, suas paixões cegas, que são ameaças constantes à ordem social, não podem ser domadas. Enquanto Deus deveria ser o juiz supremo, o diabo, como o executor de Seus veredictos, parecia mais poderoso em afetar a imaginação humana. Teóricos políticos que pregavam essa abordagem trabalhavam, portanto, com a seguinte hipótese: se o diabo não existe, deve-se inventá-lo.

Embora aqueles professores completamente "secularizados" confirmassem a contragosto o princípio tradicional cristão – políticos não podem prescindir da justificativa religiosa –, isso não significava que o padre ou o papa devessem controlar o imperador ou o príncipe. Ao contrário, o príncipe deveria contratar um sacerdote para servi-lo. Era, portanto, admissível que uma ordem política sólida precisasse de uma proteção divina – se não real, ao menos imaginária –, e que uma espécie de teocracia perversa (mas não uma clerocracia) parecesse ser encorajada até mesmo pelos implacáveis inimigos da Igreja.

2

Há, no entanto, outro lado da história. O diabo tenta, muitas vezes com sucesso, converter o bem em mal, mas Deus não é ocioso, Ele sabe como superar Seu adversário e transforma o mal, o caos e a destruição em instrumentos de Seus desígnios. O diabo pode ter conseguido dilacerar o arranjo saudável que havia mantido a política em seu lugar apropriado, subordinado, e ter tornado vazio o poder do imperador, a menos que este fosse santificado pelo papa. Ele pode ter oferecido a independência e o direito de autodeterminação ao reino da política, assim como aos da arte, ciência e filosofia (ou ao menos pode ter

---

6 Maquiavel, *Discourses*, 1.11-15.
7 Montesquieu, *Lettres Persanes*, 83.

lucrado com a independência desses). Mas este mundo fragmentado nunca saiu do controle divino, e da desordem surgiu uma nova ordem, que deveria derrotar a trama satânica e começar um novo *round* de luta.

Para entendermos a maneira de proceder de Deus, temos de ter em mente as razões por que Ele não pode simplesmente mandar que o diabo suma ou algemá-lo e torná-lo inofensivo. A resposta que a teodiceia cristã vem repetindo por séculos é que a razão e a capacidade de fazer o mal (isto é, a liberdade) são inseparáveis; e, como consequência, Deus, através da criação de criaturas racionais – humanas e angélicas –, teve que sofrer os inevitáveis resultados maléficos.

Esse núcleo da teodiceia foi bem moldado no pensamento cristão primitivo. Toda ela está virtualmente incluída na observação de São Basílio, o Grande, em uma homilia na qual culpar o Criador por não nos ter feito incapazes de pecar significa preferir a natureza irracional e passiva à racional, ativa e livre.[8] Orígenes, que já havia feito uma observação semelhante, assevera que se os seres humanos são fracos, se eles têm que sofrer e trabalhar para sobreviver, é porque Deus quis que exercessem sua criatividade, suas habilidades e sua inteligência, e isso não teria sido possível se eles pudessem ter desfrutado de uma vida ociosa em meio à abundância.[9] Em suma, se o sofrimento que a natureza inflige à raça humana é uma condição de progresso, o sofrimento que as pessoas infligem umas às outras resulta da sua capacidade de fazer o mal, e essa capacidade é uma parte inevitável do fato de elas serem livres e, portanto, capazes de fazerem o bem também.

O ponto principal da teodiceia cristã se resume a isto: a criação de Deus é um ato de amor, e o amor recíproco entre o Criador e Suas criaturas só é concebível se estes são seres dotados de razão, que podem fazer o bem por vontade própria; bons atos obrigatórios não são bons, em absoluto, em um sentido moral, e a capacidade de fazer o bem de modo voluntário implica a capacidade de fazer o mal. O mal é, assim, uma condição necessária se um criador amoroso for concebível; sem ele, a criação não faria sentido. Admite-se implicitamente, mesmo nas primeiras teodiceias, que Deus é limitado pelos padrões de coerência lógica e é incapaz de criar mundos contraditórios.

---

[8] São Basílio, Migne, Patr. gr., vol. 31, p. 346.
[9] Orígenes, *Contra Celsum*, 4.76.

É, por isso, resultado de necessidade lógica que o curso dos assuntos mundanos seja um jogo contínuo, no qual o bem e o mal tentam enganar um ao outro. Que o jogo irá acabar com a vitória definitiva do bem, é, sem dúvida, uma questão para a revelação garantir.

3

Mesmo se aceitarmos como verdade que foi o diabo que, pelo seu trabalho paciente e penoso, tirou da Igreja seu poder mundano e finalmente tornou a política – como atividade prática e esforço teórico – independente de órgãos e doutrinas religiosos (ao menos na civilização ocidental), é natural refletir sobre as contrapartidas de Deus. Mas está longe de ser óbvio que esse processo de "autonomização" tenha sido iniciado somente pelo diabo. Certamente o desenvolvimento pelo qual a política, a ciência, a arte, a filosofia e a tecnologia ganharam sua independência e tiveram que construir as próprias bases, em vez de pegá-las já prontas do legado religioso, foi a condição absoluta de todos os sucessos e fracassos da modernidade. Sair da tutela da religião foi indispensável para a posterior expansão do potencial humano. Essa história, portanto, pode ser vista, em termos cristãos, como um novo *felix culpa*, uma simulação do pecado original; se não tivesse ocorrido, o primeiro casal teria ficado preso em uma estagnação sem esperança, produzindo uma corrida sem história e sem criatividade.

Embora o Iluminismo concedesse autonomia a todos os campos da atividade humana, não poderia ter evitado que o mal se infiltrasse em todos eles. Sendo independentes, no entanto, entravam inevitavelmente em conflito uns com os outros, produzindo um tipo de verificação metafísica e um sistema de equilíbrio. A religião não está tentando mais (na civilização ocidental) impor seu domínio sobre a ciência, a arte e a política; como resultado, os demônios que foram expedidos para essas áreas específicas da vida não podem cooperar com tranquilidade, e precisam enfraquecer os trabalhos uns dos outros.

Parece óbvio, à primeira vista, que a política seja o campo de caça favorito do diabo (estando o sexo em segundo lugar), pois é diretamente responsável pelas guerras, perseguições e por todas as atrocidades imagináveis e inimagináveis que a luta pelo poder provoca. Mas, em processos históricos, nós nunca temos certeza sobre quem carrega a responsabilidade final. A arte, a ciência e a filosofia parecem inócuas em comparação, mas sua inocência pode ser enganosa, uma vez que operam em uma escala de tempo muito maior, e seus maus resultados costumam ser, por essa razão, diluídos, difíceis de traçar, incertos e evasivos. Os demônios do departamento de política podem ser simplórios ou estreantes, enquanto aqueles que operam na arte, na filosofia e na ciência devem ser muito mais sábios, sutis e perspicazes. O mal produzido por tiranos e conquistadores é intencional, fácil de identificar, e em parte até mesmo calculável; mas quem pode identificar e calcular o mal que resultou (involuntariamente) de séculos, da mente de grandes filósofos e artistas, do trabalho criativo de Platão, Copérnico, Descartes, Rousseau ou Wagner? Que artífice seria necessário para, de forma sutil, envenenar os frutos de todos os nobres e inteligentes benfeitores da humanidade, para prever e controlar as mudanças de mentalidade humana que o trabalho deles promoveria, e para explorar essas mudanças para que o inferno saísse no lucro!

4

A descrição anterior pode sugerir que um movimento em direção à teocracia é, de alguma forma, construído naturalmente no âmbito espiritual da cristandade, e que as forças diabólicas deveriam, finalmente, evitar esse processo. Isso não é, de forma alguma, certo ou mesmo provável.

Apesar de tudo o que sabemos sobre as reivindicações da Igreja ao poder temporal, o cristianismo nunca foi tão teocrático no sentido mais forte. A Igreja dos mártires certamente não o foi; os cristãos tendiam a se ver como um enclave estranho no mundo pagão, e viam as autoridades seculares como suas inimigas naturais. Mas até mesmo a Igreja, triunfante no auge do seu poderio mundano, não pode ser adequadamente chamada de teocrática. É certo que o famoso documento oficial que chega mais próximo das pretensões teocráticas e costuma ser citado nesse sentido, a bula *Unam Sanctam*, de Bonifácio VIII (1302), afirma de forma clara que a espada física deve ser subordinada à espiritual, que os poderes terrenos, caso se desviem do bem, devem ser julgados pela Igreja, e os clérigos, por seus superiores; que todas as criaturas humanas estão sujeitas ao papa, por uma questão de salvação.

A base doutrinária dessas reivindicações é a capacidade irrestrita da Igreja de definir o que é pecado ou virtude; em todas as questões que envolvem o pecado e requerem sua supressão – pela espada, se necessário – as autoridades civis têm o dever de estar a serviço da Igreja.

Na prática, o grau das pretensões papais reais dependia de circunstâncias históricas contingentes, e o que devia de fato ficar sob a classificação de "assuntos espirituais" nunca poderia ser inequívoco, pois a maioria das atividades humanas, ao menos em termos potenciais, tem um aspecto moral. Duas afirmações – "A Igreja não tem poder em questões seculares" e "A Igreja tem poder em assuntos espirituais" – parecem logicamente compatíveis ou complementares, mas, porque existem várias maneiras segundo as quais separar essas duas áreas, nós sabemos que, na prática, elas colidem uma com a outra. Aqueles que usam a primeira frase querem restringir ou mesmo abolir o poder eclesiástico, ao passo que os adeptos da segunda querem aumentá-lo. Em termos teóricos, tudo depende do critério segundo o qual o temporal se distingue do espiritual. Assumindo que nossa conduta em assuntos temporais é sempre relevante, de uma forma ou de outra, para nossa salvação, as reivindicações teocráticas parecem ser justificadas.

De fato, é plausível argumentar que essas não somente não o são, mas também que as aspirações semiteocráticas foram trazidas para o cristianismo como resultado de um sofisma diabólico.

Mesmo as mais amplas reivindicações de poder secular – sejam encontradas nas afirmações teóricas, como a bula anteriormente mencionada e os escritos de Egídio Romano, ou na política prática do papado, digamos, nos tempos de Inocêncio III – não eram, estritamente falando, teocráticas – elas nunca visaram à substituição das autoridades régias, principescas ou judiciais pelo governo direto do clero, ou tentaram abolir a distinção entre dois tipos de poder.

A base escritural citada com mais frequência para a divisão do poder foi, é claro, os dizeres de Jesus, "Dai a César..." (Mateus 22:15-22; Marcos 12:13--17). Aprendemos nos evangelhos que foi assim que Jesus fugiu da armadilha preparada pelos fariseus. Qual armadilha era é fácil de perceber – se Ele tivesse dito: "Não, vocês não devem pagar impostos", Ele teria Se denunciado abertamente como rebelde político; se Ele dissesse, em vez disso: "Sim, paguem os impostos", teria Se tornado um legalista ou um colaborador. A resposta, portanto, teria que ser ambígua. Ler nesta uma teoria geral de duas fontes legítimas de poder independentes, ou parcialmente independentes, era uma exegese inflada e distorcida ao extremo. Ainda assim, o dito de Jesus está bem de acordo com Seus ensinamentos, caso signifique: "Dai a César as coisas terrenas que ele deseja, seu poder é de curta duração, de qualquer maneira, em face da descida iminente do reino de Deus. César não é importante, toda a sua glória logo se evaporará sem deixar vestígios." O Apocalipse iminente é a estrutura imperecível da pregação de Jesus.

Dessa forma, Jesus não deu aos seus discípulos nem aspirações teocráticas, nem uma clara teoria da dupla fonte de autoridade, não importando como ela fosse definida. Ele pregou regras morais que eram universalmente válidas. Era natural, portanto, que Seus sucessores devessem pronunciar julgamentos morais em todos os assuntos e em todas as áreas da vida, incluindo a política, as guerras, o sexo, o comércio e o trabalho. Sua tarefa era dizer o que é bom ou mal. Não há nenhuma base nos ensinamentos de Jesus que indique que eles devessem exigir quaisquer instrumentos de coerção ou violência para a implementação – direta ou indireta – das regras de seu professor. Com efeito, um ato moralmente bem realizado sob coerção física é uma óbvia contradição.

5

O diabo nunca dorme, mas Deus também não. A história geral da luta dos dois na área em análise pode ser descrita como indicado a seguir.

O diabo instigou a perseguição do cristianismo, mas esse ataque direto provou ser contraproducente – o sangue dos mártires, como eles previram, fertilizou o solo no qual a Igreja viria a florescer. Uma vez que o cristianismo surgiu como vencedor, o diabo decidiu estragá-lo com a glória do poder secular e a tentação de evangelizar o mundo pela espada. Ele convenceu a Igreja de que ela deveria dominar as instituições políticas: uma vez que só Deus deve ser adorado, e o pecado de adorar qualquer outra coisa deve ser extirpado, argumentou ele, a atividade política não pode ter seus próprios objetivos, mas deve tirá-los da Igreja e se curvar perante seus veredictos. Esse foi um *non sequitur* enganoso que o diabo, devemos admitir, incutiu no cristianismo com tremenda eficiência. O sucesso não foi perfeito, no entanto. O cristianismo tinha algumas barreiras embutidas que o impediram de exigir uma teocracia de pleno direito. Uma dessas barreiras era a interpretação errônea, previamente mencionada, da reflexão de Jesus sobre uma moeda romana – ela sugeria que a política secular tem direitos legítimos em seu domínio e, portanto, certa autonomia. A interpretação que, acredito eu, era mais plausível teria sido uma barreira mais forte, mas a predominante também funcionava. A outra barreira contra a fraude diabólica era a forte crença do cristianismo no diabo, no mal e no pecado original. A teocracia é uma utopia cristã, ou melhor, pseudocristã, um sonho de um mundo perfeito, construído na Terra sob o controle da Igreja e concebido para destruir o pecado, ou pelo menos o pecado "externo". O legado dos evangelhos e da Igreja dos mártires estava pronto para resistir à ilusão utópica: ele sugeria que o sangue dos mártires seria derramado, aqui ou ali, até o fim dos tempos, e que o mal, não importa quanta oposição houvesse, não podia ser revogado; um paraíso terrestre – moral ou material – antes da Segunda Vinda é um produto supersticioso da vaidade humana.

Além disso, o sonho teocrático inclui, implícita ou explicitamente, uma visão da humanidade que acabou com a contingência, com o acaso e também com a liberdade, uma perfeição estagnante na qual as pessoas seriam privadas da oportunidade de pecar e, portanto, da liberdade – ambas são inseparáveis na doutrina cristã. A relativa autonomia da política tem que ser aceita como parte da inevitável imperfeição humana, e uma tentativa forçada de aboli-la produziria incomparavelmente mais mal; a Igreja como *corpus mysticum* deveria ser infalível, mas cada indivíduo clérigo é falível e pecador, e assim é a Igreja como organismo sublunar. A concentração de todo o poder em suas mãos seria um desastre tanto para o progresso humano quanto para o cristianismo em si. O diabo sabia disso, naturalmente; afinal, seu primeiro empreendimento na era cristã, em torno do ano 30, foi tentar Jesus com a perspectiva do esplendor e do reinado terreno. Jesus não se rendeu, mas a maioria das pessoas, sem dúvida, o faria.

O movimento em direção à teocracia era, no entanto, forte, embora nunca tenha sido completado. Ele não era fundamentado na doutrina ou em uma leitura errada do evangelho, mas no próprio poder secular nas mãos da igreja – o resultado de alguns acidentes históricos.

6

Assim, a terceira fase da batalha, que deveria abrir novos caminhos para o posterior desenvolvimento humano, tinha que consistir na dispersão progressiva de poder e em dar mais e mais independência para a política e para outros campos nos quais a energia humana pudesse se expandir. Este seria um jogo perigoso. Deus empregou a tática que, como sabemos pelo Antigo Testamento, tinha sido testada várias vezes quando Ele açoitou Seu povo com catástrofes e guerras provocadas pelos seus (e Seus) inimigos. No decurso da nossa modernidade Ele aparentemente não tinha nenhuma outra escolha, uma vez que Se recusou, como havia feito de forma constante até então, a corrigir a raça humana tirando dela a liberdade. Mais uma vez, ele teve que fazer com que a nossa maldade recaísse sobre nós, empregando para esse serviço Seus próprios inimigos, ou seja, o Iluminismo.

Uma tarefa importante do Iluminismo, entre outras, foi libertar a política dos grilhões da religião. Uma vez que a própria religião, assumindo tantas responsabilidades políticas e tanto poder havia se tornado cada vez mais contaminada pelos interesses seculares, cada vez mais envolvida em aventuras militares, intrigas diplomáticas e no acúmulo de riqueza sem nenhum objetivo, a outra parte da mesma tarefa era purificar o próprio cristianismo e reduzi-lo ao seu âmbito apropriado. Essa parte devia ser dada ao movimento da Reforma dentro da Igreja. De novo, os dois lados da mesma moeda romana.

O diabo, como se esperava, estava operando incansavelmente em ambos os lados do processo, e com bastante êxito. Dentro do próprio Iluminismo, sua ideia era convencer as pessoas de que não era suficiente libertar a política do controle religioso nem separar o Estado da Igreja, mas que o progresso da humanidade consistia em esquecer por inteiro sua tradição religiosa e, se necessário, fazê-lo pela violência. Ele deu ao Iluminismo sua forma anticristã e desenvolveu, com a ajuda de muitas mentes boas e virtuosas, a ideia do humanismo, que se definia principalmente pela irreligiosidade. Portanto, abriu as portas para o conceito de política como mera disputa pelo poder, o poder sendo um bem supremo em si; tal processo foi muito além da tradição aristotélica.

Essa foi a parte mais fácil do trabalho do diabo. Destruir e explorar apropriadamente o ideal do cristianismo – que teria se livrado da poluição secular e retornado à sua pureza original – era uma tarefa muito mais difícil, mas o diabo se mostrou à altura do desafio.

O anseio pela inocência da fé apostólica, depois do início imaculado da Nova Era, era a mais poderosa mensagem ideológica das heresias populares medievais até (e incluindo) a grande Reforma. E o destino da Reforma era revelar como o diabo se apropriou dos lemas aparentemente incontestáveis da pobre Igreja, da Igreja que não faz nenhuma reivindicação ao poder e à glória mundanos.

Isso aconteceu poucos anos após a glamourosa estreia de Lutero na história europeia.

Uma vez que o cristianismo trata da salvação das almas individuais e que, de acordo com Lutero, a salvação é uma questão de fé, que é um dom de Deus; e uma vez que, além disso, nem um sacerdote, nem o papa, nem a Igreja como um todo têm o poder de perdoar nossos pecados, e tudo o que é feito por nós, sem fé, é um pecado, a conclusão que parece natural é que a Igreja visível não tem nada a fazer, e deveria ser revogada. Vários radicais da Reforma chegaram a essa mesma conclusão e culparam Lutero, que não conseguiu fazê-lo, por sua inconsistência. No início, Lutero pensou somente em consertar a consciência do povo cristão e pareceu deduzir que o mundo, irremediavelmente corrompido e governado por Satanás, não se prestava à reforma. Visto que decidiu reformá-lo, no entanto, ele foi obrigado a fazer concessões, porque nenhum material é perfeitamente maleável, e se queremos moldá-lo à nossa visão, temos que levar em conta suas qualidades imutáveis; isto é, renunciar à forma ideal e pensar em uma forma possível, procurando um equilíbrio entre o produto sonhado e a matéria real na qual trabalhamos. Nós temos que desistir da dicotomia radical de "tudo ou nada" e tentar melhorar o mundo, portanto, devemos admitir implicitamente que ele pode ser melhorado e não está irremediavelmente estragado, afinal. Ainda assim, enquanto a reforma luterana aceitou a necessidade de uma Igreja visível, ela rompeu com sua continuidade protegida pelo divino ao acabar com o sacramento do sacerdócio e com a sucessão apostólica e fez da Igreja um ramo da vida secular. A conclusão foi que a Igreja tinha que estar subordinada às autoridades seculares, e foi isso o que acabou acontecendo.

Esse foi um triunfo impressionante do diabo. Começando pelos ataques à adulteração do cristianismo com paixões e interesses terrenos e ao poder secular da Igreja, a Reforma chegou à ideia que, de maneira perversa, virou a teocracia de cabeça para baixo: ela transformou a Igreja em uma serva das autoridades seculares!

Isso não foi tudo. A Igreja deveria ser nacionalizada, e, como o outro lado da mesma moeda, autoridades seculares foram santificadas e agraciadas com uma dignidade divina. Essa consagração do poder secular englobou todas as suas facetas, como podemos ver a partir do famoso trato de Lutero sobre autoridades civis, de 1523. O Estado obviamente não necessita apenas de artesãos e camponeses, mas de carrascos, juízes e soldados também, portanto, há tão pouco erro em ser um carrasco quanto em ser um sapateiro. Com impecável coerência, Lutero argumenta que se Jesus Cristo não era um sapateiro ou um carrasco, isso era apenas porque Ele estava ocupado com outras coisas. Em outras palavras, pode-se muito bem imaginar Jesus Cristo como um carrasco! (Seu pai terreno era um carpinteiro, e é bastante plausível pensar que Jesus, antes que Ele embarcasse em Sua missão na Galileia, tivesse sido um carpinteiro também, e esse é um trabalho perfeitamente respeitável, então porque não um carrasco?)

E isso não foi tudo. A Reforma não somente secularizou o cristianismo como instituição, mas também secularizou-o como doutrina, o que significou esfaquear seu coração, uma vez que nenhuma abominação maior poderia ter sido imaginada por seus fundadores. Aqui, o desempenho do diabo foi de fato espetacular. Vejamos a forma como ele procedeu.

A fim de restaurar a pureza intocada da vida cristã, a Reforma rejeitou completamente a tradição preservada nos pronunciamentos dogmáticos dos papas e dos concílios como fonte independente de autoridade, ao lado da Bíblia; as Escrituras deveriam ser a única norma da fé. Mas, então, havia a questão: quem estava autorizado a interpretá-las? A princípio, qualquer um que ouvisse a voz do Espírito Santo seria capaz de fazê-lo. Mas então a Igreja, como comunidade organizada, simplesmente não poderia existir, pois todos, inclusive hereges ou aqueles possuídos pelo diabo, reivindicariam uma revelação ou inspiração especial, e nenhum cânone fundamental poderia ser decretado. Portanto, os exegetas, sem nenhum apoio da autoridade eclesiástica contínua, historicamente formada, não contavam com outros instrumentos para interpretar a Sagrada Escritura além da própria razão, que, por sua vez, foi condenada, declarada corrupta e dominada pelo demônio. Como resultado, em flagrante oposição à sua intenção original, a Reforma produziu a terrível ideia da religião racional – esta iria se tornar um ninho de deísmo e racionalismo. Bossuet, em sua *Histoire des variations des eglises protestantes*, a obra-prima da literatura da contrarreforma, entendeu a questão com uma clareza louvável: "O verdadeiro tribunal, diz-se, é a consciência dentro da qual todos devem julgar [...] as questões e escutar a verdade; isso é fácil de dizer. Melâncton disse isso, como outros também o fizeram; mas ele sentiu em sua consciência que outro princípio era necessário para construir a Igreja [...] Deve-se deixar a porta aberta para alguém que pareça ser um mensageiro de Deus? [...] O que quer que se faça, deve-se voltar à autoridade, que nunca é garantida ou legitimada, a não ser que venha do alto e não seja autoestabelecida";[10] "Se Melâncton tivesse entendido isso da maneira adequada, nunca teria imaginado que a verdade poderia ser separada do corpo no qual a sucessão e a legítima autoridade foram estabelecidas."[11] Ele prossegue, dizendo: "A causa das mudanças que vimos em corpos separados consiste no fato de que eles não conheciam a autoridade da Igreja, as promessas que esta recebe do alto; em suma, eles não sabiam o que a Igreja é"; os hereges, portanto, "foram lançados sobre o raciocínio humano, sobre suas paixões específicas".[12]

Em outras palavras, o diabo transubstanciou a Reforma no Iluminismo: e essa não é uma conquista desprezível. Deus, a fim de neutralizar os perigos de teocracia – isto é, da corrupção do cristianismo pelo poder secular, por um lado, e o sufocamento do potencial criativo humano, por outro –, tinha que afrouxar o relacionamento entre religião e política e conceder a esta certa autonomia (institucional, nós imaginamos, não moral). O diabo agarrou-se a esse processo e desviou-o em duas direções, que enfim iriam convergir: favoreceu a nacionalização (e isso significa a secularização ou a devastação) da religião e deu ao Iluminismo uma forma fortemente antirreligiosa, logo compelindo a política a criar as próprias regras *ex nihilo* e reduzindo-a à pura sede de poder.

---

10 Jacques-Bénigne Bossuet, *Oeuvres*, vol. 19, 1816, pp. 296-97.
11 Ibid., pp. 311-12.
12 Ibid., vol. 20, p. 449.

7

Os efeitos não foram muito satisfatórios aos olhos do diabo, no entanto. A fim de cumprir seu propósito, ele teve que promover a liberdade, e a liberdade é divina, embora ele possa explorá-la, e apesar de qualquer coisa em que Lutero possa ter acreditado. A política, uma vez que teve que contar somente com si, precisou abandonar a *verdade* em favor do *consenso* como sua fundação. Este é, na realidade, um dos pilares da democracia: o consenso não implica, em absoluto, que seus participantes sejam os abençoados donos da verdade. A maioria deve governar, não porque a maioria esteja certa, mas só porque se trata da maioria; nada mais é necessário.

Não era isso o que o diabo pretendia. A despeito do que ele supostamente (e racionalmente) esperava, a política, que teve que construir suas bases, em vez de encontrá-la nos mandamentos divinos, tornou-se nem mais, nem menos cruel (é certo que ele pode confortar-se com a ideia de que esse resultado desagradável resultou da energia persistente do legado religioso; eu deixo de lado a questão que investiga se essa explicação continua a ser verdade ou não). E o dom divino da liberdade teve mais, e não menos, oportunidade de se expandir e se afirmar.

O diabo teve que projetar uma nova força contrária, e ele surgiu com a ideia mais inteligente jamais concebida. Esta é a quarta fase do confronto e está sendo levada a cabo em nosso século para que todos o vejamos.

O diabo resolveu voltar à velha noção de política baseada na *verdade* – em oposição ao contrato ou ao consenso. Ele inventou Estados ideológicos, isto é, Estados cuja legitimidade se baseia no fato de que seus proprietários são donos da verdade. Se você se opõe a tal Estado ou a seu sistema, você é um inimigo da verdade. O pai da mentira empregou a ideia de verdade como uma arma poderosa. A verdade, por definição, é universal, não ligada a nenhuma nação ou Estado específicos. Uma nação ou um Estado não é apenas uma nação ou um Estado, tentando afirmar seu interesse particular, defender-se, expandir, conquistar novos territórios, construir um império e assim por diante. É um portador da verdade universal, como nos velhos tempos das cruzadas.

O diabo, como os teólogos medievais costumavam dizer, é *simia dei*, um macaco de Deus. Ao inventar os Estados ideológicos, ele produziu uma imitação caricatural da teocracia. Na verdade, a nova ordem deveria ser muito mais profunda e completa do que qualquer antigo Estado cristão, uma vez que dispensava qualquer distinção entre as autoridades seculares e religiosas, concentrando, em vez disso, os poderes espiritual e físico em um só lugar; e o diabo deu a ela não só todos os instrumentos de coerção e educação, mas toda a riqueza da nação também, incluindo a própria nação. A teocracia, ou melhor, a "aleteocracia",[13] o governo da verdade, conseguiu, em determinado momento, uma forma quase perfeita.

Isso mudou, naturalmente, o caráter da guerra. Desde a Segunda Guerra Mundial, em sua maioria, as guerras dizem respeito à verdade universal, isto é, tornaram-se guerras civis. Como em uma guerra civil, nenhuma regra de guerra funciona – prisioneiros são muitas vezes mortos ou obrigados, sob ameaça de morte, a tomar o partido do antigo inimigo (o que não é uma traição, uma vez que eles simplesmente abandonam a falsidade pela verdade, e abraçar a verdade é uma conversão ou iluminação). O conceito de traição mudou; este pode ser aplicado apenas àqueles que renunciam ao lado que é o veículo da verdade.

O diabo parece ter alcançado um sucesso admirável com sua nova invenção, mas há sinais de que seu triunfo será de curta duração, graças a todo o horror que seu novo brinquedo histórico causou. Os Estados ideológicos surgiram, e muitos provaram ser de uma impressionante resiliência. Mas está claro que eles atingiram a fase do declínio. Aparentemente, ainda são personificações da verdade, o que lhes dá o princípio da legitimidade. Mas sempre que querem que seu povo seja motivado a fazer algo, eles não apelam à verdade universal, mas aos sentimentos nacionais, à glória imperial, à *raison d'état*, ao ódio racial; isto é particularmente evidente em estados ideocráticos comunistas. Eles têm algum sucesso, mas seu sucesso revela a diferença grotesca entre a realidade e seu disfarce verbal. De forma irreversível, tornou-se evidente que sua verdade é falsa. Admitir abertamente sua realidade como ela é seria, no entanto, desastroso. Eles tentam encontrar soluções difíceis e intermediárias, remendando assim a crise.

O diabo tem outros recursos, sem dúvida. Além da construção das torres da verdade, ele tenta reintroduzir de modo sorrateiro a verdade nas instituições democráticas como uma alternativa ao contrato e ao consenso. Ele retoma o

---

13 O termo é um neologismo do autor a partir dos radicais *aleteo* (verdade) e *cracia* (governo). [*N. do E.*]

princípio do governo da maioria e o distorce, sugerindo a atraente ideia de que a maioria, como tal, está certa e, portanto, habilitada a fazer qualquer coisa, inclusive abolir o próprio princípio da maioria. Isso é, como sabemos, um problema real. Pode uma constituição democrática, por meio do consenso da maioria, votar por sua própria eliminação? Pode ela ser revogada, ou seja, cometer suicídio, de acordo com seus princípios? (Há uma questão análoga: pode um papa infalivelmente declarar que ele não é infalível?) Algumas pessoas refletiram sobre essa questão, de Carl Schmitt (antes que se tornasse nazista) a James Buchanan. Se a maioria está de fato certa, isso pode acontecer com facilidade, porque a minoria, sendo por definição um receptáculo de falsidade, merece ser destruída.

Eu não espero que o diabo tenha êxito em qualquer uma das duas maneiras que tomou para acabar com a liberdade, ou seja, para abolir a existência humana. As pessoas precisam de segurança mental, sem dúvida, e isso as torna suscetíveis à tentação diabólica de uma ordem ideocrática. Mas elas precisam ser humanas também e, consequentemente, usar sua liberdade para questionar a ordem existente, para suspeitar de cada verdade, para se aventurar em reinos desconhecidos do espírito. A necessidade de segurança não é especificamente humana; a necessidade de assumir riscos ao explorar o desconhecido é. Clausewitz, em sua clássica obra, faz esta observação:

> Embora nosso intelecto sempre se sinta incitado em direção à clareza e à certeza, ainda assim nossa mente muitas vezes se sente atraída pela incerteza [...] Ela prefere manter-se na imaginação, no reino do acaso e da sorte. Em vez de viver lá, em pobre necessidade, se deleita aqui, na riqueza de possibilidades; animada assim, a coragem então se dá asas, e a ousadia e o perigo se tornam o elemento no qual ela se lança, da mesma forma como um nadador destemido mergulha na corrente [...] Há, portanto, em toda parte, uma margem para o acidental, e tanto nas maiores coisas, como nas menores. Como existe espaço para este acidental, por um lado, por outro deve haver coragem e autoconfiança proporcionais ao espaço disponível.[14]

Clausewitz sabia bem o que estava falando. O que se aplica à guerra entre os Estados se aplica também à guerra entre o bem e o mal na história. Essa

---

14 Carl von Clausewitz, *On War*, cap. 1.22, organizado por A. Rapoport (Penguin Books, 1983).

guerra pode nunca acabar, uma vez que a matéria de que somos feitos alimenta ambos os lados. Se a fase atual, que acabamos de descrever, vai terminar com os desígnios do diabo sendo frustrados, ele certamente será inteligente o bastante para abrir novos caminhos para sua energia. Mas especular sobre suas futuras invenções seria inútil.

Esse jogo incessante não é uma questão de prazer intelectual. Santo Agostinho escreveu em *A cidade de Deus* que Deus "enriquece o curso da história mundial com o tipo de antítese que dá beleza a um poema [...] existe beleza na composição da história do mundo proveniente das antíteses de contrários – uma espécie de eloquência nos acontecimentos, em vez de nas palavras".[15] Hegel fez uma sinfonia semelhante da dialética histórica. Depois de tudo aquilo que nós testemunhamos em nosso século, tendemos a pensar, assim como Kierkegaard, que encontrar esse tipo de prazer estético e intelectual no grandioso panorama histórico é como desfrutar o encanto da música emitida pelo touro de Phalaris (segundo a lenda, o tirano siciliano Phalaris tinha um touro de bronze, vazio por dentro, no qual seus inimigos eram lentamente assados vivos, e o touro era tão engenhosamente construído que o terrível uivar das vítimas saía, através de um dispositivo acústico, como uma agradável melodia). Não, a luta entre o diabo e Deus na história não é um espetáculo alegre. O único conforto que temos vem do simples fato de que não somos observadores passivos ou vítimas dessa batalha, mas participantes também, e, portanto, nosso destino é decidido no terreno em que nos encontramos. Dizer isso é trivial, mas, como muitas verdades triviais, vale a pena repetir.

---

15 Santo Agostinho, *The City of God*, 11.18.

16.
A irracionalidade na política[*]

O fato de que a *racionalidade* tem pouco a ver com o *racionalismo* não é, suponho eu, uma questão controversa. O último, definido em oposição a *irracionalismo* ou a *empirismo*, é uma doutrina epistemológica, uma definição normativa que aponta o que tem ou não valor cognitivo, enquanto a *racionalidade* e a *irracionalidade* são características do comportamento humano. Podemos medir a racionalidade do comportamento a partir dos padrões da *natureza humana racional* – por enquanto deixo de lado essa questão e concentro-me no sentido atual. De acordo com esse sentido, a racionalidade está relacionada à eficiência (sem ser idêntica a ela). Em geral o que nós procuramos dizer quando descrevemos um ato como sendo irracional é que tal ato é previsivelmente contraproducente – o que importa é a relação entre objetivos e meios, dentro dos limites do conhecimento disponível. Essa última restrição é obviamente necessária, uma vez que ações ineficientes ou contraproducentes não são irracionais se o resultado depender de circunstâncias que o agente for incapaz de conhecer; o faraó que destruiu seu exército ao perseguir os judeus que fugiam não podia ter previsto o milagre no mar Vermelho e, portanto, não se comportou de modo irracional.

Os objetivos ou a hierarquia de valores que norteiam nossas ações não podem ser qualificados de acordo com os critérios da racionalidade; como consequência, nossas opiniões sobre a racionalidade do comportamento humano não envolvem julgamentos morais. Pela mesma razão, não podemos descrever irracionalidade em termos dos efeitos autodestrutivos ou autoprejudiciais de nossas ações, considerando que a autodestruição pode ser proposital – seria

---

[*] Reimpresso com autorização do editor da *Dialectica* 39, nº 4 (1985), com revisões do autor.

tolo afirmar, por exemplo, que o suicídio é irracional por definição. Por isso, é justo dizer que, embora a mesma raiz, *ratio*, esteja envolvida em ambos os pares de palavras, a *ratio* que temos em mente quando falamos sobre racionalidade ou irracionalidade está próxima de seu sentido original de "cálculo", ao contrário da *ratio* que diversas doutrinas do racionalismo abordam. Uma ação é irracional quando seu resultado pode ser calculado pelo agente, mas este não consegue fazê-lo (e não quando o resultado é, na realidade, desastroso, autodestrutivo, moralmente inadmissível, e assim por diante).

Até agora, essa descrição parece razoavelmente clara, sendo improvável que venha a gerar muita controvérsia. Num segundo olhar, ela se torna mais duvidosa, pelo menos quanto à extensão de seu uso e aplicabilidade, tanto na vida real (em oposição a situações forjadas de maneira artificial em seminários sobre ética e teoria da ação) quanto em questões políticas.

Há uma série de razões pelas quais a avaliação das ações humanas, em termos de racionalidade (da forma como a definimos), é muitas vezes duvidosa, inútil ou impossível. As razões mais óbvias remontam ao simples fato de que todos nós, tanto na política quanto na vida privada, buscamos diversos objetivos independentes, irredutíveis uns aos outros, inexprimíveis em unidades homogêneas e inatingíveis em conjunto. Os meios que empregamos para alcançar um objetivo costumam limitar, e às vezes até mesmo destruir, as esperanças de se alcançar um outro. Já que não podemos avaliar os objetivos ou a hierarquia de preferências em termos de racionalidade, ficamos muitas vezes impotentes para avaliar a racionalidade das ações se estas implicam uma escolha entre objetivos incompatíveis ou mutuamente limitantes.

Será que meu comportamento é irracional se continuo a fumar, apesar da probabilidade de morrer de câncer de pulmão? De fato é irracional se, primeiro, decido que ampliar minha expectativa de vida é o valor supremo ao qual tudo o mais deve estar subordinado incondicionalmente e que não faria nada que provavelmente levasse a um decréscimo da minha longevidade – essas ações incluiriam, por exemplo, voar de avião, dirigir carros, escalar montanhas, andar na rua, me expor ao estresse, me envolver em conflitos, ter ou não ter uma família (as duas opções são perigosas), visitar Nova York e tomar parte na política, em guerras ou no mundo dos negócios. A estratégia de vida baseada em tal suposição provavelmente não é racionalmente realizável: eu deveria seguir, por exemplo, todas as regras de alimentação, que mudam de um ano para outro.

A IRRACIONALIDADE NA POLÍTICA

Nenhuma semana passa sem que eu leia novas advertências sobre um alimento ou outro – açúcar, manteiga, ovos, carne e café ou qualquer outra coisa (na verdade, o único alimento sobre o qual eu tenho lido algumas coisas positivas nos últimos anos é o álcool), e se eu estivesse tentando ser coerente no meu comportamento, provavelmente morreria de preocupação ou de fome. E, afinal, o conhecimento de que, como fumante, eu tenho uma chance de 0,3 de morrer de câncer de pulmão apenas repete, sem nada acrescentar, o fato de que 30% dos fumantes morrem de câncer de pulmão. Eu não carrego nenhuma probabilidade em meu corpo; se eu morrer de câncer, não morro com uma probabilidade de 0,3, eu apenas morro. No entanto, mesmo se uma estratégia perfeita baseada na integração de todas as probabilidades conhecidas fosse realizável, ela seria "racional" somente à luz da minha prévia decisão sobre a hierarquia de valores monista, e não há nada racional ou irracional nessa decisão.

O mesmo pode ser dito sobre as escolhas políticas. Por exemplo, tem sido apontado repetidas vezes que o extermínio dos judeus pelos nazistas na última fase da guerra foi prejudicial ao Terceiro Reich em termos "técnicos", isto é, em termos de guerra, e era, portanto, "irracional". Essa suposição só seria verdade se o genocídio fosse para os nazistas um meio de ganhar a guerra. No entanto, está claro que não foi assim; o extermínio dos judeus foi um objetivo em si, que poderia ter colidido com outros objetivos, como costuma ocorrer. Ou, para dar um exemplo do outro lado, o extermínio em massa dos dirigentes militares por Stalin, diante de uma guerra iminente, pareceu para muitos um ato de loucura que quase levou o Estado soviético à ruína. É absolutamente óbvio que não podemos encarar tal fato dessa maneira. Stalin podia racionalmente esperar que durante uma guerra, quando o papel e a independência dos militares eram obrigados a aumentar enormemente, um golpe militar pudesse ter levado ao seu assassinato, se o exército não tivesse sido instruído antes a manter a obediência por meio de massacres e da intimidação, incluindo o extermínio dos melhores dirigentes. Stalin queria ganhar a guerra, é claro, mas também queria sobreviver como um déspota indiscutível. E ele conseguiu, assim refutando a acusação de irracionalidade. Que incontáveis vidas humanas foram sacrificadas no processo como resultado da incompetência militar é um fato que poderia ser relevante para a questão da racionalidade apenas pressupondo que salvar as vidas de seus subordinados era um dos objetivos de Stalin; e existe pouca evidência para apoiar tal premissa.

O mesmo tipo de perguntas irrespondíveis poderia ser feito em relação a todas as principais decisões políticas. Será que a revogação do Édito de Nantes, com seus efeitos nefastos sobre a economia francesa, foi um ato irracional? Ou o terá sido a política externa bizantina na primeira metade do século quinto? As respostas dependem dos objetivos que Luís XIV e Justiniano, respectivamente, almejaram.

Há outra razão pela qual muitas vezes é uma tarefa impossível avaliar a racionalidade de nossas ações, políticas ou de outro tipo: as opções que enfrentamos com frequência são oferecidas como ofertas conjuntas. Muitos eleitores em países democráticos gostariam de votar em somente metade dos objetivos de um determinado candidato ou programa de partido, e raramente têm essa oportunidade. É inevitável que eles se encontrem na companhia de pessoas de que não gostam, às vezes até mesmo detestam. Muitos dos liberais (no sentido europeu) e intelectuais americanos esclarecidos que votaram em Reagan, em 1980, tinham pouco em comum com a ideologia da "maioria moral" ou com os caipiras do sul que também o elegeram. Muitos liberais (no sentido americano) que votaram em Carter estavam em uma aliança compulsória, mas indesejada, com os extremistas de esquerda que votaram nele na ausência de melhores opções. Todos, menos os sonhadores utópicos, sabem que com muita frequência temos que esperar e sofrer as consequências desagradáveis de nossas melhores opções: não podemos eliminar a pornografia sem evitar a censura prévia e o controle estatal da imprensa; não podemos ter um Estado de bem-estar social sem uma enorme e pesada burocracia; não podemos alcançar o pleno emprego sem trabalho obrigatório em um regime policial, e assim por diante. Essa é uma banalidade do senso comum, com certeza – era, de forma geral, bem conhecida dos autores do Coélet e do Talmude, e vale a pena mencioná-la, na medida em que pode ser útil para explicar o sentimento de impotência que muitas vezes sentimos quando tentamos avaliar a racionalidade de decisões políticas.

Um caso particular desse conflito é a tensão inevitável entre objetivos de curto e longo prazo. Esse parece ser um aspecto inextirpável das relações humanas, sejam elas políticas, econômicas ou privadas, e muitas vezes, dada a infinita complexidade de causas e efeitos, a racionalidade da decisão tomada pode nunca ser estabelecida de forma inequívoca. Políticos eleitos para um mandato limitado tendem naturalmente a apoiar decisões que trarão resultados em curto prazo, mas que são muitas vezes prejudiciais a longo prazo: isso é necessário e sempre irracional? Uma vez que com frequência as pessoas bem informadas discordam sobre os efeitos gerais de certas decisões, nunca há uma escassez de argumentos opostos plausíveis. Um intervalo de tempo muitas vezes muda nossa visão sobre o resultado "final" de algumas ações anteriores. Os poloneses ainda hoje argumentam com paixão sobre a sabedoria ou a loucura dos levantes contra os russos opressores durante o período da partilha. Os levantes falharam, com certeza, mas – é o que diz um dos argumentos – se os poloneses não tivessem afirmado repetidas vezes sua vontade de independência em condições desfavoráveis, eles teriam sido incapazes de afirmá-la com sucesso quando o momento certo chegou. Essa não foi, naturalmente, a intenção dos lutadores derrotados, que lutaram para vencer, não para se tornarem apenas adubo para as gerações futuras. No entanto, os argumentos que apontam nossa racionalidade não intencional ou "histórica" às vezes não podem ser rejeitados de maneira leviana quando lidamos com processos de longo prazo. Tomando um exemplo bem recente, ainda se contesta a assinatura do Tratado de Helsinque, que obviamente trouxe alguns benefícios e algumas desvantagens, tanto para os países democráticos quanto para o bloco soviético. É muito provável que nenhuma prova conclusiva sobre o balanço final jamais será fornecida para a satisfação geral.

Conflitos de desejos ou objetivos podem atuar sem que suas vítimas tenham clara consciência deles. Muitas pessoas que sempre votaram em um determinado partido continuam votando nele mesmo depois que eles próprios, o partido, ou ambos, mudaram tanto que sua contínua lealdade parece absurda em termos de valores professados. Há, no entanto, outro lado de sua conduta irracional: a coerência da lealdade política compreende parte do sentimento de identidade permanente, enquanto as quebras violentas de lealdade são altamente prejudiciais nesse sentido. Em termos de autopreservação moral, esse tipo de comportamento é, portanto, menos irracional do que parece. Normalmente, tais pessoas tentam, de maneira mais ou menos desajeitada, explicar ou racionalizar sua incoerência. Muitos casos de dissonância cognitiva, analisados por Leon Festinger, são de caráter similar. As pessoas que continuam a viver com contradições desse tipo, que tentam esconder de si ou das quais estão apenas semiconscientes, talvez possam ser responsabilizadas por razões morais (má-fé), mas não necessariamente por conduta irracional.

O mandamento "Serás coerente" pode ser justificável dentro de um credo filosófico racionalista, mas não é – ao menos não como regra universal – um aspecto de racionalidade no sentido sob escrutínio. Nem o é o supremo princípio de Locke, que exige que adaptemos o grau de nossas convicções ao grau de justificativas de uma determinada crença. Pelo contrário, se fizermos todo esforço para agirmos rigorosamente segundo essas duas regras, é provável que nos vejamos paralisados e incapazes de agir, politicamente ou não.

Isso não quer dizer que a irracionalidade nos sentidos maquiavélico ou hobbesiano seja uma não questão, ou que seja inútil fazer uma distinção entre seus diversos graus. No entanto, a relatividade de nossos julgamentos em relação a tais questões não resulta apenas da incerteza ao avaliarmos os efeitos globais de algumas decisões importantes nem da variedade de forças interdependentes que agem em todos os assuntos humanos. Ao dizermos que as pessoas se comportam irracionalmente quando podem, mas são incapazes de calcular os resultados de seus atos, devemos nos perguntar o que isso *pode* significar. Temos visto muitos casos de decisões previsivelmente desastrosas, tomadas por déspotas que talvez "pudessem" (mas estavam mentalmente despreparados para) prever os resultados por causa de seu primitivismo: o "grande salto" de Mao ou as "reformas" absurdas iniciadas pelos ditadores, digamos, de Uganda e Zaire, podem servir como exemplos. Foi preciso apenas um conhecimento rudimentar para prever que os tiranos trariam a ruína e a destruição a seu país, mas eles não contavam com esse conhecimento rudimentar. Em que sentido eles poderiam ter sido mais bem instruídos? Em outros casos, resultados desastrosos, embora previsíveis, são aceitos porque outras considerações têm mais peso do que eles. Não há dúvida, por exemplo, de que a agricultura socializada ou coletivizada tende a ser muito ineficiente em termos de produtividade. É fácil perceber o porquê, e os exemplos abundam para corroborar essa previsão. Se, no entanto, o objetivo da coletivização é afirmar o poder totalitário e não deixar nenhum segmento da população independente do Estado onipotente, a ineficiência produtiva e a consequente miséria da população são o preço a ser pago.

A acusação de irracionalidade parece mais plausível quando estamos falando de pessoas que com certeza estão mentalmente preparadas para perceber falácias óbvias ao enfrentarem objetivos e meios. Os intelectuais que se identificam com tiranias monstruosas (o nacional-socialismo, o stalinismo ou o maoísmo) pelo bem da liberdade e da justiça nos forneceram incontáveis exemplos de mau julgamento espantoso e cegueira autoinfligida. Eles podem ser responsabilizados não somente por falhas morais, mas também por falhas intelectuais. Os dois tipos de culpa não podem ser facilmente separados – erros de julgamento muitas vezes são causados por irresponsabilidade moral, pela incapacidade de ver os fatos através do véu das paixões. Em última instância, quando a irracionalidade é tratada como um fracasso pelo qual uma pessoa é adequadamente acusada, trata-se de uma falha moral, mais do que de um engano intelectual.

Uma vez que objetivos conflitantes costumam ser irredutíveis a unidades comparáveis, e já que os resultados globais de decisões importantes raramente são previsíveis (e mesmo que algumas previsões sejam de fato confirmadas, sua solidez pode ser descartada com facilidade e os resultados atribuídos a outras causas, como acontece todos os dias em querelas políticas), temos poucas razões para esperar que a arte da política realmente possa ser racionalizada, no sentido aqui discutido. Não parece provável que, se os políticos ativos estivessem familiarizados com a teoria do jogo, eles teriam um desempenho mais eficiente em termos de seus objetivos. Se tal progresso é ou não desejável, isso depende, é claro, de nossa atitude em relação a esses objetivos. Não há nenhuma razão para estar feliz com a racionalização (ou seja, o aumento da eficiência) da tortura e do genocídio, e a maioria de nós não gostaria que os regimes que praticam essas medidas se tornassem mais eficientes.

As paixões que movem as ações humanas (tomo a palavra no sentido cartesiano ou de Spinoza, que não implica uma intensidade especial) não são nem racionais nem irracionais. Sem dúvida, a luta entre paixão e razão foi durante séculos um tema persistente, um dos favoritos dos filósofos e moralistas, a começar pelo menos com Sêneca e Cícero. No entanto, esse conflito em geral tem sido discutido em termos de "natureza humana racional", de uma razão que era capaz não somente de aplicar meios adequados para alcançar os efeitos desejáveis, mas também de estabelecer os objetivos. Quando a razão, como eu a suponho aqui, é reduzida ao poder de cálculo, os atos humanos não se tornam irracionais quando motivados pelas paixões. Podemos ainda falar sobre esse conflito, tendo em mente os casos em que a distância é drasticamente reduzida ou suprimida entre o poder das paixões ou emoções e os próprios atos, de forma que nos tornamos incapazes de pensar sobre os outros efeitos de nossa conduta – por exemplo, quando agimos em pânico ou ficamos cegos de ódio, amor, raiva, e assim por diante. Perguntar se "podemos" ou não, em tais casos, ser mais racionais significa questionar a validade do determinismo psicológico, e não vou me aventurar nessa área. Parece, no entanto, que, em ações políticas e individuais e em decisões feitas pelos homens no poder, esse tipo de cegueira não é muito frequente, provavelmente porque pessoas que são de todo incapazes de calcular os efeitos de suas ações têm menor probabilidade de atingir importantes posições políticas. Nós nos lembramos de muitas imagens estereotípicas de governantes que agiram por ódio patológico, inveja, vingança e desejo de poder – desde Tibério e da imperatriz Teodora até Stalin e Hitler – e não é de forma alguma óbvio que tais psicopatas fossem, como regra, incapazes de calcular suas ações de maneira racional.

O mesmo não se aplica aos movimentos de massa espontâneos e às revoluções em que a capacidade racional de previsão geralmente é revogada. Estamos familiarizados, é claro, com os padrões psicológicos persistentes de revoluções e guerras civis, começando com a famosa descrição de Tucídides da guerra civil em Corfu. Em tais condições, os apelos à razão são impotentes e se voltam naturalmente contra seus autores. Se uma revolução é bem-sucedida, não é a despeito de, mas por causa da irracionalidade da conduta dos seus agentes. A energia que é necessária para que um movimento revolucionário prevaleça não pode ser mobilizada sem o poder das ilusões, das esperanças enganosas e das reivindicações impraticáveis. Portanto, o sucesso de uma revolução está fadado a ser falso e ambíguo – um movimento revolucionário pode ser bem-sucedido, no sentido de impor sua vontade sobre a sociedade, mas sempre falha, ao ser incapaz de manter suas promessas e cumprir as expectativas que são um componente necessário de sua energia. Nenhuma revolução jamais conseguiu ser bem-sucedida sem trazer uma amarga decepção quase de imediato no momento da vitória.

As paixões que atuam nos processos políticos – sentimentos tribais ou nacionais, inveja ou cobiça pelo poder, desejo de justiça, liberdade e paz, identificação com os oprimidos ou a esperança de se tornar o agente opressor – podem, em algumas condições, produzir uma incurável cegueira individual ou coletiva e, portanto, uma incapacidade de agir de forma racional. Quando uma grande crise afeta uma sociedade, causando e disseminando pânico, medo e desespero, e não dando tempo para cálculo e reflexão (e é, afinal, um aspecto importante dessa discussão que a conduta racional muitas vezes requeira mais tempo do que nós sentimos que temos perante um desastre irreversível), a racionalidade torna-se, na realidade, uma não questão. Se, em tais condições, uma figura providencial, um líder "carismático" (não gosto desse adjetivo tão mal utilizado, mas não encontro nenhum substituto), pode incutir nas massas os sentimentos de segurança e esperança, o problema do cálculo torna-se sem sentido. Tais figuras carismáticas muitas vezes levam uma sociedade ao abismo, mas são úteis em certas ocasiões ao mobilizarem forças sociais que são capazes de encontrar uma solução não calamitosa para a crise. Entre os líderes dessa espécie do século XX podemos listar Gandhi, Lênin, Hitler, Mussolini, De Gaulle, Perón, Castro e Mao. Ao enfrentar essas situações, nossas reações são mais seguras se forem guiadas por considerações puramente morais, mais do que pelo uso incerto do cálculo da "razão".

Parece, portanto, que mesmo o mais modesto e aparentemente mais trivial dos conselhos – "Agimos de maneira mais racional, isto é, mais eficiente, se soubermos mais, e não menos, sobre as condições que são relevantes para nossas ações" – não pode ser aceito sem ponderações. Considerando que em tantos assuntos humanos, políticos e pessoais a forte expectativa de sucesso é uma condição importante para o sucesso, grandes ilusões poderiam muitas vezes ser racionais, ainda que não possam ser, é claro, programadas ou decididas de maneira consciente. Em outras palavras, em todos os esforços humanos a estratégia aparentemente mais racional pode ser contraproducente. Essa estratégia muito racional pode ser resumida na simples regra: para sermos bem-sucedidos, devemos deduzir que os aspectos incertos ou desconhecidos da situação relevante para a nossa ação são os piores possíveis para o nosso sucesso. Tal regra parece boa na medida em que é obviamente racional construir todas as garantias contra possíveis adversidades, mas contraria o princípio da racionalidade ao produzir desencorajamento e enfraquecer a vontade. Admitindo-se que – para falar no jargão algo pretensioso de Lukács – o objeto e o sujeito da cognição coincidem parcialmente com o nosso conhecimento dos assuntos sociais, a ignorância pode ser um trunfo e se revelar, nesse sentido, racional, embora sua racionalidade não seja a nossa, e sim o artifício astucioso da natureza humana. As profecias autorrealizáveis (tanto positivas quanto negativas) são um fenômeno bem conhecido; é por isso que os derrotistas tantas vezes foram baleados durante as guerras, e não sem razão. É verdade que as profecias de autoderrota ocorrem também quando a excessiva autoconfiança gera o descuido: se a vitória de um partido em uma eleição é tão certa que muitos eleitores não se preocupam em ir às urnas, a ausência destes pode garantir o sucesso do adversário. É improvável que nós possamos produzir uma teoria para definir, em termos gerais, as condições nas quais mais ignorância e otimismo, ou então mais conhecimento e espaço para expectativas derrotistas, seriam estrategicamente "racionais". Se pudéssemos elaborar tal teoria, é provável que ela não tivesse grande utilidade prática, de qualquer maneira, pois é bastante difícil produzir conscientemente autoilusões em bases racionais.

Não temos nenhuma certeza em quais circunstâncias as autoilusões sobre nossas motivações e nossos objetivos poderiam ou não ser "melhores" em termos estratégicos. Ao abordar essa questão, entramos no terreno movediço no qual foi travado o combate entre a psicanálise e a filosofia existencial. Para os defensores da primeira, a consciência humana é inerentemente auto-opaca – com frequência, estamos necessariamente inconscientes de nossas motivações "reais". Para um adepto da fenomenologia existencialista, em especial na versão sartriana, a "psique inconsciente" é um círculo quadrado – nossa consciência é autotransparente, e as motivações inconscientes são aquelas que nós escondemos de nós mesmos de maneira deliberada, por má-fé (nós somos sempre capazes, embora muitas vezes não queiramos, de ter consciência daquilo que "realmente" buscamos). Entre essas abordagens, seja lá qual estiver mais próxima da verdade, nos parece, à primeira vista, que é mais racional termos uma ideia clara com relação aos nossos objetivos e não mentirmos para nós mesmos. Mas isso não é necessariamente verdadeiro. Pode ser estrategicamente útil substituir ideias mais elevadas pelas menos nobres, não só para o uso de outras pessoas, mas também para o nosso uso. Uma boa autoimagem é um elemento de força; o cinismo completo e a autoconsciência com relação aos próprios objetivos não são, portanto, frequentes entre os políticos.

Será que podemos avaliar os "sistemas" políticos em termos de racionalidade? Pode parecer que a noção não é aplicável, já que implica relações entre meios e propósitos, e somente pessoas, não sistemas, podem ter propósitos. Ainda não há nada de errado ou logicamente suspeito em estender um pouco seu significado – pessoas que se identificam com os valores que um determinado sistema supostamente englobaria se consideram agentes ou portadoras de tais valores. Assim, de maneira razoável, podemos perguntar quais sistemas são "mais racionais", no sentido de serem mais eficientes em apoiar e reforçar os valores que, na opinião do povo, eles apoiam. Não é necessário dizer que os sistemas só podem ser avaliados sob as próprias pressuposições, não em termos de bem e mal. Podemos ficar tentados a acreditar que, de acordo com essa hipótese, os sistemas que englobam os valores liberais são mais racionais do que os despóticos, uma vez que oferecem uma chance muito maior para que as decisões sejam tomadas em bases racionais. Eles dão espaço para conflitos abertos e discussões, obrigando, assim, os responsáveis pelas decisões a serem sensíveis a vários argumentos, e deixam que a grande massa de informação seja divulgada de maneira livre, o que é uma condição óbvia do planejamento racional. Enquanto isso, os regimes totalitários, com tantas barreiras internas à informação e uma incapacidade inerente para discutir questões políticas publicamente (ou quaisquer outras questões, aliás), são obrigados a limitar de modo severo as suas chances de agir conforme a razão.

Em uma inspeção mais acurada, esse argumento não é muito convincente. Ambos os tipos de sistema têm, sem dúvida, algumas fraquezas e algumas vantagens em termos de eficiência autoperpetuadora. Os governantes de Estados totalitários, por vezes, são vítimas das próprias mentiras: uma vez que o fluxo de informação costuma ser fornecido pelas mesmas pessoas que são responsáveis pela gestão de uma área correspondente de atividade, os portadores de más notícias muitas vezes se denunciam às autoridades superiores e se arriscam à punição. Por outro lado, a liberdade de informação e o debate público têm desvantagens próprias em termos de eficiência – ao tomar decisões dependentes de várias visões e cálculos conflitantes, com facilidade o sistema produz incerteza, hesitação e falta de determinação. Além disso, o processamento da imensa quantidade de informações que é a base de decisões em ambos os regimes políticos é tão difícil que o risco de equívocos talvez não seja significativamente maior em qualquer um deles. Assim, julgando pelos resultados globais, não há nenhuma evidência forte para conceder a um desses sistemas uma vantagem clara em termos de racionalidade de conduta. O grande império soviético totalitário, apesar de seus numerosos e algumas vezes quase desastrosos erros, resultantes de seu caráter despótico, sobreviveu por mais de duas gerações e tem expandido enormemente sua área de dominação.

Além disso, a liberdade é vista em países democráticos como um valor em si, assim como ocorre com a extensão ilimitada do poder do Estado nos regimes totalitários – elas não são apenas instrumentos para a aquisição de outros bens. Seria absurdo, portanto, pensar que um regime totalitário altamente despótico poderia melhorar sua eficiência (em termos de valores) se tornando menos opressivo. Isso prejudicaria o alcance do poder do Estado, cujo aumento é o bem principal e autotélico. Sem dúvida, em várias ocasiões e em ambos os regimes, as exigências da realidade coagem o sistema a se flexibilizar, quando, por exemplo, os países democráticos introduzem diversas formas de censura durante uma guerra, ou quando os regimes totalitários permitem alguma liberdade econômica limitada para remediar, em parte, os efeitos devastadores da centralização. Em ambos os casos as concessões vão de encontro aos valores básicos nos quais os respectivos sistemas estão fundados, mas a questão é sacrificar uma parte para salvar o todo. Desse modo, os valores fundamentais não são abandonados.

Os resultados das observações precedentes não são encorajadores. Parece que a irracionalidade na política (se nos ativermos ao sentido da palavra) não é um assunto muito promissor. É improvável que os critérios gerais de racionalidade que são aplicáveis, sem contar os casos extremos, à vida política pudessem ser trabalhados de forma confiável. Mesmo se pudessem, é improvável que sua existência tivesse impacto real na vida política. E, se esse impacto fosse possível, não é certo que fosse desejável.

Não vejo como podemos escapar dessas três conclusões deficientes e muito pouco estimulantes em termos filosóficos se a racionalidade e a irracionalidade forem definidas em termos "técnicos", e esse é provavelmente o único formato que a filosofia empirista está pronta para legitimar.

Os termos da discussão mudam radicalmente, é claro, quando a *ratio* a que nos referimos é definida como uma categoria transcendental à maneira platônica, kantiana, hegeliana ou husserliana. Como com a maior parte dos assuntos filosóficos, nós enfim voltamos ao conflito entre as abordagens empirista e transcendentalista, cada uma delas sendo autossuficiente e incapaz de justificar a própria validade sem cair em um círculo vicioso. Eu não estou tentando discutir essa questão, que naturalmente envolve os próprios fundamentos da filosofia moderna, com exceção de um breve comentário. Em pressupostos empiristas, a natureza humana ou a "normalidade" humana tem de ser descrita por meio da referência à frequência: a racionalidade deve ser medida pela eficiência e, por conseguinte, as piores atrocidades feitas pelo homem podem, em certas condições, vir a ser racionais. Não há nenhuma lei natural, nenhuma distinção válida entre bem e mal, e nenhum objetivo que seja, em si, mais ou menos racional. Os transcendentalistas acreditam na natureza racional, que nos fornece padrões segundo os quais nossos atos e objetivos, assim como as instituições políticas, podem ser avaliados. O que fazemos ou deixamos de fazer pode ser julgado como "humano" ou "desumano", isto é, em conformidade ou em desacordo com um modelo de natureza que está lá, não importa em que medida, ou mesmo se é possível mostrar exemplos empíricos de sua existência totalmente materializada em condutas ou instituições humanas reais. Aos olhos dos empiristas, essa natureza racional, capaz de emitir veredito normativos sobre nossa conduta e nossos valores, tem, na pior das hipóteses, o mesmo *status* das fadas, e é, na melhor das hipóteses, uma questão de fé arbitrária ou puro compromisso racionalmente injustificável. Uma vez que por ora a questão não pode ser investigada em maiores detalhes, vou terminar com um breve *confessio fidei*.

As regras do empirismo, como tem sido apontado repetidas vezes, não podem ser fundamentadas empiricamente e não são menos arbitrárias do que a *ratio* dos transcendentalistas. Assumindo – o que parece ser uma hipótese plausível – que as regras da lógica bivalente pertencem a invariantes culturais, isto é, que elas têm governado o pensamento humano em todas as civilizações, elas não se tornam válidas em um sentido transcendental e podem ainda ser vistas como características contingentes do comportamento de uma espécie. Se assim for, o próprio conceito de verdade no sentido atual parece ser não apenas redundante, mas improdutivo. E eu tendo a acreditar que o empirismo coerente é obrigado a dispensar o conceito de verdade em qualquer sentido, menos nos sentidos pragmático ou utilitário. Os transcendentalistas, enquanto admitem que nós podemos nos tornar conscientes das invariantes culturais apenas quando nos comunicamos com outras pessoas e usamos a linguagem, que é necessariamente contingente, acreditam que essas invariantes resultam de nossa participação no reino da *ratio*, que precede qualquer civilização real. E, muitas vezes, embora não invariavelmente, eles estão prontos para incluir entre essas invariantes a distinção entre o bem e o mal, ou seja, para aceitar uma doutrina de lei natural. Eles argumentariam que a experiência do bem e do mal é tão universal quanto as regras lógicas, embora, naturalmente, tal distinção não siga as mesmas linhas em todas as civilizações.

Não vejo como essa oposição fundamental de duas mentalidades poderia ser resolvida ao se apelar para um fundamento comum a ambas. Aparentemente, não existe tal fundamento, e, portanto, é provável que duas noções mutuamente irredutíveis de racionalidade continuarão a coexistir em incessante hostilidade.

Considerações de ordem prática, muitas vezes invocadas nessa discussão, tendem a não ser conclusivas. O empirismo vem sendo acusado de pavimentar o caminho para o niilismo moral, ou pelo menos de criar o desamparo em questões morais e políticas (Bertrand Russell apontou – e sou lamentavelmente incapaz de citar a fonte – que depois das atrocidades nazistas é difícil se contentar com o provérbio "De gustibus...").[1] Estamos cientes, por outro lado, do perigoso potencial totalitário escondido no transcendentalismo hegeliano, e estou muito desconfiado do *Vernunft* da Escola de Frankfurt, que, em algumas interpretações, como a de Marcuse, pode facilmente ser reformulado em uma justificativa para a tirania. Tenho muito mais simpatia pela abordagem kantiana, que inclui a crença de que, sendo livres e tomando parte no reino transcendental da racionalidade, todas as pessoas, e cada uma delas separadamente, têm os mesmos direitos e são limitadas pelos mesmos deveres. Isso leva diretamente à ideia kantiana da pessoa humana como valor insubstituível autofundamentado e supremo. Tal suposição pode não ser suficiente para resolver um problema político específico, mas é boa o suficiente para fazer da distinção entre liberdade política e escravidão uma questão de racionalidade, mais do que de gosto ou de capricho.

---

1 O autor provavelmente se refere à máxima latina "De gustibus non est disputandum" [Gosto não se discute]. [*N. do E.*]

17.

Marxismo e direitos humanos*

Na versão alemã da "Internacional", o refrão termina com as palavras *"Internationale erkämpft das Menschenrecht"* (a "Internacional" ganha direitos humanos). A canção, escrita sem inspiração marxista, foi adotada como hino oficial da Terceira Internacional, que deveria ser a única personificação política da doutrina marxista. Partindo disso, poderia parecer que a ideia dos direitos humanos era parte da ideologia do movimento comunista. Infelizmente, vendo mais de perto, descobrimos que não era assim. A expressão, que não aparece nem no original francês, nem em outras traduções da canção, parece ter sido inserida no texto alemão principalmente para rimar com a frase anterior (*"auf das Letzte Gefecht"*). Esse fato é uma raridade, não só na história do hino, mas na história do marxismo também. *"Nous ne sommes rien, soyons tout!"* [Se nada somos, sejamos tudo!] é certamente uma afirmação mais precisa da ideologia marxista.

Ao investigar as relações entre o marxismo e a teoria dos direitos humanos, pode ser útil definir os dois termos, uma tarefa difícil, dada a enorme variedade de definições que existem e as controvérsias que elas geram. Embora nenhuma nomenclatura satisfaça a todos, se reduzirmos o problema a seu núcleo teórico – preterindo as muitas variantes periféricas do marxismo e deixando de lado as questões intricadas que se relacionam ao que pode ser considerado direitos humanos e à medida que sua implementação depende de condições históricas contingentes –, poderemos fazer algum progresso.

* * *

---

* Reimpresso com permissão do editor de *Daedalus* (outono de 1983). Copyright © 1983 pela American Academy of Arts and Sciences.

Quando dizemos que aceitamos os direitos humanos, estamos dizendo na verdade que aceitamos os direitos humanos como válidos. Mas o que isso significa? Isso *não* significa que tais direitos constituam, ou que sempre e em qualquer lugar constituíram, uma parte de todos os sistemas legais. Essa afirmação seria falsa e, de qualquer maneira, irrelevante para o que a maioria das pessoas acredita ser verdadeiro sobre direitos humanos – que tais direitos seriam válidos mesmo se nenhuma lei positiva os garantisse, de forma explícita ou implícita. Reciprocamente, se todos os sistemas legais do mundo os assegurassem, isso por si só não seria o suficiente para aceitá-los. Sua validade, portanto, não depende positiva ou negativamente da legislação, seja ela passada ou presente.

Nem aqueles que aceitam o conceito de direitos humanos afirmam se tratar de uma norma arbitrária que eles aceitam simplesmente por gostarem da premissa e que alcança sua validade pela força desse decreto. Afirmar a validade dos direitos humanos não é um simples ato de compromisso cuja justificação reside em sua realização. Equivale a mais do que simplesmente dizer que "eu (nós) decido que esses direitos devem ser dados a todos"; significa, na realidade, declarar que "a verdade é que todos têm esses direitos". A ideia de direitos humanos, em outras palavras, não tem base firme, exceto em termos de teoria do direito natural, que pode, por sua vez, ter uma justificativa teológica ou transcendentalista (digamos, kantiana ou husserliana).

A teoria do direito natural, de fato, implica que o roubo, por exemplo, é algo errado – certo ou errado são propriedades inerentes de certos atos humanos, de acordo com sua conformidade ou conflito com a natureza racional do homem. Essas qualidades morais imanentes podem ou não depender de decretos divinos. Na tradição do nominalismo medieval tardio (e na metafísica cartesiana também), elas resultam do livre veredito de Deus, que poderia ter sido diferente, ou mesmo o oposto, do que foi. Deus decidiu que era errado matar o pai – dada a irreversibilidade da lei de Deus, o parricídio desde então tem sido inerente e imutavelmente pecaminoso. As doutrinas do direito natural do século XVII rejeitaram a teologia "decretalista" e, em vez disso, fizeram uma distinção entre direito natural e direito positivo divino, argumentando que enquanto o último resultou somente do decreto de Deus, o direito natural era inerente à natureza das coisas e não podia ser alterado, até mesmo pelo próprio Criador. Grotius, por exemplo, tomou essa posição.[1] Leibniz argumentou que Deus ordena o que é imanentemente bom e proíbe o que é imanentemente mau, em vez de tornar os atos e as coisas boas ou más pela força de Sua livre decisão.[2] A própria ideia de *homo*, argumentou Puffendorf, incluía sua dignidade inerente.[3] Enquanto tornava a ordem moral das coisas independente de nosso conhecimento de Deus, a teoria do direito natural se baseou em um princípio metafísico que afirmava que a ordem da natureza exibia características morais imutáveis e que não se tratava somente de uma ordem de causas e efeitos, mas de valores também.

Na medida em que a ideia dos direitos humanos era logicamente dependente da crença no direito natural, ficava claro que era inaceitável para os adeptos do empirismo e de todas as variedades de historicismo, incluindo o marxismo. Uma distinção com relação a esse tópico é necessária, no entanto. O conceito de direitos humanos inclui três características, entre outras, que são importantes para a discussão: primeiro, tais direitos são válidos por causa da dignidade inerente ao ser humano e fazem parte da ordem natural, não sendo estabelecidos por decreto ou pela lei positiva; em segundo lugar, essa ordem é imutavelmente válida onde quer que seres humanos convivam e interajam uns com os outros; em terceiro lugar, tais direitos, embora especificados, são direitos conferidos a todos os indivíduos e somente a indivíduos, e não a grupos sociais, raças, classes, profissões, nações ou outras entidades.

A partir dessas hipóteses, parece que o problema de um marxista contra os direitos humanos seria muito mais forte do que o de um empirista. Este, enquanto não aceita a primeira das três premissas, rejeita a noção de uma ordem "objetiva" de valores e direitos, assim como a ideia de sua validade permanente – na medida em que não é uma validade estabelecida por uma legislação específica –, poderia ainda, sem medo de contradições, comprometer-se com a ideia de direitos humanos. Ele pode não acreditar que Deus ou a natureza tenham categorizado determinadas ações humanas como certas ou erradas, mas poderia admitir que não há nada de impróprio, ilícito, logicamente inconsistente ou empiricamente proibido em nossa reação de afirmar, diante de alguma ação humana: "Isto é errado"; "Isto é nobre"; "Isto é bom."

---

1 Grotius, *De iure belli ac pacis*, 1.1.10-15.
2 Gottfried Wilhelm Leibniz, *Discours de Metaphysique*, p. 2.
3 Puffendorf, *De Officio*, 1.7.1.

Um empirista, sendo empirista, não é obrigado a pregar o niilismo moral. Ele pode acreditar, por exemplo, que a tortura é errada e que devemos lutar por uma sociedade na qual todas as pessoas gozem de garantias contra a tortura. Em um sentido limitado, um empirista pode até aceitar a segunda premissa; ele pode, sem ser incoerente, afirmar que, embora nenhuma validade universal possa ser alegada em um caso específico, está pronto para defender os direitos humanos em todas as condições imagináveis. Já que sua posição não pode ser defendida em termos de "validade", ele certamente é impotente diante do desafio de um adversário e deve admitir que, em termos cognitivos, aqueles que negam a ideia de direitos humanos não estão em uma posição pior do que a dele. Impedido de comprometer-se intelectual ou teoricamente com a doutrina dos direitos humanos, ele é, no entanto, livre para cumprir seu compromisso prático com estes.

Um historiador pode se encontrar em uma posição análoga, de alguma maneira. Embora acredite que todos os valores e padrões, tanto cognitivos quanto morais, "expressam" necessidades, aspirações e conflitos característicos da civilização específica na qual surgem, ele sabe que é inútil insistir na validade não histórica, muito menos eterna, desses valores. Isso, porém, não o impede de admitir que, como participante de uma cultura particular, compartilha suas normas e não está sendo incoerente por "acreditar" nelas, embora também possa estar ciente de sua relatividade histórica.

A posição de um marxista é muito mais radical. Dentro de sua estrutura conceitual, ele não só é obrigado a tomar o ponto de vista do historiador, rejeitando todas as reivindicações da teoria do direito natural, todas as crenças na ordem moral eterna ou nos direitos imutáveis, mas, para ser coerente, deve positivamente se opor ao conceito dos direitos humanos, mesmo em sua forma historicamente relativa – no âmbito ideológico, ele está comprometido com a rejeição a essa ideia.

O conflito entre a doutrina marxista e a teoria dos direitos humanos consiste em algo mais do que a ideia de que todos os valores e direitos, em termos marxistas, não são nada além de produtos temporários das relações específicas de produção, nada além de opiniões que determinadas classes usam para expressar seus interesses adquiridos, para dar-lhes uma forma ideológica ilusória. Para os marxistas, tanto o conceito de liberdade quanto a ideia de direitos humanos, como definida pelos pensadores iluministas e pelos ideólogos da Revolução Francesa, são as expressões específicas de uma sociedade burguesa que está à beira do colapso. Os escritos de Marx, a partir da "questão judaica" em diante, rejeitam todas as alegações referentes à validade duradoura da "liberdade burguesa" e dos direitos humanos irremovíveis. A ideia de direitos individuais implica, Marx explica, uma sociedade na qual os interesses de cada pessoa vão natural e inevitavelmente contra os interesses dos outros, uma sociedade irremediavelmente dilacerada pelo choque de aspirações privadas. As motivações dominantes nessa sociedade são egoístas – não como resultado da corrupção da natureza humana, mas devido ao caráter do sistema econômico, que leva a um conflito inelutável. Todos os direitos e liberdades na sociedade burguesa simplesmente afirmam e codificam o fato de que as aspirações e os interesses de cada indivíduo entram em inevitável conflito com (e são limitados por) interesses e aspirações de outros. Uma vez que a sociedade civil é um lugar de guerra incessante e onipresente, onde nenhuma comunidade real é possível, o Estado intervém para fornecer uma unidade ilusória, para estabelecer limites para os conflitos mediante a imposição de restrições às hostilidades. Essas restrições aparecem na forma das liberdades civis, que tomam um caráter puramente negativo. A legitimidade ideológica é dada ao sistema por meio de várias teorias do contrato social. O comunismo, em sua promessa de abolir as classes e a luta de classes, cortando assim as raízes do conflito social, torna a "liberdade negativa" burguesa e os direitos humanos – direitos de indivíduos isolados e hostis uns aos outros – inúteis. A divisão entre a sociedade civil e o Estado, na verdade a própria diferença entre os dois, está acabada – a "vida real" e a comunidade espontânea, tendo absorvido o Estado, a lei e outros instrumentos do governo que mantinham a sociedade burguesa, com seus privilégios, explorações e opressão intactos, e serviam para perpetuá-la, não têm necessidade de tais suportes. O comunismo acaba com o conflito entre o indivíduo e a sociedade – cada pessoa natural e espontaneamente se identifica com os valores e aspirações do "todo", e a unidade perfeita do corpo social é recriada, não por meio de um retorno à comunidade primitiva dos selvagens, como os românticos queriam, mas através de um movimento para cima numa "espiral ascendente", que devolve um sentido humano ao progresso tecnológico. Os direitos humanos, em outras palavras, são apenas a fachada do sistema capitalista; na sociedade nova e unificada eles se tornaram totalmente irrelevantes.

Embora Marx desprezasse os direitos "burgueses", ele nunca argumentou, como os anarquistas fizeram, que não importava se tais direitos eram válidos na sociedade burguesa. A diferença entre uma ordem despótica e uma ordem liberal dentro do "modo capitalista de produção" era uma diferença importante para Marx. Durante a revolução de 1848-49, e posteriormente, ele pediu aos partidos dos trabalhadores que se aliassem à burguesia democrática para lutar contra os tiranos – os republicanos deveriam ser apoiados contra os monarquistas. Isso, no entanto, não era uma questão de princípio, mas de tática. Mesmo que fosse verdade, de acordo com Marx, que nenhuma alteração política imaginável em uma sociedade capitalista poderia ter um sentido socialista, e que as leis de ferro da economia de mercado poderiam ser destruídas somente por uma agitação revolucionária, resultando na expropriação da burguesia e na centralização de todas as alavancas econômicas nas mãos do Estado, os trabalhadores precisavam participar da luta pela democracia; isso melhoraria as condições políticas de sua luta, preparando-os para a batalha final contra o capitalismo.

Os marxistas, portanto, se comportam de forma coerente quando lutam por liberdades civis e direitos humanos em regimes não socialistas despóticos, e então destroem essas liberdades e esses direitos de imediato após tomarem o poder. Tais direitos, de acordo com o socialismo marxista, são claramente irrelevantes para a nova sociedade, sem conflito, unificada. Trótski chegou a afirmar que os regimes democráticos e a ditadura do proletariado deviam ser avaliados segundo seus próprios princípios; porque esta simplesmente rejeitou as regras "formais" de democracia, não podia ser acusada de violá-las; se a ordem burguesa, por outro lado, não cumprisse suas regras, poderia ser justamente acusada.[4] Esse ponto de vista não pode sequer ser visto como cínico, porque os marxistas que lutaram pela garantia dos direitos humanos em regimes despóticos não socialistas não fingiam que era uma questão de princípio, nem que a sua indignação moral havia sido despertada, e além disso não faziam nenhuma promessa para garantir esses direitos, caso eles mesmos estivessem no poder. (No fim das contas, eles costumam pôr em prática todos esses três itens.)

---

4 Leon Trótski, *Writings 1932*, p. 336.

O próprio Marx não fingia que a sociedade capitalista merecia ser condenada porque era injusta, ou que a luta revolucionária fosse motivada pela *justiça*. Ele abandonou a abordagem moralista dos problemas sociais logo no início, e a partir do momento em que se definiu em oposição ao chamado socialismo alemão, ele insistiu na tentativa de convencer seus leitores e seguidores (e a ele mesmo) de que a atitude correta para mudanças sociais consistia não em denunciar as falhas morais do capitalismo, mas em analisar as tendências "naturais" que inevitavelmente levariam ao colapso e produziriam a nova sociedade. Nessa sociedade, todos teriam oportunidade de desenvolver seu potencial ao máximo, afirmando sua individualidade não contra a sociedade, mas ao contribuírem para seu progresso geral. Não havia, acreditava ele, nenhuma razão para condenar a exploração capitalista em termos de justiça ou injustiça social. A força de trabalho era em si uma mercadoria – o trabalhador, vendendo-se a um empregador, geralmente o faz conforme o princípio da troca equivalente. Esse conflito entre capitalistas e trabalhadores, de acordo com Marx, era de direito contra direito; somente a força decidiria entre os dois.[5]

A rejeição de Marx à abordagem moralista foi, em grande parte, naturalmente, um autoengano. As premissas normativas estão ocultas em todos os seus conceitos básicos, em particular na sua ideia de alienação e na sua teoria do valor, bem como na sua crença de que o comunismo restabeleceria a verdadeira característica humana da vida humana. Ele sabia como conquistar a conformidade do homem empírico com a ideia de *humanitas*, e isso não era um conhecimento menos carregado de valor do que o conhecimento de Platão do mundo das *ideias*. Ele não conseguiu explicar que motivações as pessoas poderiam ter para tomarem parte na luta pelo comunismo; ele teria resistido à proposta de que lutassem pelo comunismo simplesmente pela razão de que este estava destinado a vencer por força das leis históricas.

Não podemos, no entanto, ao fazer concessões a essa ambiguidade – que é fundamental para a obra de Marx –, reinserir o conceito de direitos humanos em sua teoria, destilando o conteúdo normativo da doutrina híbrida que funde o preconceito determinista com fantasias utópicas em um todo indistinguível. Se o marxismo fosse uma descrição e uma previsão puramente histórica, ele não incluiria a doutrina dos direitos humanos, com certeza, mas também não

---

5 Karl Marx, *O capital*, vol. 1, capítulo 8, I.

se oporia ativamente a ela. A incompatibilidade entre a doutrina marxista e o conceito de direitos humanos aparece com clareza quando vemos o marxismo tanto como um moralismo disfarçado (dado que este se recusa a admitir) quanto como um chamado à ação política, o que ele, de forma explícita, quis ser. Afirmar que as liberdades civis e o princípio dos direitos humanos são simplesmente uma expressão ideológica e institucional da economia de mercado que o comunismo pretende abolir não é apenas prosseguir com uma descrição "sociológica" neutra, prevendo o resultado mais provável dos conflitos sociais atuais. Pelo contrário, é afirmar positivamente e incentivar uma ordem social em que as liberdades civis e os direitos humanos são revogados, apelando e contribuindo para esse quadro. Isso está inteiramente de acordo com a noção do homem como um animal social na sua variante marxista em específico. Numa economia de mercado, Marx argumentou, os indivíduos são vítimas da sociedade na qual vivem e são presas de um processo histórico contingente que ninguém, de forma isolada ou em aliança com outros, pode controlar – a própria sociedade é alienada de "homens reais" e governada por leis anônimas; a individualidade, como consequência do isolamento, está perdida. O comunismo, restaurando a comunidade genuína, entregando a "produtores associados" o controle dos processos sociais, recriaria as condições do desenvolvimento individual real.

Marx não imaginava sua nova sociedade como uma espécie de campo de concentração – muito pelo contrário. No entanto, uma série de críticos perspicazes, mesmo quando ele ainda era vivo, sem esperar pelos resultados do "socialismo real", notou que, se o programa social marxista um dia viesse a ser implementado, produziria um regime altamente despótico, tornando cada ser humano uma propriedade impotente do Estado onipotente. O comunismo deveria ser, de acordo com Marx, uma sociedade na qual a "liberdade negativa" ou a "liberdade burguesa" – os direitos humanos garantidos – não fazem sentido porque todos, de modo voluntário, se identificam com a comunidade. Além disso, uma vez que o comunismo significa, principalmente, a abolição da propriedade privada, uma vez que a burguesia tenha sido expropriada com sucesso, fica claro que nem as liberdades, nem as instituições que protegem os direitos humanos em uma sociedade burguesa seriam necessárias.

É verdade que muitos teóricos, em especial no período da Segunda Internacional, que se consideravam marxistas de pleno direito não acreditavam que o socialismo iria destruir os direitos personificados nas instituições democráticas da "sociedade burguesa", e previram que o socialismo, ao estender a democracia às relações econômicas, ampliaria, em vez de abolir, o âmbito dos direitos humanos. Eles quase não prestaram atenção às generalidades filosóficas nos escritos de Marx, interpretando sua doutrina não como um apelo moral, mas como uma análise científica da sociedade capitalista. Karl Kautsky e Rudolf Hilferding são apenas dois dos muitos que pertenciam a esse grupo. Pode-se argumentar, no entanto, que, ao sugerir esse tipo de leitura seletiva, esses homens traíram tanto o espírito quanto a letra das escrituras canônicas. Lênin, em comparação, era um discípulo muito mais fiel de Marx. Ao definir a ditadura do proletariado como violência pura e direta, que não obedecia a leis nem a regras, desprezando – por uma questão de princípio – todas as instituições da democracia parlamentar, com suas eleições, liberdade de expressão e todo o resto, e proclamando a abolição da divisão do poder, ele seguiu Marx integralmente. Ao aceitar – e não apenas de fato, mas na teoria – a ditadura do partido, afirmando de forma clara que o Estado soviético não prometeria liberdade nem democracia, anunciando que a atividade cultural seria inteiramente subordinada às tarefas políticas e que o terror estaria diretamente inscrito no sistema legal, ele mostrou sua fidelidade a Marx. Ao denunciar as "fábulas sobre a ética" e ao afirmar que a ética deveria ser um instrumento da luta de classes; ao zombar de invenções burguesas, tais como a distinção entre guerras agressivas e defensivas ou o princípio de que se devem manter os acordos internacionais; ao insistir que não há limites admissíveis na luta política – em tudo isso, Lênin não se afastou dos princípios marxistas. Nem o fez Trótski, quando, com louvável clareza, afirmou que a violência é a forma por excelência do poder socialista; que todos os seres humanos devem ser considerados reservatórios de força de trabalho; que o trabalho compulsório é um princípio permanente da nova sociedade; que nenhum meio deve ser descartado por motivos morais, se puder servir à causa do poder comunista; que os comunistas "nunca se preocuparam com a tagarelice kantiana-sacerdotal e vegetariana-Quaker a respeito da 'sacralidade da vida humana'"; que as questões morais são questões de estratégia e tática política; que não faz sentido atribuir nenhum significado a uma distinção entre regimes democráticos e fascistas.

Steven Lukes argumenta que os únicos marxistas que reconhecem a validade dos direitos humanos são "revisionistas que têm descartado ou abandonado aqueles princípios centrais do cânone marxista" que são incompatíveis com tal crença.[6] Mas em que sentido podem aqueles que acreditam em direitos humanos ainda serem vistos como marxistas ou se considerarem como tais? Que possa haver muitos socialistas que, sem se contradizerem, estão comprometidos com o princípio dos direitos humanos significa que não há nenhuma definição de socialismo comumente aceita – a própria ideia, mais antiga que o marxismo, tem algumas variações, algumas das quais, é claro, incompatíveis com a variante marxista. No entanto, é verdade que alguns dos marxistas de orientação científica mencionados anteriormente queriam purificar a doutrina de seus elementos normativos e, ao fazerem isso, distorceram seu sentido. Os marxistas neokantianos tentaram complementar a teoria marxista da sociedade (dita livre de valor) com a ética kantiana. Ao contrário dos ortodoxos, para quem tal mistura era inimaginável, os neokantianos, embora aceitassem que nenhuma ideia normativa pudesse ser inferida a partir da doutrina marxista, não encontraram nenhuma dificuldade ao enriquecê-la com a filosofia da razão prática kantiana.[7] Eu acredito que tanto os marxistas de orientação científica quanto os neokantianos estavam errados. O marxismo não é mais o mesmo, uma vez que nós o reduzimos a seu conteúdo puramente "descritivo" e descartamos sua base normativa, que está escondida na teoria da consciência de classe, da alienação e da futura identidade do indivíduo e da sociedade. A crítica marxista à "liberdade negativa" e aos direitos individuais é uma conclusão necessária a partir dessa teoria.

Ambas as variantes desse meio-marxismo provaram ser historicamente abortivas. A antiga corrente ortodoxa, além de sua contribuição para a variante leninista, deixou de existir, e o movimento social-democrata, que herdou uma parte de seu legado, estava prestes a perder o contato com a tradição marxista. O marxismo neokantiano morreu com seus proponentes e as tentativas de reviver alguns de seus princípios em movimentos revisionistas posteriores foram de curta duração. Como um *corpus* doutrinário com pretensões de tudo explicar, com valores proféticos e diretrizes de prognóstico, o marxismo foi praticamente monopolizado pela ideologia leninista-stalinista e, sem que sua essência fosse distorcida, tornou-se o dispositivo legitimador do império

---

6 Steven Lukes, "Can a Marxist Believe in Human Rights?", *Praxis* 1, nº 4 (janeiro de 1982).

7 Discuto essas questões mais detalhadamente no meu livro *Main Currents of Marxism*, especialmente no volume 2, nos capítulos sobre os austromarxistas e sobre Kautsky, e no volume 3, no capítulo sobre Lukács.

totalitário. Ele resolveu questões morais, não ao rejeitá-las em favor de uma análise neutra de valores, mas ao lançar a visão de uma nova humanidade, que conquistaria sua libertação final ao tornar tudo propriedade do Estado, ao proclamar a irrelevância da "liberdade burguesa" e dos direitos humanos. Os soviéticos haviam assimilado em seu jargão – com relutância e sob pressão do Ocidente – uma parte da fraseologia dos direitos humanos. No entanto, isso dificilmente sugere que eles teriam adotado a teoria dos direitos humanos – é apenas um sintoma de sua confusão ideológica. Nenhum líder soviético hoje ousaria repetir os julgamentos claros e precisos de Lênin sobre democracia e liberdade, nem mesmo tais julgamentos são jamais citados na imprensa soviética. Que alguma fraseologia ocidental tenha sido adotada – sem, é claro, alterar as realidades políticas ou construir quaisquer barreiras que pudessem limitar o despotismo do Estado – indica a força da ideia dos direitos humanos. No entanto, tal concepção foi adotada somente em um sentido bastante restrito: quando os ideólogos soviéticos falam de direitos humanos, eles invariavelmente reforçam que o principal direito humano é o direito ao trabalho, e que este tem sido garantido somente sob o sistema soviético. O que eles não acrescentam é que isso tem sido alcançado por meio de um sistema de trabalho compulsório que foi criado, em princípio, bem no início do sovietismo. Portanto, o supremo direito do homem e sua suprema liberdade estão materializados sob a forma de escravidão. Nem eles discutem o fato de que essa mesma liberdade foi conseguida sob o nacional-socialismo e o fascismo.

Essa questão, com certeza, não pode ser rejeitada de maneira leviana. O direito ao trabalho surgiu no século XIX como resposta ao desamparo, à miséria e à exploração dos trabalhadores. Mesmo que nós não o consideremos um direito humano, sentir-se útil para outras pessoas é um aspecto inegável da dignidade humana. As pessoas que, como resultado de processos sociais que escapam ao seu controle, são desempregadas ou não empregáveis em grande número, que se sentem supérfluas e inúteis, são feridas não somente em seu bem-estar, mas também em sua dignidade. É possível que o pleno emprego – a condição na qual ninguém jamais procura por um emprego – seja incompatível tanto com a economia de mercado quanto com o progresso técnico. Aliás, é incompatível, também, com o fim do trabalho escravo – talvez tal situação pudesse ser implementada somente em um estado escravocrata. A experiência nos diz que a economia de mercado é uma condição necessária, embora não suficiente, das ordens políticas que são capazes de institucionalizar e garantir os direitos humanos e civis. As inevitáveis flutuações econômicas que resultam em certa quantidade de desemprego são toleráveis, uma vez que o desemprego é temporário. Quando as flutuações econômicas produzem, em vez disso, uma grande classe de pessoas que estão fadadas a viver sob a caridade do Estado de modo permanente, e quando essa classe continua a crescer, a sociedade está em perigo, não somente por causa do aumento de sofrimento, frustrações e criminalidade, mas porque muitas pessoas se sentem prontas para renunciar à liberdade pela segurança do emprego. O dilema é real e urgente. Não há razões para crer que o tradicional conselho liberal – abandonar as intervenções do Estado nos assuntos econômicos, visto que estes funcionam melhor quando são deixados à parte – se mostrará eficaz. Se as sociedades democráticas se revelarem incapazes de lidar com o desemprego em massa, elas podem acabar incentivando as tendências totalitárias, colocando em risco a própria estrutura institucional da qual a observância dos direitos humanos depende.

Ressalta-se com frequência a ideia de que os direitos humanos são de origem recente, e que isso é suficiente para rejeitar sua pretensa validade atemporal. Em sua forma contemporânea, a doutrina é, sem dúvida, nova, embora se possa argumentar que seja uma versão moderna da teoria do direito natural, cuja origem podemos remontar, pelo menos, aos filósofos estoicos e, claro, às fontes judaicas e cristãs da cultura europeia. Não há diferença substancial entre proclamar "o direito à vida" e afirmar que o direito natural proíbe matar. Mesmo que o conceito possa ter sido elaborado dentro da filosofia do Iluminismo, em seu conflito com o cristianismo, a noção dos direitos imutáveis dos indivíduos remonta à crença cristã no *status* autônomo e no valor insubstituível da personalidade humana.[8]

No entanto, não foi o caráter metafísico da teoria que a impediu de ser incorporada à doutrina marxista. E não foi o espírito antimetafísico do marxismo que o tornou incompatível com o princípio dos direitos humanos. Pelo contrário, foi a abordagem fundamentalmente holística do marxismo em rela-

---

8 Sobre a origem cristã do "individualismo" moderno, ver Louis Dumont, "A Modem View of Our Origin: The Christian Beginnings of Modern Individualism", *Religion* 12 (1982).

ção à vida humana, a crença de que o progresso pode ser medido somente pela habilidade da humanidade em controlar as condições tanto naturais quanto sociais de sua vida, e que, consequentemente, o valor de um indivíduo não está relacionado à sua vida pessoal, mas a ser ele um componente do "todo" coletivo. Partindo do pressuposto de que a violência é a parteira do progresso, deve-se naturalmente esperar que a libertação definitiva da humanidade consista na redução coerciva dos indivíduos a ferramentas inertes do Estado, portanto roubando-os de sua personalidade e de seu *status* de sujeitos ativos. Isso é o que, de fato, todos os regimes que baseiam sua legitimidade na ideologia marxista tentam fazer. Eles são incapazes, *em princípio*, não como resultado de deficiências temporárias, de aceitar a ideia dos direitos humanos, pois aceitar direitos humanos demoliria de fato a própria base. Qual chance de sucesso final existe para esse trabalho de visar à extinção da vida pessoal, reduzir seres humanos a unidades perfeitamente permutáveis de processos produtivos? Essa é uma questão independente, que eu deixo de lado neste ensaio. Ainda assim, é possível dizer que seu sucesso resultaria não só na ruína da civilização, mas na ruína da humanidade como a conhecemos. Minha aposta, no entanto, é que tal projeto não será bem-sucedido, que o espírito humano virá a ser refratário o suficiente para resistir à pressão totalitária.

18.

Revolução – uma bela doença[*]

Chamamos de revolução um movimento de massa que, pelo uso da força, quebra a continuidade dos meios existentes através dos quais o poder é legitimado. As revoluções são diferenciadas dos golpes de Estado pela participação de uma massa significativa de pessoas; a ruptura na continuidade do sistema de legitimação distingue-se das mudanças constitucionais legais que acontecem no âmbito do mecanismo de poder existente sem infringir sua legitimidade. Um golpe de Estado pode ser resultado ou componente do processo revolucionário, ou, é claro, pode ocorrer sem uma revolução, como geralmente é o caso.

Tal definição, como todas as descrições dos fenômenos sociais, não é precisa o suficiente para evitar dúvidas em algumas circunstâncias: muitas vezes é difícil decidir se estamos lidando com uma revolução ou apenas com um golpe de Estado ou uma agitação de massas. Para os fins da presente discussão, essa definição é adequada.

Nós, assim, evitamos o problema desconcertante de decidir quais dos golpes, rebeliões, revoltas camponesas e guerras religiosas das histórias antiga e moderna merecem o nome de *revolução*. Embora os primeiros movimentos revolucionários tenham produzido as próprias justificações ideológicas, somente no 14 de julho um paradigma universal de ideologia revolucionária foi criado. Desde aquela época, *revolução*, sem outras qualificações, tornou-se um lema que distingue um tipo separado de doutrinas e ideologias cuja característica

---

[*] Traduzido do polonês por Stefan Czerniawski de "Rewolucja jako piękna choroba", *Aneks*, n° 22, 1979; com revisões em inglês do autor; primeira publicação em alemão em *Merkur* 12 (1979). Copyright © 1979 por Ernst Klett Verlag, Stuttgart.

especial é a antecipação não apenas de uma melhor ordem social, mas de um Estado definitivo, que, de uma vez por todas, removerá as fontes de conflito, a ansiedade, a luta e o sofrimento da vida das pessoas. Todos os problemas difíceis ou aparentemente insolúveis da vida social, assim como os conflitos internacionais, de classe ou outros, possuem, como se tornou claro, uma solução, que é a mesma para todos os problemas: revolução – universal, abrangente e irresistível.

A pré-existência de uma ideologia revolucionária não é uma condição necessária, muito menos suficiente para um processo revolucionário real. Mesmo nos casos em que o próprio processo modela as formas ideológicas adequadas, no entanto, eles têm uma tendência natural a produzir a mesma antecipação do Estado definitivo. Isso tem a vantagem de poder efetivamente mobilizar a energia necessária para a paralisia das instituições existentes, e também remove toda possível dúvida sobre os meios empregados, o que certamente não pode ser mau se eles forem eficazes em alcançar o Estado definitivo.

A revolução, como Lênin observou com razão, pode ocorrer somente em situações nas quais as massas não desejam viver nas condições existentes e os governantes não estão em posição de exercer o poder por métodos já existentes. Em outras palavras, uma condição para os processos revolucionários é a paralisia (pelo menos parcial) do mecanismo de poder produzida por circunstâncias independentes de ideologia e movimentos revolucionários. Mas mesmo quando essas duas condições são cumpridas, as revoluções não necessariamente ocorrem: nós sabemos de muitas revoluções abortadas e muitos eventos que levaram a sociedade quase à revolução, mas não até ela. Nesse sentido, todas as revoluções são acidentais, na medida em que resultam de uma coincidência inesperada de circunstâncias diferentes, e não há nenhuma "lei" que determine que qualquer tipo de sistema social deva necessariamente entrar em colapso como resultado de uma pressão revolucionária. É impossível definir de maneira geral condições que geram revoluções inevitáveis. Perder uma guerra, crises econômicas, mudanças demográficas e técnicas e transformações críticas de consciência religiosa, todos esses são fenômenos que poderiam conduzir a explosões revolucionárias, mas não necessariamente o fazem. Contudo, podemos nos permitir algumas generalizações a partir de observações históricas, mas não expressas na forma de "leis".

A famosa citação de Burke em *Reflections on the Revolution in France* (1790), "Um estado que não tem meios de realizar alguma mudança não tem meios para se conservar", é utilizada às vezes como um aviso aos regimes opressivos ou estagnantes: se você não aprender a melhorar as coisas de forma voluntária, será destruído em uma explosão revolucionária. Mas esse aviso não tem validez universal; ao contrário, como guia técnico para déspotas que desejam evitar transtornos e se manter no poder, pode ser contraproducente e simplesmente desastroso. Um fenômeno típico e de modo algum excepcional é a desordem revolucionária em sistemas opressivos em tempos de relativa "liberalização" – os momentos de relaxamento e moderação são (como muitas vezes tem sido observado desde o tempo de Toqueville) os mais perigosos para uma tirania. O despotismo cruel, brutal e autoconfiante pode gozar de impunidade por muito tempo. Ai deste, no entanto, se tentar se humanizar ou mostrar ao mundo uma face branda: em vez de se manter como uma sociedade conciliadora com seus sorrisos irônicos, essa passará a incentivar seus críticos e colocará em ação um mecanismo de autopropulsão de reivindicações cada vez mais audaciosas e cada vez mais avançadas, cuja pressão pode finalmente esmagá-la.

Os processos que prepararam a revolução na Rússia certamente não começaram na época da opressão estagnante sob o governo de Nicolau I; pelo contrário, tiveram seu início pouco depois, quando o regime iniciou um período de reforma, e se intensificaram com a liberalização gradual do sistema de poder (embora a correspondência obviamente não seja exata). Da mesma forma, não foi o stalinismo em seu período mais opressivo que inspirou os movimentos que começaram a corroer o sistema totalitário; isso se deu na assim chamada "desestalinização". A revolução húngara foi resultado de um relaxamento desestalinizante, como o foram os movimentos sociais que levaram a Polônia, em 1956, e a Tchecoslováquia, em 1968, à beira de uma situação revolucionária. A revolução iraniana pode ser vista como a culminação do declínio que as autoridades tirânicas causaram a si mesmas, ao tentarem, por um lado, se tornarem mais moderadas, e, por outro, levar o país para o caminho de um progresso técnico e social acelerado.

Mas, mesmo a partir dessas observações, não podemos extrair nenhuma "lei histórica". O exemplo da Espanha mostra que um sistema autocrático de governo pode, em circunstâncias favoráveis e de forma gradual, relaxar sua opressão e, finalmente, transformar-se em um sistema democrático sem levantes revolucionários. A probabilidade de tal evolução, que é a mais satisfatória para a sociedade, depende de um número de condições que não podem, infelizmente, ser criadas por encomenda.

As repressões política e policial, mesmo brutais, nunca trouxeram por si sós explosões revolucionárias. Nem estas acontecem simplesmente por causa da pobreza da população. A pobreza universal pode, às vezes pelo contrário, evitar de maneira eficaz que as autoridades tirânicas entrem em colapso, se essas autoridades forem capazes de obrigar uma maioria substancial da população a não pensar em nada além de conseguir um pedaço de pão.

Mesmo assim, não é possível inferir que um conselheiro simpático poderia simplesmente recomendar às autoridades despóticas: não mudem nada, não afrouxem a opressão, não tentem aliviar a pobreza, não enfraqueçam a polícia e o exército, respondam de forma impiedosa a toda desobediência, e assim por diante. Tal conselho somente seria bom se a máquina governamental de fato controlasse todos os aspectos da vida no país, se esta pudesse se isolar completamente das influências externas e continuar estagnada por tempo indeterminado. No mundo de hoje, a estagnação e o isolamento perfeitos são improváveis. Há muitas circunstâncias que favorecem as crises sociais e às quais os tiranos mais previdentes não podem resistir – mudanças demográficas ou influências culturais, técnicas e econômicas vindas de fora. Toda "modernização" é perigosa para os déspotas, mas eles, com frequência, não têm escolha e são obrigados a realizar diferentes tipos de modernização, inevitavelmente correndo o risco de se tornarem vítimas desse processo.

Não existe, portanto, nenhuma teoria de acordo com a qual uma revolução possa ser prevista muito tempo antes e que permita que sua probabilidade, e ainda menos sua realização, seja determinada. Podemos falar de processo revolucionário quando observamos o rápido colapso das formas institucionais de vida coletiva, como resultado do qual instrumentos pelos quais as instituições que regulam o comportamento do povo – governo, polícia, tribunais, órgãos representativos – deixam de funcionar, e ninguém controla a situação.

Em muitos países do Terceiro Mundo, os governantes gostam de falar de revolução como seu sistema estável de governo, mas isso é retórica vazia e está em parte relacionado à aura positiva que envolve a palavra *revolução* no jargão de várias ideologias. Esta serve principalmente, para legitimar um sistema de dominação que é mais ou menos autocrático. Se a palavra *revolução* deve manter o sentido que lhe é dado pela experiência histórica, não há tal coisa como "sistema revolucionário de governo". Revolução é a destruição de formas institucionalizadas de poder: todas as novas formas criadas por esse processo de desintegração são o fim desse processo, não sua continuação. A estabilização renovada de formas de autoridade, isto é, o sistema que leva a revolução a um fim, não pode ser "revolucionário": se ele é assim chamado, é geralmente para justificar formas opressivas de governo e a ausência de controle social sobre as autoridades. Todos os sistemas de poder que surgem de levantes revolucionários são, no sentido exato, contrarrevolucionários, pois cada um deles tenta estabilizar as próprias formas de governo e domar os processos espontâneos que os fizeram surgir. *Governo revolucionário* significa simplesmente um governo despótico por trás de uma revolução; *justiça revolucionária* e *legalidade revolucionária* são a simples ausência de justiça e legalidade. Quando um órgão específico das autoridades proclama que aplica "justiça revolucionária", isso significa que não está sujeito a nenhuma lei, e mata, tortura, aprisiona e rouba ao seu arbítrio todos aqueles de quem suspeita, justa ou injustamente, de desobediência. Os tribunais revolucionários nada mais são do que linchamento sancionado por um governo que deve sua continuação ao fato de que nenhuma lei o impede.

Nesses casos, o adjetivo *revolucionário* perde todo o significado discernível. É possível falar de poesia ou arte revolucionária, no sentido da poesia ou da arte que despertam emoções favoráveis à revolução, isto é, que contribuem para a destruição das instituições de poder existentes. No entanto, quando os líderes exigem poesia ou arte revolucionárias, eles não têm nada parecido em mente – muito pelo contrário, querem a poesia e a arte que ajudarão a estabilizar sua dominação. Como resultado dessa ambiguidade, o adjetivo "revolucionário" se torna tão geral que pode ser aplicado a quase qualquer palavra como meio de tirar seu sentido normal, enquanto afirma que este está sendo mantido e até mesmo "aprofundado". Os ideólogos das revoltas estudantis nos anos 1960 falavam de "ciência revolucionária", isto é, uma ciência na qual qualquer coisa poderia ser afirmada, mas nada precisava ser provado. Se alguém alegar ter criado uma "cadeira revolucionária", pode-se ter certeza de que se trata de uma cadeira na qual é impossível sentar. Em muitos usos, o adjetivo *revolucionário* é tão conveniente quanto o adjetivo *dialético* (a *lógica dialética* nada mais é do que se libertar dos princípios da contradição; ter uma "maioria dialética" é estar em uma minoria; ganhar "num sentido dialético" é o mesmo que perder etc.). Às vezes, esse adjetivo não significa nada, exceto vaga aprovação: os membros da seita Povo do Templo, não muito tempo atrás, se comprometeram coletivamente com um "suicídio revolucionário" como resultado de uma ordem de seu líder. O suicídio era genuíno, mas o adjetivo significava que este era também "correto".

Se tomarmos o significado que os eventos históricos modernos têm dado a *revolução*, no entanto, observaremos que as revoluções não são manipulações técnicas que qualquer pessoa que seja adequadamente competente possa "fazer", como um golpe de Estado pode ser "feito". As revoluções, vamos repetir, são processos espontâneos no decorrer dos quais as instituições de poder se desintegram por meio da participação das grandes massas da sociedade. São sempre o resultado da coincidência das mais variadas circunstâncias, e nós nunca temos razão para acreditar na alegação de que eram absolutamente inevitáveis. As atividades política e militar organizadas podem auxiliar esses processos e também são necessárias para sua conclusão (ou seja, para tomar o poder e estabilizar um sistema novo de governo); elas não podem, porém, trazer a revolução por si sós. Nem a atividade terrorista jamais resultou em revolução, e não há razão para supor que jamais o fará. Pois a revolução – quando a invasão estrangeira não é confundida com ela, como muitas vezes acontece – é uma doença da sociedade, a paralisia de seu sistema regulatório, e pode ser assim caracterizada, independentemente do sistema regulatório ser despótico ou democrático por natureza. A recuperação ou reconstrução dos mecanismos de regulação marca o fim de uma revolução, e novos mecanismos podem ser "revolucionários" apenas em virtude de sua origem, não em virtude de sua função, o que marcaria um uso invertido da palavra.

Existe, alguma regra que exija que os mecanismos de poder que surgem no curso do processo revolucionário devam tomar formas despóticas? Essa questão foi considerada muitas vezes em conexão com as decepções dramáticas das revoluções do século XX, e, em particular, com a Revolução Russa. Não parece, contudo, haver nenhuma resposta que seja inequivocamente verdadeira em todas as circunstâncias. A Revolução de Outubro, na Rússia, não foi, como sabemos, dirigida contra o czarismo, que tinha sido eliminado há oito meses, mas contra o único governo na história da Rússia que, apesar de não eleito, tinha o direito de reivindicar a representação da maioria da sociedade, e que, embora fraco e sem o controle da situação, tinha começado o processo de construção de instituições democráticas. Aquele governo havia surgido da Revolução de Fevereiro, a partir da desintegração do aparelho decisório e do exército. Se os bolcheviques tiveram sucesso e impediram a construção da democracia na Rússia, isso não se deu apenas porque eles eram mais organizados e estavam determinados a conquistar o poder pela violência; deveu-se também a uma série de acasos (para eles) felizes. No decorrer de alguns anos, eles criaram instituições que, em suas características despóticas, ultrapassavam de maneira significativa o domínio czarista em suas últimas décadas.

Por outro lado, se os eventos em Portugal, em 1975, podem ser chamados de revolução, eles exemplificam como, em um ambiente externo favorável e com um movimento democrático suficientemente forte, o processo revolucionário pode levar à substituição de mecanismos despóticos – já seriamente enfraquecidos pela corrosão interna – por outros, representativos. Os comunistas portugueses claramente imaginavam ser capazes, tendo a ajuda soviética, de usar a queda da versão portuguesa do fascismo para o estabelecimento de sua própria ditadura. Essa não era uma esperança de todo vã, e poderia ter sido realizada em condições internacionais mais propícias.

Podemos dizer que se os mecanismos democráticos, embora fracos e funcionando mal, são destruídos pela doença revolucionária, não há chance de que eles sejam substituídos por mecanismos democráticos mais eficazes (a menos que sejam descritos como "instituições democráticas revolucionárias"). Em sistemas despóticos de governo, os resultados da mudança revolucionária podem ser vários, dependendo das condições internacionais e da força dos movimentos sociais interessados não apenas na conquista do poder, mas em construir instituições democráticas representativas.

Em outras palavras, os resultados dos levantes revolucionários dependem, em parte, da força relativa das diferentes ideologias que participam daqueles levantes. Ideologias que simplesmente exigem o estabelecimento de uma ordem legal representante e estão prontas para usar o colapso revolucionário para a destruição de formas opressivas de autoridade, sem dúvida, aumentam a chance de que uma forma de despotismo não seja substituída por outra, talvez mais selvagem. Se, no entanto, as ideologias dominantes são utópico-revolucionárias, no sentido estrito da palavra, isso significa que a "revolução" é vista como uma solução apocalíptica para todos os problemas das pessoas, um início completo, uma segunda vinda secular, ou uma agitação da árvore de Natal cósmica a partir da qual a verdadeira estrela de Belém caiu para a Terra.

As ideologias revolucionárias nesse sentido formam um fenômeno social *sui generis*, uma forma leiga degenerada de messianismo religioso que existe há muito tempo em pelo menos três das grandes religiões da humanidade: o judaísmo, o cristianismo e o budismo mahayana (tem sido até mesmo sugerido – embora não provado – que a ideia da segunda vinda de Buda à Terra surgiu no sul da Índia no século primeiro, sob a influência do messianismo judaico--cristão). A ideia de revolução como apocalipse, como rota para o Estado final, é radicalmente diferente da filosofia do progresso iluminista. A crença no progresso significa esperança em mundo melhor, que surgirá do mundo atual como sua continuação, pelo crescimento da educação, do senso comum, da melhoria moral e do desenvolvimento técnico. *Progresso* significa continuidade, acúmulo de realizações, melhorias. O messianismo revolucionário, pelo contrário, alimenta-se da esperança de uma descontinuidade radical na história, uma ruptura que abre a porta para um Novo Tempo. A expectativa de um Novo Tempo, de uma regeneração completa, é, na verdade, a raiz da mentalidade revolucionária; é a crença de que a humanidade pode, por assim dizer, libertar-se de todas as cargas acumuladas em seu ser biológico e social durante séculos, de que ela poderia lavar os pecados do passado no choque de um batismo de sangue revolucionário e começar tudo de novo do ano um.

Mas como é que isso acontece? As esperanças messiânicas têm contado, desde o início de nossa era, com uma intervenção que vem de além do mundo humano: o novo calendário deveria ser iniciado por um mensageiro divino, e a tarefa de cada pessoa individualmente era a penitência e a expectativa. Mas o cenário é outro se é sabido que o Messias está entre nós, encarnado em uma seita, raça, classe ou partido, que é o afortunado possuidor da verdade. A esta altura, a técnica messiânica deve estar pronta. Tal técnica pode contar apenas com a destruição, pois, por definição, o Novo Tempo não pode ser planejado em condições governadas pelo diabo. A ação apocalíptica pode, por conseguinte, contar apenas com a destruição total.

Mirabeau já conseguiu perceber que depois de cada revolução aparecem pessoas que imediatamente proclamam a necessidade da próxima revolução, desta vez a revolução final e conclusiva. Como esperado, não poderia ser de outra forma. Toda revolução precisa de energias sociais que só expectativas muito exageradas podem mobilizar, e em toda revolução essas esperanças devem ser desproporcionalmente grandes em relação ao desfecho – assim, é inevitável que cada revolução crie uma grande massa de decepções. Mas depois de revoluções nas quais ideologias apocalípticas desempenharam um papel significativo, depois de revoluções que podem ser descritas como sonhos do escaton, as decepções são naturalmente enormes: podemos, no entanto, sobreviver a elas se o sonho messiânico não for abandonado e os fatos atuais forem simplesmente avaliados de maneira diferente – esta ainda não era a "verdadeira" revolução; outra é necessária, e, com certeza, será a definitiva. Da mesma forma, as seitas milenaristas calcularam exatamente o momento da Segunda Vinda, e quando o dia se passou sem o grande evento, chegaram à triste conclusão de que seus cálculos estavam errados, mas não abandonaram o princípio no qual a expectativa se baseou.

A esperança em um Novo Tempo, um Começo Absoluto ou Juventude Total, é, ao que parece, uma forma permanente e nunca completamente extinta de vida espiritual humana. Há poucos motivos para supor que essa esperança possa um dia ser removida de nossa cultura, ou mesmo que isso seja desejável. Trata-se de uma ânsia pela anulação do passado. As fantasias revolucionárias dos tempos modernos são a encarnação histórica dessa esperança. Sua forma original é a escatologia religiosa, em que a crença em um Novo Tempo, isto é, a salvação, incluía a absolvição das falhas, dos erros e dos pecados da época anterior.

A esperança em um Novo Tempo é resistente a argumentos racionais – em sua forma típica, não é uma teoria ou posição intelectual, mas uma paixão espiritual. A escatologia religiosa não tem necessidade de uma base racional, ela se baseia não na previsão e na teoria, mas na confiança em uma promessa que foi dada ao povo no começo dos tempos. Essa promessa sustenta sua fé de que o passado pode ser como que apagado, em um sentido moral, de que a cadeia do mal e do sofrimento pode ser radicalmente quebrada.

As escatologias revolucionárias seculares são versões dessa mesma crença distorcidas por dois fatores. Elas representam suas esperanças, primeiro, como convicções que se baseiam em premissas racionais, que podem ser feitas apenas de má-fé. Em segundo lugar, porque a salvação tem que ser coletiva e deve ser realizada através de técnicas sociais especiais, a obliteração do passado deve ter um caráter político, mais do que moral, o que significa que o apocalipse consiste na destruição da cultura, e em sua forma perfeita é direcionado para mergulhar no esquecimento todo o acervo cultural herdado. A destruição do passado não foi igualmente bem-sucedida e coerente em todas as revoluções, e as premissas ideológicas dessa destruição não foram expressas de forma igualmente clara em todas elas. A partir da perspectiva atual, a Revolução Russa pode ser entendida como uma versão relativamente contida e inconsequente do apocalipse cultural. Uma grande parte da *intelligentsia* pré-revolucionária ou foi exterminada ou obrigada a emigrar; a falsificação da história se tornou uma rotina diária; a tradição religiosa foi vítima de repressão implacável; a filosofia, a literatura e as artes foram empobrecidas e atrofiadas como resultado de perseguição, massacres e restrições. Apesar de tudo, o extermínio e a perseguição não foram eficazes o suficiente para quebrar completamente a continuidade da cultura. A ideia radical da destruição completa da cultura herdada (*Prolekult*) nunca foi a política oficial das autoridades – pareceu que, mesmo com um ligeiro afrouxamento da repressão política, a Rússia foi capaz de produzir novas energias culturais, de demonstrar que não havia rompido os laços com seu passado e tinha resistido aos esplendores do Novo Tempo.

O apocalipse chinês foi significativamente mais radical, em particular no período da chamada revolução cultural. Não foi somente a destruição do passado, da arte herdada, da filosofia, da religião e da ciência e a destruição de escolas e universidades realizada de forma muito mais consistente, mas a família também foi destruída de modo muito mais sistemático e eficaz como a forma de vida social mais resistente à nacionalização. A ideologia revolucionária do maoísmo também expressou as tarefas do Novo Tempo de forma significativamente melhor e mais distinta: o apagamento completo da continuidade cultural e a moldagem do novo homem em um deserto cultural. Não podemos julgar, a esta altura, em que medida esse trabalho foi um sucesso e em que medida os chineses conseguiram preservar, apesar da terrível devastação, a capacidade de regeneração espiritual. Parece, no entanto, que aí também a tentativa de criar um Começo Completo não foi totalmente bem-sucedida.

O mais próximo do ideal – até agora – foi a revolução no Camboja (me refiro à penúltima libertação). A preparação para o Novo Tempo e a destruição da velha sociedade não tiveram limites. As cidades, as escolas, a família, a religião, todas as formas de vida social, todos os recursos da civilização ficaram em ruínas: os novos governantes acreditaram, com razão, que o Novo

Homem, para ser verdadeiramente novo, não deveria ter a menor conexão com as formas culturais anteriores. Na prática, isso significava que era necessário matar todos os letrados e manter os remanescentes como escravos nos campos de concentração. Essa tarefa foi razoavelmente bem-sucedida: extermínio em massa e destruição sistemática transformaram o país em uma terra arrasada – as fundações do Novo Tempo foram estabelecidas.

Uma coisa não pôde ser alcançada, mesmo no Camboja, porque o mecanismo adequado ainda não havia sido desenvolvido: não foi possível fazer com que o povo desaprendesse a própria língua. A destruição consistente da história também teria requerido que as pessoas parassem de conhecer sua língua ancestral, que carrega em si a tradição cultural, impõe certa estrutura de pensamento e, portanto, limita as possibilidades de criar o Novo Homem, além de incluir palavras e formas gramaticais que o Novo Homem não deveria conhecer. A revolução perfeita pressupõe um deserto cultural perfeito. Deve ser encontrado, assim, um método que seja capaz de fazer as pessoas voltarem a um estado pré-linguístico.

A Juventude da Humanidade: troglodita; "antropopiteca". Libertação total: uma jaula.

Além dessa dificuldade ainda sem solução, parece que a revolução no Camboja alcançou o melhor resultado de todos até agora. Baseando-se em sua história, foi possível definir a Revolução Total, o Novo Tempo e o Novo Homem de maneira muito mais precisa do que em qualquer época anterior: genocídio, escravidão, bestialidade. O apocalipse foi quase perfeito, a ideia revolucionária quase se encarnou. O projeto de retornar ao Ser Absoluto, à bela juventude, separada de sua base religiosa, materializou-se então da melhor forma possível.

19.

Como ser um "socialista-liberal-conservador": Um credo[*]

Lema: "Por favor, um passo à frente para a retaguarda!" Essa é uma tradução aproximada do pedido que eu certa vez ouvi em um bonde, em Varsóvia. Eu proponho que esse se torne o lema para a Internacional poderosa que nunca vai existir.

UM CONSERVADOR ACREDITA:

1. Que na vida humana nunca houve e nunca haverá melhorias que não acarretem deterioração e males; assim, ao considerar cada projeto de reforma e melhoria, seu preço tem de ser avaliado. Dito de outra forma, inúmeros males são compatíveis (ou seja, podemos sofrê-los de forma abrangente e simultânea), mas muitos bens limitam ou cancelam uns aos outros, e, portanto, nós nunca os apreciaremos totalmente ao mesmo tempo. Uma sociedade na qual não há igualdade nem liberdade de nenhum tipo é perfeitamente possível, mas uma ordem social que combine total igualdade e liberdade não o é. O mesmo se aplica à compatibilidade do planejamento e ao princípio da autonomia, à segurança e ao progresso técnico. Colocando de outra forma, não há final feliz na história humana.

2. Que não sabemos até que ponto as diferentes formas tradicionais de vida social – família, rituais, nação, comunidades religiosas – são indispensáveis

---

[*] Reimpresso com permissão do editor da *Encounter* (outubro de 1978), com revisões do autor. Copyright © 1978 por Encounter, Ltd.

para que a vida em sociedade seja tolerável ou mesmo possível. Não há motivos para acreditar que quando nós destruímos essas formas, ou as rotulamos como irracionais, aumentamos a chance de felicidade, paz, segurança ou liberdade. Nós não temos conhecimento certo do que poderia ocorrer se, por exemplo, a família monogâmica fosse revogada, ou se o costume consagrado pelo tempo de enterrar os mortos desse lugar à reciclagem racional de corpos para fins industriais. Mas faríamos bem em esperar o pior.

3. Que a ideia fixa do Iluminismo – que afirma que a inveja, a vaidade, a ganância e a agressão são todas causadas pelas deficiências das instituições sociais e desaparecerão assim que tais instituições forem reformadas – não é só absolutamente incrível e contrária a toda a experiência, mas muito perigosa. Como todas essas instituições surgiram se são tão contrárias à verdadeira natureza do homem? Esperar que possamos institucionalizar a fraternidade, o amor e o altruísmo já é ter um projeto seguro para o despotismo.

UM LIBERAL ACREDITA:

1. Que a antiga ideia de que o propósito do Estado é a segurança ainda permanece válida. Esse princípio permanece válido mesmo se a noção de "segurança" for expandida para incluir não somente a proteção de pessoas e da propriedade por meio da lei, mas também diversas provisões de seguro: que as pessoas não deveriam morrer de fome se estivessem desempregadas; que os pobres não deveriam ser condenados a morrer por falta de assistência médica; que as crianças deveriam ter livre acesso à educação – tudo isso também é parte da segurança. No entanto, a segurança nunca deve ser confundida com a liberdade. O Estado não garante liberdade por meio de ações e através da regulação de diversas áreas da vida, e sim ao não fazer nada. De fato, a segurança pode ser ampliada somente ao custo da liberdade. Em qualquer caso, fazer as pessoas felizes não é função do Estado.

2. Que as comunidades humanas são ameaçadas não só pela estagnação, mas também pela degradação, quando são tão organizadas que não há mais espaço para a iniciativa e a inventividade individual. O suicídio coletivo da

humanidade é concebível, mas um formigueiro humano permanente não o é, pela simples razão de que não somos formigas.

3. Que é altamente improvável que uma sociedade na qual todas as formas de competitividade foram eliminadas vá continuar a ter os estímulos necessários para a criatividade e o progresso. Mais igualdade não é um fim em si, mas apenas um meio. Em outras palavras, não há nenhum sentido na luta por mais igualdade se o resultado é apenas o nivelamento por baixo daqueles que estão em melhor situação, e não a melhoria dos desfavorecidos. A perfeita igualdade é um ideal autodestrutivo.

UM SOCIALISTA ACREDITA:

1. Que as sociedades nas quais a busca pelo lucro é o único regulador do sistema produtivo são ameaçadas com catástrofes tão graves (e talvez mais graves) quanto aquelas observadas nas sociedades em que a motivação do lucro foi totalmente eliminada das forças de regulação da produção. Existem boas razões para que a liberdade de atividade econômica deva ser limitada em nome da segurança, e para que o dinheiro não deva produzir automaticamente mais dinheiro. A limitação da liberdade deve ser chamada assim, e não denominada "uma forma de liberdade superior".

2. Que é absurdo e hipócrita concluir que, simplesmente porque uma sociedade perfeita sem conflitos é impossível, cada forma existente de desigualdade é inevitável e todas as formas de se criar lucros são justificadas. O tipo de pessimismo antropológico conservador que levou à crença surpreendente que um imposto de renda progressivo era uma abominação desumana é tão suspeito quanto o tipo de otimismo histórico no qual o Arquipélago Gulag se baseou.

3. Que a tendência de submeter a economia a importantes controles sociais deve ser incentivada, mesmo que o preço a ser pago seja um aumento na burocracia. Tais controles, no entanto, devem ser exercidos dentro da democracia representativa. Assim, é essencial planejar as instituições que combatem a ameaça à liberdade, que é produzida pelo crescimento dessas formas de controle.

Até onde posso ver, esse conjunto de ideias reguladoras não é contraditório. Portanto, é possível ser um "conservador-liberal-socialista". Isso é equivalente a dizer que essas três designações específicas já não são opções mutuamente exclusivas.

Quanto à grande e poderosa Internacional que eu mencionei no início – ela nunca existirá, porque não pode prometer às pessoas que elas serão felizes.

PARTE IV

SOBRE TEORIAS CIENTÍFICAS

20.

Por que uma ideologia está sempre certa[*]

Neste artigo vou deixar de lado as várias propostas sobre como a palavra *ideologia* deve ser empregada. Em vez disso, vou tentar captar o seu significado, uma vez que este surge do uso diário e de hábitos jornalísticos (mais do que sociológicos) e perguntarei se tal uso identifica um fenômeno independente. É notado com facilidade que no discurso diário o significado da palavra "ideologia" é restrito quando comparado ao que a maior parte da tradição sociológica – começando por Marx – recomendaria. No uso comum, normalmente não aplicamos a palavra para crenças religiosas: não falamos, por exemplo, em "ideologia batista"; e, se "ideologia islâmica" nos parece admissível, é porque pensamos nesta como uma entidade política peculiar, mais do que como uma entidade religiosa. Nem a palavra soa apropriada quando se refere a doutrinas específicas ou utopias que não têm apelo social significativo. Credos filosóficos, quando limitados aos círculos de especialistas, não costumam ser chamados de ideologias, exceto quando queremos salientar nossa opinião depreciativa. Dizer "O positivismo é uma ideologia" sugere que, longe de corresponder a suas reivindicações científicas, a filosofia positivista envolve juízos de valor arbitrários.

O costume da linguagem comum tende cada vez mais a reservar o termo para sistemas de ideias que exibem as seguintes características:

1. Expressam e articulam objetivos e princípios de movimentos de massa/ organismos políticos ou de movimentos que aspiram a uma massa de seguidores;

---

[*] Reimpresso com permissão da editora de M. Cranston e P. Mair, eds., *Ideology and Politics* (Alphen aan den Rijn: Sijthoff Publishers, 1980), com revisões do autor.

2. Fornecem a esses movimentos ou organizações justificativas para suas reivindicações de poder (já mantido ou desejado); muito frequentemente, o alvo é o poder que não será compartilhado com mais ninguém;
3. Afirmam e viabilizam todos os aspectos dinâmicos, agressivos e violentos desses movimentos ou organizações (incluindo Estados) com formas doutrinárias;
4. Tendem, com graus de coerência variáveis, a ganhar um caráter completo ou "global". Em outras palavras, pretendem oferecer soluções não apenas para questões sociais ou queixas específicas, mas para todas as questões importantes da vida humana, inclusive religiosas ou metafísicas – isto é, pretendem ser uma *Weltanschauungen* [cosmovisão] abrangente.

Em suma, o que o uso comum dá a entender com mais frequência é que a função social das ideologias é fornecer a um sistema de poder existente (ou a aspirações ao poder) uma legitimidade baseada na posse da verdade absoluta e abrangente.

Como tal, os exemplos típicos de ideologias assim concebidas são os aspectos doutrinários de movimentos como o comunismo (em todas as suas variantes), o nazismo, o fascismo, o pan-arabismo, o sionismo e várias atividades nacionalistas ou raciais agressivas, bem como ideias imperiais ou imperialistas, sejam estas baseadas ou não em um apelo aos vínculos étnicos. Por outro lado, a palavra parece menos apropriada quando associada a adjetivos como "liberal", "pacifista" e "conservadora".

É claro que a questão não é qual sentido (amplo ou restrito) é mais adequado – qualquer sentido pode ser adequado se for razoavelmente bem esclarecido. Em vez disso, a questão é perguntar se o significado restrito capta um fenômeno que merece atenção especial não só nos termos políticos de hoje, mas também na taxonomia de ideias. Em caso afirmativo, é bom perguntar até que ponto se pode justificar as frequentes analogias com movimentos e ideias religiosos. Essa distinção me parece de grande importância, e, em minhas observações posteriores, vou tentar explicar por que a opinião popular que iguala a ideologia à religião, ou vê a primeira como "substituta", ou como uma "versão moderna" da última, poderia ser verdade apenas em um sentido bastante específico. No entanto, eu foco minha atenção em apenas um lado dessa distinção: no aspecto "epistemológico" da ideologia. Embora seja plausível argumentar que ideologias produzem algumas regras cognitivas ou modos de percepção próprios, e que essas regras de certa forma são semelhantes àquelas típicas da vida religiosa, mesmo assim elas são distintas em outros aspectos. Vou salientar essa distinção, sem negar o fato óbvio de que vários movimentos religiosos têm desempenhado (ou desempenharam) uma função eminentemente política, e que muitas formas híbridas misturam dogmas religiosos tradicionais com aspirações políticas agressivas.

O que é comum aos sistemas de crença ideológicos e religiosos é que ambos pretendem impor um significado *a priori* sobre todos os aspectos da vida humana e todos os eventos contingentes, e que ambos foram construídos de tal modo que nenhum fato imaginável (e muito menos real) pudesse refutar a doutrina estabelecida. Refiro-me aqui à clássica estrutura popperiana de interpretação. Doutrinas religiosas e ideológicas são imunes a falsificações empíricas e capazes de absorver todos os fatos enquanto sobrevivem intactas. Se eu acredito fortemente no olho da Providência observando todos os detalhes da minha vida, não preciso temer que evento algum possa lançar dúvidas sobre a onipresença da sabedoria divina. O que quer que me aconteça irá se encaixar na estrutura. Se o destino me favorece, ele exibe a benevolência de Deus e deve ser visto como uma recompensa, um incentivo ou um ato de graça. Se ele se volta contra minhas aspirações e frustra as minhas esperanças, com certeza, a mesma Providência está trabalhando: todas as adversidades têm de ser explicadas como punição ou advertência. Por ser a vida do ser humano inevitavelmente ambígua, não há nenhum momento em minha vida em que eu não mereça ser ou recompensado ou castigado, em que a misericórdia e a justiça não possam ser aplicadas a mim de forma justa. Assim, há uma certeza prévia de que o que quer que aconteça, acontecerá corretamente, e confirmará a sabedoria infalível de Deus, cujos detalhes, de qualquer maneira, escapam à minha limitada compreensão.

Parece, à primeira vista, que as ideologias desfrutam do mesmo privilégio de imunidade aos fatos e da mesma capacidade de absorvê-los, uma vez que a estrutura de sentido que elas dão ao destino humano é tão infalsificável quanto a ordem significativa do mundo na percepção do crente. Se eu decidir que toda a história consiste em atos de luta de classes e que todas as aspirações humanas e ações devem ser explicadas nos termos dessa luta, então de forma alguma seria possível conceber uma refutação desse princípio. Uma vez que tudo no mundo empírico está ligado de uma forma ou de outra, uma vez que afirmamos que os interesses de classe compreendem todos os aspectos da vida social, não há necessidade de esticar em excesso a própria imaginação para encontrar a confirmação da filosofia marxista da história em todos os acontecimentos possíveis. Já que uma determinada sociedade é definida como "capitalista" e, assim, *ex definitione* governada pela burguesia, nenhuma ação concebível do governo pode deixar de validar esse veredito. Se, por qualquer motivo, a vida do país está se deteriorando em alguns aspectos, a doutrina é confirmada: os exploradores estão oprimindo as massas trabalhadoras, a fim de buscar o lucro; se, pelo contrário, tudo está claramente melhorando e os padrões de vida dos trabalhadores melhoram, a verdade da doutrina está comprovada: os exploradores, aterrorizados pelas perspectivas de revolução, tentam subornar as massas trabalhadoras, a fim de adormecê-las. Se o governo é liberal em questões sexuais e tolerante a respeito da pornografia, ele claramente quer desviar a atenção dos trabalhadores de ardentes questões sociais e canalizar os interesses das massas em uma direção inofensiva; se, pelo contrário, ele é mais ou menos puritano e reduz a pornografia, está oprimindo o movimento em direção à libertação e impedindo as pessoas de desperdiçarem uma energia que poderia, de outra forma, ser usada para gerar lucro. Uma vez que você é classificado como o diabo, não pode se comportar de uma forma que não corrobore com essa avaliação. Não é necessário dizer que, como você decide que a história do mundo é definida pela luta entre judeus e arianos, sua interpretação será tão infalivelmente confirmada por todos os fatos quanto o é a teoria de que o que as pessoas fazem é, no fim das contas, redutível a interesses de classe ou à teoria de que todos os eventos, tanto de origem natural quanto causados pelo homem, revelam a orientação divina do universo. A atração intelectual de uma ideologia com pretensões universalistas jaz precisamente no fato de ela ser tão fácil. Uma vez que a tenha aprendido, o que você sempre pode fazer em pouco tempo e sem esforço, tudo passa a fazer sentido e você se torna o feliz proprietário duma chave que abre todos os segredos do mundo. Essa analogia, entretanto, fornece apenas metade da história. As crenças religiosas normalmente não precisam se apresentar como hipóteses racionais, transportando valor explicativo para os fatos empíricos, como é exigido a hipóteses científicas. É certo que tentativas de racionalizar crenças religiosas e de converter a fé em uma espécie de conhecimento não são excepcionais na história da teologia. No entanto, na forma dominante da autocompreensão religiosa, não há demanda para tal legitimidade. O ato de pertencer a uma comunidade que se identifica com a revelação primordial costuma ter prioridade sobre o esclarecimento intelectual que a maioria das religiões afirma oferecer. A fé é interpretada como (e efetivamente é) uma condição de uma visão de mundo em que os fatos empíricos aparecem como muitas manifestações do significado espiritual oculto – em outras palavras, o princípio *credo ut intelligam* costuma estar incluso na maneira como os crentes veem seu próprio ato de crer. Não é esse o caso das ideologias. Estas vivem em má-fé, na medida em que fingem oferecer uma explicação do mundo a partir dos atos de intolerância e de fanatismo. Elas querem que os fatos as confirmem da mesma forma que as hipóteses científicas são confirmadas, sendo, por isso, compelidas a distorcer e esconder fatos desfavoráveis. Devem possuir a verdade absoluta e, ao mesmo tempo, se prestar a testes. Enquanto as religiões muitas vezes recorrem à mentira, esta não é uma parte inerente de seu estado cognitivo, já que seu conteúdo é essencialmente não verificável; as ideologias, por outro lado, carregam uma necessidade implícita de mentir e não podem sobreviver de outra forma. Ao contrário das religiões, as ideologias não estão acima da ciência – elas são positivamente anticientíficas.

Assim, o talento de cada um em absorver todos os fatos possíveis é diferente. As ideologias não são apenas obrigadas a desenvolver técnicas para mentir, mas quando os fatos não podem ser escondidos, elas também precisam de uma técnica psicológica especial que impeça os seguidores de verem esses fatos ou que molde uma forma peculiar de dupla consciência na qual os fatos podem ser não somente rejeitados como irrelevantes, mas também, com certeza, negados.

Um amigo meu me contou a história de sua filha, que, à época com três ou quatro anos de idade, corria com outra garota em um parque. A garota, que ia mais devagar, sempre gritava mais alto de sua posição de derrota: "Eu corro mais rápido, eu corro mais rápido!" Depois de um tempo, a menina que estava à frente começou a chorar e correu para a mãe, dizendo: "Eu não quero que ela corra mais rápido do que eu!" Esse é um exemplo simples de como a mente humana pode permanecer cega para os fatos mais óbvios quando submetida a uma ruidosa propaganda – mesmo que esta desfavoreça a própria pessoa. Em suma, pensar conforme o próprio desejo não é o único mecanismo de distorção cognitiva. Contudo, as ideologias devem ter à sua disposição um mecanismo ligeiramente mais complicado, que envolve um conceito específico de verdade, e sua tarefa é confundir ou mesmo abolir a distinção entre declarações factuais e afirmações sobre a "essência" das coisas.

Sem dúvida, uma analogia com a cognição religiosa pode novamente ser sugerida neste momento, ainda que se mostre enganosa de novo. Na cognição religiosa os conteúdos descritivo e normativo não estão separados; eles são percebidos em um único ato de fé. E uma vez que a autoridade de Deus confere validade a ambos, não há razão por que devessem ser válidos em dois sentidos diferentes, como é o caso com o conhecimento "secular". No entanto, nas ideologias, a distinção entre declarações normativas e factuais fica desfocada de tal forma que os julgamentos ostensivamente descritivos disfarçam as regras normativas que os crentes deveriam aceitar em seus significados descritivos.

Exemplos de como funciona essa confusão podem ser tirados de muitas fontes bem conhecidas. A ideologia comunista, porém, ou melhor, a ideologia do Estado comunista, é mais adequada do que qualquer outra, porque alcançou um grau de codificação inigualável e exibe uma impressionante consistência em seu caráter contraditório.

Tomemos um exemplo menos sofisticado. Quando um padre diz: "Um cristão não rouba", ele está simplesmente afirmando que um cristão não deve roubar e que quem rouba não é um bom cristão. Em outras palavras, ele está oferecendo uma definição normativa de cristão respeitável. Enquanto isso, quando lemos em um catecismo soviético que "um soviético não rouba", o significado dessa declaração é muito mais rico. Pode parecer um preceito comum gramaticalmente expresso, como com frequência é o caso, no modo indicativo. No entanto, não se supõe que seja um simples preceito. Essa sentença nos diz algo a respeito da essência do homem soviético como ele "realmente" é, assim como sobre pessoas reais que de fato incorporam tal essência. Um crente deve tomar por certo não só que não roubar faz parte da "essência" do homem soviético como normativamente definido, mas também que as pessoas soviéticas de fato não roubam. A tarefa da educação consiste em moldar a mente humana de tal forma que as pessoas sejam impedidas de ver o que veem, isto é, o roubo como um elemento inerente e necessário da vida cotidiana, e estejam prontas para admitir que o roubo, se ocorrer, é um fenômeno marginal insignificante que nem vale a pena mencionar. Assim, a virtude da ideologia não é somente o fato de que ela produz híbridos verbais que misturam fatos, mandamentos e afirmações sobre a "essência", mas também o processo que torna possível inferir fatos dos mandamentos, deduzir aquilo que é daquilo que deveria ser, e, se for feito de forma eficiente, produzir pessoas capazes de executar com precisão a milagrosa transubstanciação envolvida em ver os fatos como são prescritos pelas normas.

Certamente nós já deixamos para trás o período em que essa ideologia funcionava de forma eficiente, quando as pessoas realmente adquiriam o talento de acreditar em uma doutrina que a cada dia era refutada de forma flagrante e inequívoca em todos os seus detalhes pelos fatos comuns do dia a dia. O fato de essa ideologia ter sido capaz de alcançar tal perfeição – mesmo por um determinado período histórico – testemunha seu poder independente na vida social.

O livro *The Thaw*, de Ilya Ehrenburg, descreve uma reunião em que pessoas criticam certo romance soviético. Um dos personagens desaprova a inverdade de uma história de amor extraconjugal no romance, e parece acreditar sinceramente que o livro é falso ao retratar uma conduta não soviética (um homem soviético não tem casos extraconjugais), até que, em um momento posterior, após a reunião, de repente percebe que ele próprio está exatamente na mesma situação em sua vida real. Esse é o momento preciso do "descongelamento" [*thaw*, em inglês], o derretimento da ideologia. Uma vez que as pessoas se conscientizam de que a ideologia que estiveram professando é contrária aos fatos óbvios, ela deixa de ser uma ideologia. Em vez disso, se converte em uma simples mentira. Apesar de ser ainda repetida, ensinada e obedecida sob coerção, uma ideologia que é percebida e conhecida como mentirosa perde sua habilidade natural de produzir dupla consciência.

O marxismo leninista-stalinista expressou uma justificativa, pelo menos em certa medida, para a epistemologia curiosa deste fenômeno aparentemente impossível – a falsidade sincera. Lukács, entre outros, foi seu codificador. A parte relevante dessa teoria afirma que a verdade pode ser vista apenas do ponto de vista particular da classe progressista, o proletariado; que a sabedoria superior do proletariado está armazenada no Partido Comunista (e certamente não no que um proletariado empírico pensa ou acredita); e que tal sabedoria emerge em "atos de compromisso prático" mais do que na investigação "contemplativa". Assim, o que produz a verdade é a ação política do Partido Comunista. Em outras palavras, por definição, o partido nunca está errado, porque é o único mecanismo gerador de critérios de validade cognitiva. Os fatos são impotentes quando confrontados com a "totalidade", como percebida a partir de seu ponto de vista privilegiado (ou melhor, do ponto de vista da práxis). Lukács, inclusive, repetiu nesta conexão, ao menos uma vez, a declaração fichteana: "Pior para os fatos" – e foi uma frase bem calculada.

Essa teoria do conhecimento, na qual a "práxis" que a tudo abrange substitui e expulsa todos os critérios intelectuais (e morais), foi aplicada de uma forma um pouco menos sofisticada na consciência política comunista. Ela se transformou em um dispositivo psicológico que tornou possível obscurecer ou mesmo revogar a distinção entre o que é politicamente conveniente dizer e o que é verdadeiro no sentido comum. Essa distinção é admitida como uma realidade em atividades políticas, e de fato na vida cotidiana, e cancelá-la parece um grande feito. No entanto, a ideologia comunista parece ter produzido esse resultado de forma bastante eficiente, ainda que apenas por um determinado período. Descobriu-se que as pessoas muito comprometidas eram capazes de acreditar em mentiras que elas próprias tinham criado ou ajudado a criar. Era possível que alguns líderes políticos fabricassem dogmas politicamente úteis, obviamente contrários à sua experiência, e que eles acreditavam de alguma forma serem verdadeiros.

É, sem dúvida, um longo caminho do conceito marxista de ideologia até a maneira na qual a ideologia progressista e científica realmente trabalhou nos Estados comunistas. Essa rota, por mais longa que tenha sido, não é muito tortuosa, no entanto, e pode ser resgatada. No vocabulário de Marx, a *ideologia*, ou falsa consciência, era definida não por sua falsidade no sentido comum, mas pelo fato de que os seguidores eram incapazes de perceber que seu pensamento era determinado por forças sociais, mais do que por forças lógicas. Em outras palavras, tanto os produtores quanto os consumidores de produtos ideológicos foram vítimas de uma ilusão com relação às reais motivações e causas de suas crenças. Eles imaginavam-se como seres racionais orientados por critérios intelectuais ao aceitarem ou rejeitarem vários ingredientes de sua visão de mundo e, entretanto, inconscientemente seguiam os interesses manifestos da classe com a qual se identificavam.

A libertação da automistificação ideológica consiste, correspondentemente, não em restaurar o vigor pleno dos critérios intelectuais independentes dos valores sociais – uma vez que tais critérios são por si sós invenções da falsa consciência –, mas em perceber as verdadeiras forças motrizes por trás do próprio pensamento. No entanto, isso não pode ser feito dentro da consciência de classes privilegiadas, visto que tal consciência é inevitavelmente obrigada a se disfarçar de si mesma: as pessoas não podem produzir ideias universais, religiosas, metafísicas, sociais ou científicas e ao mesmo tempo estarem conscientes de que essas ideias são apenas dispositivos para perpetuar seus privilégios. Não tendo privilégios para defender, o proletariado não apenas pode se livrar de todos esses instrumentos autoenganadores, mas, de fato, não pode defender com sucesso seus próprios interesses particulares sem, na verdade, tê-los perdido.

Em outras palavras, Lukács não precisou mexer em excesso no legado de Marx para obter seu resultado milagroso: a verdade do marxismo não deve ser medida por critérios "externos" estabelecidos pela filosofia cientificista, mas porque tal doutrina expressa o movimento do proletariado, que é o único capaz de compreender a "totalidade" da sociedade (essa capacidade, por sua vez, deve ser estabelecida com base na análise marxista). Que o proletariado é possuidor da verdade *de iure naturali* podemos aprender com a teoria marxista, e que a teoria marxista é verdadeira nós sabemos pelo fato de que ela incorpora a consciência de classe do proletariado. Esse raciocínio admirável é aplicável somente se acrescentarmos que a verdade se revela não a partir do ponto de vista puramente teórico, mas dentro da práxis política, o que equivale a dizer que o compromisso político gera a verdade. Uma vez que a consciência do proletariado, que nós conhecemos da doutrina leninista, alcança sua forma genuína apenas na ideologia do partido, o Partido Comunista atinge a posição invejável de ser, por excelência, o portador da verdade.

Não é necessário afirmar que essa não é a maneira como os políticos ou simples seguidores expressam sua autoconfiança ideológica; é o pano de fundo epistemológico implícito à sua maneira quase espontânea de comportamento mental. Em nenhuma outra ideologia, que eu saiba, esse engenhoso estratagema ficou tão explícito e foram suas regras estabelecidas com tanta clareza por teóricos, como no caso da doutrina comunista. A resultante incapacidade de distinguir a verdade no senso comum da simples conveniência política e a capacidade de descartar todos os fatos empíricos como sendo irrelevantes para a própria superioridade cognitiva são perfeitamente validadas dentro dessa ideologia autossuficiente.

Deve-se acrescentar, contudo, que tentei descrever a ideologia em sua forma esquizofrênica perfeita, como foi alcançada no mundo stalinista. Desde então, temos observado uma crescente deterioração da eficiência ideológica do comunismo. O componente material básico pode ter permanecido intocado, da mesma forma como pode ter acontecido com as aspirações de administrar a percepção de mundo das pessoas. Essas aspirações não podem ser satisfeitas, no entanto, pelo menos não naqueles países europeus que estão sob o poder comunista. Apesar de indispensável como princípio de legitimidade, a ideologia é percebida, de maneira quase universal, como sendo simplesmente mentirosa. Além disso, o longo hábito de descartar completamente a evidência empírica e deduzir que qualquer coisa, não importa quão absurda, pode ser tomada como verdade por pessoas ideologicamente treinadas tem tornado a ideologia desajeitada ao extremo e incapaz de lidar com a nova situação. Enquanto isso, a ideologia, que é simplesmente imposta pela coerção e vista como uma mera mentira por parte dos consumidores, perdeu o estado cognitivo de uma ideologia. Nesse sentido, podemos falar do "fim da ideologia" no mundo comunista.

21.

A teoria geral da não jardinagem[*]

Uma importante contribuição para a Antropologia Social, a Ontologia, a Filosofia Moral, a Psicologia, a Sociologia, a Teoria Política e muitos outros campos da investigação científica

Aqueles que odeiam jardinagem precisam de uma teoria. Não jardinar sem ter uma teoria que justifique esse comportamento é uma forma rasa e indigna de vida.

Uma teoria deve ser convincente e científica. No entanto, para várias pessoas, várias teorias são convincentes e científicas. Portanto, precisamos de uma série de teorias.

A alternativa à não jardinagem sem contar com uma teoria é jardinar. Mas, é muito mais fácil ter uma teoria do que de fato fazê-lo.

TEORIA MARXISTA

Os capitalistas tentam corromper a mente das massas trabalhadoras e envená-las com seus "valores" reacionários. Eles querem "convencer" os trabalhadores de que a jardinagem é um grande "prazer" e, assim, mantê-los ocupados em seu tempo de lazer e impedi-los de fazer a revolução proletária. Além disso, querem fazê-los acreditar que, com sua parcela miserável de terra, são realmente "proprietários" e não assalariados, e, assim, ganhá-los para o

---

[*] Reproduzido com permissão do editor do *Journal of the Anthropological Society of Oxford*, 16, nº 1 (Hilary Term, 1985)

lado dos proprietários na luta de classes. Jardinar é, portanto, participar da grande conspiração visando ao engano ideológico das massas. Não pratiquem a jardinagem! Q.E.D.[1]

TEORIA PSICANALÍTICA

O gosto pela jardinagem é uma qualidade tipicamente inglesa. É fácil ver por que é assim. A Inglaterra foi o primeiro país da Revolução Industrial. A Revolução Industrial matou o ambiente natural. A Natureza é o símbolo da Mãe. Ao matar a Natureza, o povo inglês cometeu matricídio. Assim, os ingleses estão de modo subconsciente assombrados pelo sentimento de culpa e tentam expiar seu crime, cultivando e adorando seus jardins minúsculos e pseudonaturais. Jardinar é participar desse gigantesco autoengano que perpetua o mito infantil. Você não deve jardinar. Q.E.D.

TEORIA EXISTENCIALISTA

As pessoas se entregam à jardinagem para tornar humana a natureza, "civilizá--la". Essa, no entanto, é uma tentativa desesperada e inútil de transformar o ser-em-si em ser-para-si e não é apenas ontologicamente impossível, é uma fuga da realidade enganosa e moralmente inadmissível, uma vez que a distinção entre ser-em-si e ser-para-si não pode ser abolida. Jardinar, ou imaginar que se pode "humanizar" a Natureza, é tentar apagar essa distinção e negar, em vão, o próprio *status* ontológico irredutivelmente humano. Jardinar é viver em má-fé. Jardinar é errado. Q.E.D.

TEORIA ESTRUTURALISTA

Nas sociedades primitivas, a vida era dividida no par de opostos trabalho/lazer, o que correspondia à distinção campo/casa. As pessoas trabalhavam no

---

1 Q.E.D. é a forma latina da expressão "como queríamos demonstrar" (C.Q.D.) [*N. do E.*]

A TEORIA GERAL DA NÃO JARDINAGEM

campo e descansavam em casa. Nas sociedades modernas, o eixo da oposição foi invertido: as pessoas trabalham em casas (fábricas, escritórios) e descansam ao ar livre (jardins, parques, florestas, rios etc.). Essa distinção é crucial para manter a estrutura conceitual pela qual as pessoas organizam suas vidas. Jardinar é confundir a distinção entre casa e campo, entre lazer e trabalho; é borrar, na verdade destruir, a estrutura de oposição que é a condição do pensar. A jardinagem é uma asneira. Q.E.D.

FILOSOFIA ANALÍTICA

Apesar de muitas tentativas, nenhuma definição satisfatória de *jardim* e de *jardinagem* foi encontrada – todas as definições existentes deixam uma grande área de incerteza sobre o que pertence a qual lugar. Nós simplesmente não sabemos de forma exata o que jardim e jardinagem são. Usar esses conceitos é, portanto, intelectualmente irresponsável, e, na verdade, jardinar seria mais ainda. Não jardinarás. Q.E.D.

22.

Fabula mundi e o nariz de Cleópatra*

Tese: nenhum método explicativo existe no estudo da história da Filosofia. Terá sido Schiller o primeiro a observar, em seu famoso discurso de 1789, que nossa imagem do passado é uma projeção do presente? Não tenho certeza. Seja quem for o responsável pela primeira emissão dessa declaração, a ideia em si, desde então mil vezes repetida e redescoberta, tem, graças em grande parte à filosofia existencial, se tornado tão banalizada que certa quantidade de esforço é necessária se não quisermos sucumbir a ela por completo. Portanto, acreditar nela inteiramente não é apenas afirmar, junto a Schiller, que o significado dos acontecimentos de tempos passados é medido por aquilo que consideramos ser sua importância ao formar nosso próprio mundo; que eles fazem sentido apenas quando vistos dentro da estrutura de certa ordem teleológica que impomos a processos históricos e que não se torna aparente a partir de um simples exame dos fatos. É também acreditar que o que chamamos de *fato*, ou *evento*, não é mais do que uma construção arbitrária, e, como consequência, que a distinção entre verdade e falsidade se torna turva: qualquer construção, qualquer seleção, qualquer "estrutura" (pois são as "estruturas" que definem os fatos, e não o contrário) é tão válida e tão boa quanto qualquer outra. Como resultado, a história, no sentido comum da palavra – o sentido primitivo, pré-teórico –, torna-se impossível ou inútil. Tal conceito da história é extremamente atraente: ela nos liberta do "fetiche dos fatos" e da obrigação de aprender, e deixa os fatos para o pobre artesão de

---

* Traduzido do francês por Agnieszka Kolakowska de *"Fabula mundi* et le nez de Cleopatre" *Revue Internationale de Philosophie* 3, nº 1-2 (1975). Revisado pelo autor em inglês.

estudos históricos – o arqueólogo, o paleógrafo, o bibliotecário, os amantes da numismática, da esfragística e da genealogia.

No entanto, uma distinção insinua-se entre a alegação de que o passado pode ser entendido apenas através de uma projeção do presente e da teoria pela qual o significado do presente se torna visível à luz de um passado artificialmente construído. A primeira é uma visão pragmática; a segunda, uma visão cartesiana. De acordo com a primeira, é o presente que traz todo o sentido do passado, assim também, de forma inevitável, transformando-o em uma obra de arte; já de acordo com a segunda, é o passado – mas um passado artificial, uma *fabula mundi* – que dá significado ao presente. Se aceitarmos a primeira afirmação, nosso conhecimento do passado será útil para nós somente na medida em que pode ser incorporado a um todo coerente.

Se aceitarmos a segunda, nosso conhecimento do passado não tem nenhum valor para nós, pois a questão não é compreender o passado, mas sim construir uma gênese que explique o atual estado das coisas: se esta gênese é real ou totalmente inventada não importa. Todas as teorias do estado natural – algumas de maneira menos consciente do que outras, e algumas, na verdade, de maneira bastante consciente – recorrem a essa "historicidade" artificial. Ela está na visão de Puffendorf sobre a gênese da sociedade, na reconstrução da gênese do sistema solar de Descartes, na reconstrução da gênese da geometria de Husserl. É uma *fabula mundi*. E, mais uma vez, a história no sentido comum da palavra torna-se, se não impossível, supérflua. E mais uma vez somos libertados do fetiche dos fatos.

Ao que parece, um mínimo de ceticismo basta para fornecer amplos argumentos a favor da teoria de que a compreensibilidade, na verdade a própria continuidade, dos processos históricos se dá apenas por meio de "categorias" anteriormente adotadas e estabelecidas, e não pode haver nenhuma validade lógica em um movimento que parta dos "fatos" (presumindo que eles existam) em direção a uma descrição "global" do curso dos acontecimentos. Há uma boa razão para supor que nenhum tipo de ordem pode emergir de uma acumulação simples de conhecimento, a menos que tal ordem tenha sido previamente construída. A história empírica em si, livre de toda a reconstrução arbitrária, nos deixa apenas com o nariz de Cleópatra[1] – uma sucessão de eventos na

---

1 O famoso dito de Pascal: "Se Cleópatra houvesse tido um nariz menor, toda a face da Terra teria mudado".

qual, apesar da causalidade poder estar presente, falta continuidade, já que nenhuma análise do "todo" pode eliminar o caráter contingente dos eventos individuais ou dotá-los de significado.

Tudo que se aplica à história das nações, às guerras, às revoluções, aos costumes e às crenças também se aplica, *a fortiori*, à história das ideias e da Filosofia. O autor do comentário sobre o nariz de Cleópatra era ele mesmo uma espécie de nariz de Cleópatra: um gênio filosófico e religioso, um ponto de descontinuidade, uma ruptura imprevisível na história cultural. Depois do acontecimento, tudo pode, sem dúvida, ser explicado de maneira simples, e de dez formas diferentes – Pascal e Euclides, Galileu e Sófocles, todos podem ser igualmente descartados. Sempre haverá alguns "interesses" sociais, ou necessidades, clamando por realização, e, invariavelmente, encontrando respostas satisfatórias na forma de indivíduos e gênios excepcionais que se encaixam com perfeição às exigências. Tudo o que era necessário, em torno do ano 300 a.C., em Alexandria, era que alguém surgisse e escrevesse os *Elementos*; assim como, no fim dos anos 1750, na França, alguém teria que ser encontrado para escrever os *Pensamentos* (e sem ser capaz de terminá-los, aliás) – e eis que surge um voluntário para realizar tais tarefas. Mas como sabemos que a França precisava de um Pascal, ou que a Era de Ptolomeu I estava esperando por um Euclides? Simples: a prova de que tal necessidade realmente existia está no fato de que esses dois homens escreveram mesmo o que escreveram.

Assim, uma vez que decidimos que tudo é explicável, tudo é de fato explicável. Meu falecido amigo Lucien Goldmann mostrava admirável engenhosidade ao ligar os menores detalhes dos *Pensées* de Pascal à difícil situação da *noblesse de robe* francesa depois da Fronda. Alguém poderia pensar que ele seria realmente capaz de escrever os *Pensées* sem lê-los, apenas baseado na evidência histórica sobre os conflitos de classe da época. E é aqui que reside o ponto crucial. Pois se houvesse um método confiável para uma explicação histórica da cultura, nós também seríamos capazes de usá-lo como ferramenta de previsão. Ser capaz de explicar o que aconteceu é também ser capaz de prever o que ainda não aconteceu, caso contrário, a palavra *explicar* não teria o significado que costuma ser atribuído a ela. Acreditar que temos à nossa disposição um método efetivo para explicar uma ideia filosófica em sua totalidade, quer se trate da psicanálise ou do materialismo histórico, ou de qualquer outra teoria explicativa na história das ideias, é acreditar que podemos reconhecê-la tendo por base somente nosso conhecimento dos "fatores" que acreditamos ser a causa de seu nascimento e reproduzir mentalmente o mesmo processo criativo, assim como reproduzimos um experimento de química. Que tal façanha seja inimaginável é a prova, se for necessária alguma prova, da impossibilidade de uma explicação histórica das ideias filosóficas. É a prova, em outras palavras, de que nenhum método de explicação existe.

O que nós adequadamente chamamos de método deveria ser uma sequência de operações que, quando aplicadas ao mesmo sujeito, encontraria aproximadamente os mesmos resultados. Nas ciências humanas – à parte identificação e comparação de fontes – isso está longe de ser o caso. Existem métodos para determinar, com um grau de certeza suficiente, o mosteiro no qual determinado dado ou manuscrito foi copiado ou a cidade em que um determinado livro foi impresso, mas não existe um método para explicar novos fatos filosóficos através das circunstâncias psicológicas ou sociológicas de seu nascimento, nenhum procedimento que revele todas as causas que contribuíram para a criação da *Metafísica* ou da *Suma teológica*, da *Ética* ou das *Meditações*. Nem a psicanálise nem o materialismo histórico, nem nenhuma de suas variantes são métodos nesse sentido, pois, à parte certas generalidades, que são de pouca utilidade, encontram resultados variados quando aplicados ao mesmo assunto. Tudo o que permanece de tais métodos está contido nas diretrizes mais gerais, com o resultado, por exemplo, de que a forma como as pessoas pensam costuma ser influenciada por suas relações sociais, os valores aceitos dentro de suas comunidades, sua criação, seus traumas de infância. Diretrizes desse tipo, embora sejam importantes, triviais e verdadeiras, nunca vão atingir o nível em que poderão aspirar ao nome de métodos.

Isso não se liga às suas falhas transitórias, mas às limitações inerentes a qualquer estudo dos fenômenos culturais. O que buscamos quando tentamos explicar um ato criativo específico na história da cultura não está entre as coisas que podem ser expressas quantitativamente em um estudo histórico, esteja ele focado em demografia, preços, produção, dimensões físicas de um livro, número de pessoas que viram determinada produção teatral, frequência de certas palavras ou até mesmo popularidade de certos ideais e crenças – nada disso é o que estamos buscando. Embora possamos adivinhar de forma vaga as forças que operam por trás desse ato em particular, a distribuição dessas forças permanece desconhecida para nós. Como resultado, nenhuma explicação nem previsão é possível. Mas, se é assim, não é porque o nosso conhecimento "ainda é" imperfeito, mas porque não é absoluto – ou seja, vai ser sempre o mesmo a esse respeito. Pois não só somos incapazes de calcular essas forças, mas não podemos sequer formular uma pergunta sobre sua distribuição de forma inteligível; achamos impossível imaginar que elas possam ser reduzidas a uma única escala quantitativa. Quem afirma ser capaz de explicar determinado fenômeno na história da música, ou do romance, só pode provar essa afirmação escrevendo um romance ou uma peça de música que ainda não existe, mas que será criada amanhã por outra pessoa. E nós podemos deduzir com segurança que, mesmo se tal gênio se apresentar, ele não será outro senão Deus onisciente.

Esses argumentos podem parecer triviais. A conclusão a que eles levam, no entanto, não é tão trivial, e pode ser expressa na proposição apresentada no início deste ensaio – ou seja, nenhum método explicativo existe no estudo da história cultural.

Somos assim levados de volta ao conceito de acaso. Este, me permitam repetir, não é um conceito que explique coisa alguma, mas seu mérito reside no fato de que ele não tem a pretensão de explicar nada. Não é uma forma de explicação, mas uma renúncia bem fundamentada.

Uma possível objeção poderia tomar a seguinte forma: "Nós não pretendemos explicar cada detalhe, mas podemos explicar parcialmente um grande número de fatos." Isso não se sustenta tanto assim. Não estou afirmando que nada possa ser explicado, ou que não existam conexões causais – longe disso. Mas esse não é o ponto. Muitos acontecimentos podem ser explicados de maneira razoável, e a popularidade de certas ideias filosóficas ou religiosas pode muitas vezes ser "reduzida" a circunstâncias sociais. Mas o desenvolvimento histórico da Filosofia é repleto de inúmeros pontos de rompimento, e cada ato criativo, cada indivíduo criativo, é um desses pontos. Essas quebras de continuidade, ou mutações, esse nariz de Cleópatra, são como os movimentos dos átomos de Epicuro: em certos pontos os átomos se afastam da linha reta, de modo que sua posição, em um determinado momento, não pode ser aleatória, mas seu curso não é previsível. É inútil dizer que os filósofos não aparecem do nada, nem existem em um vazio, que estão sujeitos à influência de seu meio social e do patrimônio cultural, e assim por diante. Chavões desse tipo não adicionam mais peso às nossas explicações do que a alegação de que o *clinamen* do átomo epicurista está situado em um lugar determinado, e não em todos os lugares. Esse é realmente o caso, e ainda assim nem o lugar nem o curso anterior do átomo podem explicar seu desvio – por conseguinte, o resultado geral em qualquer momento é obra do acaso.

Alguém foi o primeiro a dizer "cogito", o primeiro a proferir as palavras "*Corpus omne perseverat in statu quiescendi*", ou "*Le premier qui ayant enclos un terrain...*", ou, ainda, "*Der Mensch ist etwas was überwunden sein muss*". Quem quer que dissesse que alguém teria que proferir tais palavras deveria ser advertido: "Você nunca vai ser capaz de provar que alguém tem que fazer isso." Como é fácil, na verdade, ceder à ilusão da necessidade do passado. O passado é irrevogável, e, assim, inevitável para nós, e é difícil imaginar que ele pudesse não ter sido assim no momento em que ainda não era passado. Porque uma cultura europeia na qual Descartes, Newton, Rousseau ou Nietzsche morreram na infância não existe – porque todos eles são, de alguma forma, parte de cada um de nós –, sua inexistência não é menos inconcebível para nós do que a nossa própria – e ninguém, sem se contradizer, pode imaginar a própria ausência total. Essa nossa incapacidade de nos concebermos como não existentes surge quando a racionalizamos como a crença de que o passado, o passado que conhecemos e que contribuiu para fazer de nós o que somos sempre foi tão inevitável quanto é hoje – uma crença que rejeita o acaso e é avessa a admitir que as coisas "poderiam ter sido diferentes". Aqui, então, está a razão pela qual nos esforçamos para desenterrar tendências, ritmos e regularidades na história da Filosofia; e aqui, da mesma forma, achamos nossa justificativa para a alegação de que um filósofo é o "precursor" de outro, como se o sentido de uma vida humana pudesse ser determinado ideologicamente por algo que ainda estava por vir, como se a cultura de uma época estivesse esperando alguém aparecer, se esforçando em direção a um determinado ponto culminante, uma culminação finalmente incorporada em um gênio – a saber: "Finalmente Descartes apareceu", disse Fontenelle. Mas uma cultura não se desenvolve realmente dessa forma. *Contra gentiles*, de Tomás de Aquino, não está adormecido, como potencialidade, na *Metafísica* de Aristóteles, aguardando sua atualidade; as obras de Marx não têm uma existência latente na *Fenomenologia* de Hegel; nem Plotino se escondia, germinando, entre as páginas de Platão, ou carregava em seu peito o embrião invisível de Maimônides. A estrutura do tempo não é simétrica, consequentemente, ninguém é um precursor, embora sejamos todos epígonos.

Mas, tendo adotado o ponto de vista imposto pela teoria do nariz de Cleópatra, podemos segui-la de maneira consistente? Há muito espaço para dúvidas. Teria o próprio Pascal admitido, por analogia com seus aforismos sobre Cromwell e Cleópatra, que, se São Paulo tivesse morrido antes de sua conversão, toda a história do mundo teria tomado um rumo diferente? Ele certamente teria recuado da sugestão de que o cristianismo, como as guerras romanas e a Revolução Inglesa, pertence ao reino do acaso, e, como tal, poderia nunca ter nascido, pois acreditava que, ao longo da história secular, existe a História Sagrada – e a História Sagrada desafia o acaso, por definição. Mas não existe nenhum historiador de Filosofia entre nós que não tenha sua própria pequena história sagrada, qual seja, uma certa ideia de continuidade histórica que lhe seja peculiar e definível em ritmo, sentido e direção. Se ele não a tiver, o historiador da Filosofia, no sentido moderno, em oposição a um mero registrador de eventos, tal como Diógenes Laércio, não poderia existir. A história, interrompida a cada guinada por acidentes que o intelecto é incapaz de submeter a seu domínio, concebida como uma série desesperada de explosões arrebentando do nada – tal visão, mesmo que empiricamente verdadeira, é inaceitável, e a razão tem bons motivos para se rebelar contra ela. Nós precisamos dessas nossas pequenas histórias sagradas, pois elas nos permitem construir uma estrutura ordenada a partir de um monte de lixo formado por eventos descontínuos. Privada de toda a continuidade e direção, a história seria inútil; mas nossa cultura, para que possa existir, deve torná-la útil, deve esculpir sua identidade a partir do passado e assimilar esse passado, se apropriar dele como um passado dotado de significado e identidade contínua, de maneira que ele se pareça com o passado subjetivo de um ser humano.

Assim, temos razões para construir nossas próprias *fabulae mundi* e negar o significado do nariz de Cleópatra, ou pelo menos reduzir o seu *status* para o de uma "causa ocasional". Disso podemos retirar uma única e modesta moral: nós devemos sempre reter e lembrar a diferença entre um fato e a *fabula* que o engole; nunca devemos nos deixar contaminar pelo pensamento de que fatos podem ser abolidos e arrastados em algum tipo de síntese suprema; devemos, em suma, chamar fatos e *fabulae* por seus nomes verdadeiros. E podemos ainda concluir que cada *fabula* deve carregar o tradicional aviso: *quod tamen potest esse aliter*.

23.

A lenda do imperador Kennedy: Um novo debate antropológico*

O 6684º encontro anual da Academia de Ciências provocou uma controvérsia acalorada. O principal artigo apresentado no encontro tratava de uma pequena lenda, pouco conhecida, de um imperador chamado Kennedy, que se diz haver governado dois grandes países no remoto passado A.G.C. (Antes da Grande Calamidade). Dr. Rama, o autor do artigo, confrontou e analisou escrupulosamente todas as fontes disponíveis. Que não somavam, com certeza, uma grande coleção em comparação com, digamos, a quantidade de material que temos sobre outro governante, Afonso XIII, que se diz haver governado outro país, chamado Espanha, pouco antes ou depois, embora o dr. Rama tenha provado que mais pode ser extraído das fontes existentes do que os estudiosos antes acreditavam.

Como se sabe, depois da grande calamidade que ocorreu nos anos 0-72 (aproximadamente), quando cerca de dois terços da terra habitável foram engolidos por água, e o restante quase destruído por imensas explosões de origem desconhecida, apenas oito livros do período anterior foram preservados em sua totalidade. São estes:

John Williams, *Creative Gardening* [Jardinagem Criativa]. Omaha, Nebraska.
(Se Omaha, Nebraska se refere a uma ou duas pessoas, ainda é uma questão em discussão.)
Alice Besson, *La Vie d'une idiote racontée par elle-même* [A vida de uma idiota contada por ela mesma]. Roman. (O livro parece ter sido produzido em um país ou localidade chamado Gallimard.)

---

* Reimpresso com permissão do editor da *Salmagundi*, nº 72 (outono de 1986).

Laszlo Varga, *Bridge for Beginners* [Bridge para iniciantes], traduzido do húngaro por Peter Harsch. Llandudno, 1966.
Dirk Hoegeveldt, *De arte divinatoria Romanorum* [Arte romana de adivinhação]. Lugduni Bat., 1657.
Annuario telefonico di Ferrara [Lista telefônica de Ferrara].
Arno Miller, *Neue Tendenzen in amerikanischen Sozialwissenschaften* [Tendências emergentes nas ciências sociais americanas]. Hoser Verlag Erlangen, 1979.
Dinah Ellberg, *All My Lovers* [Todos os meus amores].

O oitavo livro está omitido, uma vez que foi escrito em um código inteiramente desconhecido, excetuando-se uma misteriosa palavra, *Nagoya*, impressa na penúltima página – de acordo com as maiores autoridades, tratava-se provavelmente de um encantamento mágico projetado para espantar os espíritos malévolos que vinham de uma terra estrangeira. Nenhum dos livros, aliás, foi decifrado do início ao fim, mas alguns fragmentos, menores ou maiores, existem agora em traduções satisfatórias. Deve-se mencionar que os números nos livros provavelmente se referem a anos; uma vez que nada é conhecido, contudo, sobre os métodos segundo os quais o tempo era calculado na era A.G.C., ou nos anos anteriores a ela, é impossível datar corretamente os acontecimentos. Além disso, não se sabe se as pessoas costumavam calcular o tempo para a frente ou para trás. É bem possível, muitos estudiosos argumentam, que elas marcassem os anos por meio de um número correspondente ao lapso de tempo que ainda restava para a grande calamidade, de modo que, por exemplo, o ano 1657 era, na verdade, 300 anos mais tarde, e não mais cedo, do que o ano 1957.

A lenda do imperador Kennedy é mencionada apenas em um dos livros listados, o que sugere a alguns estudiosos que ela não havia sido amplamente difundida ou considerada importante entre os selvagens. No entanto, em quase duas dúzias de livros preservados em fragmentos, bem como em mais de 120 periódicos que foram recuperados até agora, treze deles quase intactos (entre eles *Chemical Engineering*, *Trybuna Ludu*, *Crosswords for Children* – este último praticamente ininteligível –, *Il Messaggero* e *Vuelta*), a lenda aparece diversas vezes, e o dr. Rama, depois de ter examinado com cuidado todo o material, forneceu pela primeira vez uma interpretação coerente. Os componentes principais do mito, de acordo com seu estudo, são os seguintes:

A LENDA DO IMPERADOR KENNEDY: UM NOVO DEBATE ANTROPOLÓGICO

1. O presidente (um título de origem obscura, obviamente equivalente a imperador) Kennedy governou simultaneamente dois grandes países chamados, respectivamente, América e EUA;
2. Ele veio de uma ilha lendária chamada Irlanda, localizada no Norte; se essa ilha era idêntica a outra, chamada Islândia, e mencionada em outra fonte, ainda não foi determinado em definitivo – talvez apenas um erro tipográfico tenha transformado um país em dois;
3. Ele era rico;
4. Ele lutou contra os governantes de três outros reinos, chamados Rússia, União Soviética e Cuba. Derrotou-os, assim o parece, mas então ele mesmo foi derrotado em uma batalha que ocorreu na baía dos Porcos. No entanto, continuou sendo o imperador de seus dois países;
5. Um dos países hostis, chamado Berlim (quase certo que tenha sido um outro nome para a Rússia), construiu um grande muro para impedir que o exército do imperador o invadisse, mas o imperador corajosamente insultou os inimigos diante desse muro;
6. Ele tinha dois irmãos – o mais velho morreu antes e o mais jovem depois da morte do imperador;
7. O próprio imperador foi atingido por seus inimigos e morreu;
8. Sua viúva, Jacqueline, posteriormente se casou com um "milionário".

Dr. Rama descobriu mais um item de informação de grande importância, até então desconhecido. Em meia página preservada da revista *Ici Paris*, o imperador é chamado de *"un grand coureur des jupes"* [um grande corredor de saias]. A única tradução plausível para a expressão é que ele costumava "correr de saias" com frequência. Uma vez que está documentado que saias eram roupas exclusivamente femininas, parece claro que o imperador era uma figura andrógina, incorporando as características masculinas e femininas. O dr. Rama também corrigiu a interpretação equivocada da palavra *milionário*, que até pouco tempo atrás era traduzida sem críticas como "homem rico". Ele encontrou um comentário até então negligenciado em um fragmento preservado do *Miami Star*, que diz: "O que é um milhão, hoje em dia? Amendoins." Como o amendoim era uma espécie muito pequena de noz, um *milionário*, longe de ser um homem rico, é um homem pobre, um homem que possui muito pouco, apenas alguns amendoins. Isso se encaixa bem na interpretação do dr. Rama.

O dr. Rama é um discípulo do famoso estudioso sr. Lévi-Strauss, que produz um tipo especial de calças, usadas igualmente por seres humanos dos sexos masculino e feminino e que, portanto, aponta que tudo pode ser visto como uma estrutura feita de um par de opostos, de modo que cada termo do par não faz sentido sem o outro; e, de fato, se você cortar uma perna de uma calça, a perna restante fica sem sentido. O dr. Rama, empregando esse dispositivo hermenêutico, ofereceu a seguinte interpretação para a lenda.

O mito do imperador Kennedy foi uma tentativa de conciliar, na imaginação mitológica, contradições básicas irreconciliáveis da vida humana. Em primeiro lugar, há a oposição dos sonhos e da realidade. Em uma fonte, a América – um dos dois países que ele governava – é chamada de "o sonho da humanidade", enquanto outra fonte fala da "realidade dura dos EUA", o que sugere claramente que os EUA eram considerados reais. Sonho e realidade eram, portanto, combinados em sua imagem. Em segundo lugar, nós temos a oposição Norte-Sul: ele veio do Norte, mas governava o Sul, como se infere a partir de uma observação encontrada em um fragmento preservado de um artigo que afirma de forma inequívoca que o Sul "está nas mãos da magia de Kennedy". Uma vez que nesse período o Sul era quente e o Norte frio, ambas condições sendo desagradáveis, ainda que por diferentes razões, esperava-se que a figura do imperador, ao que parece, abolisse por meios mágicos os lados ruins tanto do Norte quanto do Sul.

Os estudiosos têm se preocupado muito acerca de como explicar o sentido mitológico das guerras que o imperador lutou, mas aqui também o dr. Rama veio com uma interpretação engenhosa. Lembramos que o imperador incorporava as características masculinas e femininas. Parece que ele encorajava seus súditos a se tornarem homens (de acordo com a recém-citada *Ici Paris*, ele fez muitas pessoas se tornarem "cornos", o que viria de "coq", ou seja, galos). Na maioria das mitologias, o galo é um símbolo fálico, mas a derrota, como mencionada, foi infligida a ele por porcos, e os porcos também eram um símbolo de masculinidade ("aqueles porcos chauvinistas", nós lemos em um fragmento preservado de um folheto, "O martírio indescritível das mulheres americanas"). Assim, uma complicada dialética masculino/feminino surge da lenda: a figura masculina e feminina produz machos, é derrotada por machos e acabou morta, presumivelmente, por uma mulher ou por ordem de mulheres. Este fato foi estabelecido pela confrontação de duas fontes: em

A LENDA DO IMPERADOR KENNEDY: UM NOVO DEBATE ANTROPOLÓGICO

uma das poucas páginas preservadas de um livreto, "Fatos verdadeiros sobre a União Soviética", lê-se que a "felicidade das mulheres soviéticas é indescritível", enquanto outra fonte – uma página de um jornal misteriosamente chamado *The Times* – fala da "desgraça extrema dos homens soviéticos"; e, assim, vemos que, pelo menos em um dos principais países hostis, as mulheres eram felizes e os homens, infelizes, o que sugere que tal país era uma espécie de ginecocracia.

Concluímos, portanto, que a tentativa do imperador de superar a oposição masculino/feminino foi atacada de ambos os lados – masculino e feminino – e terminou com a catástrofe final. A lenda prova que a síntese masculino/feminino é impossível.

O último par de opostos no qual a lenda foi construída é rico/pobre. O imperador era rico, mas uma fonte diz que ele era "um defensor dos pobres". Claramente, ele simbolizava uma tentativa de revogar o contraste linguístico entre riqueza e pobreza. O fato de que foi derrotado e sua esposa se tornou pobre (a esposa de um "milionário") prova que seu esforço para trazer à harmonia esses dois termos de oposição terminou em fracasso.

O profundo significado pessimista do mito é este: as contradições básicas da vida humana não podem ser abolidas, e qualquer tentativa de torná-las coerentes é inútil.

A interpretação do dr. Rama, embora aplaudida por muitos estudiosos, não era de forma alguma universalmente aceita. O ataque mais forte foi lançado pelo dr. Gama, um seguidor do famoso dr. Sigmund Fraud,[1] que foi o fundador de outra escola (a assim chamada Psicoanalogias da Hermenêutica). O dr. Gama questionou praticamente todos os pontos de interpretação do dr. Rama e toda a estrutura da doutrina das calças do sr. Lévi-Strauss. A teoria do dr. Fraud diz que a única coisa que as pessoas querem fazer o tempo todo é copular, mas, para sobreviver, elas obrigam umas às outras a fazer outras coisas também, o que as torna infelizes; como resultado dessa infelicidade alguns escrevem poemas, outros cometem suicídio, outros ainda se tornam líderes políticos etc. "Eu admito", disse o dr. Gama, "que o dr. Rama encontrou alguns fatos interessantes que lançam uma nova luz sobre a lenda; sua interpretação fantástica, no entanto, é absolutamente insustentável. Novos

---

[1] Aqui o autor se refere com sarcasmo ao "pai da psicanálise", Sigmund Freud, trocando seu sobrenome por *fraud* (fraude, em inglês). [N. do E.]

eventos confirmam com clareza, mais uma vez, que somente a teoria fraudiana é capaz de explicar a história. O verdadeiro significado é de fato transparente para qualquer mente sem preconceitos.

"O porco, longe de ser um símbolo da masculinidade, simbolizava um homem afeminado, um *castrato* – sabe-se que as pessoas naqueles tempos castravam porcos machos, que usavam posteriormente como alimento. A expressão, 'aqueles porcos chauvinistas', longe de carregar a especulação do sr. Rama, se encaixa com perfeição na doutrina fraudiana. Tal expressão é um insulto, com certeza, mas significa machos castrados, machos incapazes de produzir descendentes. A palavra *chauvinista* ainda não está devidamente explicada, mas é quase certo que seja um cognato de *chauve*, que significa 'careca, calvo', e calvície era mais um sinal de emasculação, uma vez que os cabelos representavam a proeza masculina (isso pode ser visto em uma frase em um dos livros preservados intactos: "Esta besta peluda tentou me estuprar."). A interpretação é, portanto, evidente: o imperador foi derrotado na terra dos *castrati* ("porcos") e, em seguida, teve que correr de saias, não porque fosse uma figura andrógina, como o dr. Rama afirmou, mas porque era claramente "meio macho"; em outras palavras, é quase certo que ele tenha sido castrado. Ele tentou restaurar a masculinidade a outros machos – também castrados, presumivelmente –, mas falhou. Se em um dos países hostis as mulheres eram de fato felizes e os homens, infelizes, é provável que isso ocorresse porque nessa terra mitológica os homens eram castrados. Tendo se livrado da fonte de sua inveja do pênis, as mulheres eram felizes. Que outra explicação seria mais plausível? Consequentemente, a lenda é uma expressão do medo humano universal da castração, e o fracasso do imperador simboliza o fato de que a castração é irreversível. Mais uma vez, a teoria do dr. Fraud foi confirmada."

Esse não foi o fim do encontro, no entanto. Outro estudioso, o dr. Ngama, atacou as duas interpretações anteriores. O professor Ngama é um discípulo do grande dr. Calamarx, cuja teoria afirma que há pessoas pobres e pessoas ricas, e que esses dois grupos lutam um contra o outro. No decurso dessa luta, elas inventam várias mitologias – as mitologias dos ricos tinham o propósito de convencer a todos que os ricos deveriam permanecer ricos e os pobres deveriam permanecer pobres, enquanto as mitologias dos pobres representavam o oposto. No futuro – provou o dr. Calamarx –, os pobres matariam todos os ricos, e todos seriam *muito*, muito felizes daí em diante. "Deveria ser óbvio para qualquer um de mente sã", o professor Ngama argumentou, "que, cientificamente falando, as duas 'teorias' produzidas neste encontro são não apenas falsas, mas reacionárias também. A pseudoteoria do sr. Rama equivale a afirmar que as alegadas 'estruturas' que ele inventou são perenes, em outras palavras, que as pessoas ricas sempre serão ricas e as pessoas pobres devem permanecer pobres. Quanto à pseudoteoria do sr. Gama, esta afirma que, em vez de lutar contra a injustiça, as pessoas pobres só deveriam se preocupar com a possível perda de sua capacidade sexual. Enquanto isso, o verdadeiro significado da lenda é bastante claro. Que o próprio imperador era rico é irrelevante para a história, uma vez que todos os imperadores do passado haviam sido ricos – somente na felicidade universal do futuro os imperadores serão pobres. O que é relevante é que o imperador era 'um defensor dos pobres, como até mesmo meus adversários tiveram que admitir. Deve-se, portanto, concluir que seus inimigos eram defensores dos ricos, porque todas as lutas são finalmente redutíveis ao conflito entre ricos e pobres. Todos os elementos conhecidos do mito confirmam essa interpretação. O imperador foi derrotado por porcos, mas porcos, longe de serem um símbolo sexual, como as teorias dos meus adversários pretendem mostrar, eram representações simbólicas de riqueza. Na verdade, ambos os oradores preferiram ignorar um folheto assinado pelo Movimento de Libertação Mundial Invencível Absolutamente Revolucionário das Massas Trabalhadoras, que diz de maneira explícita: 'Matem esses porcos ricos!' Esse nobre imperador, defensor dos pobres, foi assassinado de forma traiçoeira por seus inimigos, mas o próprio sr. Rama provou que sua viúva mais tarde se casou com um homem pobre. A mensagem da lenda é esta: um grande guerreiro foi morto pela causa dos pobres, mas a luta continua. A lenda, é claro, pertence ao folclore das pessoas pobres e a verdade da teoria invencível do dr. Calamarx foi mais uma vez confirmada."

Confrontada com três teorias conflitantes, a Academia teve de encontrar a verdade, como de costume, pelo voto. Depois de quatro votações que não tiveram uma maioria clara, a maior parte dos companheiros, na quinta votação, finalmente optou pela explicação do dr. Gama, e, assim, a verdade da teoria do dr. Sigmund Fraud foi definitiva e cientificamente estabelecida. O dr. Gama ficou encantado, enquanto os dois estudiosos derrotados, cujos erros foram assim expostos, choraram amargamente. Defender uma teoria antropológica errada pode ser punível com a morte.

Epílogo

Educação para o ódio, educação para a dignidade*

Este prêmio honroso me coloca entre pessoas em cuja companhia, naturalmente, me orgulho de estar, mas, ainda assim, ao mesmo tempo, me vejo acometido por certo mal-estar. Entre essas pessoas estão personalidades a quem temos de ser gratos, sobretudo, por sua orientação espiritual: Albert Schweitzer, Martin Buber, Karl Jaspers, Sarvepalli Radharkrishnan, Janusz Korczak – para mencionar apenas alguns dos falecidos. Nossa gratidão é dirigida a eles, em particular, porque nos ensinaram a permanecer distantes do ódio, sem fugir de conflitos, e a dispensar a linguagem do ódio. E é o tema do ódio que eu gostaria de abordar em poucas palavras.

Mesmo que não exista nenhum assunto político atual que eu gostaria de abordar, sendo polonês e sendo homenageado por tantos amigos alemães, não posso deixar de considerar e expressar minha convicção de que vale a pena promover a causa da reconciliação alemã-polonesa em todas as oportunidades, e não apenas em um sentido negativo, isto é, limpando a magnitude do ódio acumulado entre nossas nações ao longo da história. Eu não considero antiquada a noção da Europa Central como uma região que tenha uma mesma cultura; atrevo-me a acreditar que a recuperação de tal área cultural, livre de dominação, é possível, bem como desejável – na verdade, pode até ser crucial para o destino da Europa. Considero isso, também, quando faço algumas observações gerais sobre o fenômeno do ódio.

Dizer que um mundo sem ódio é desejável é pouco produtivo, uma vez que ninguém discordaria. Infelizmente, isso prova que tal declaração, por si só, sem nenhuma outra explicação posterior, seria de pouquíssimo valor. Mas de forma

---

* Traduzido do alemão por Wolfgang Freis de *Börsenblatt für den Deutschen Buchhandel* (Frankfurter Ausgabe, 1977). Revisado pelo autor em inglês. Originalmente um discurso feito em Frankfurt, em 16 de outubro de 1977, na ocasião do recebimento do Prêmio da Paz dos editores alemães.

alguma passa por óbvio que tal mundo somente será possível por meio de uma luta que seja livre de ódio: em outras palavras, ele é tanto mais provável de existir quanto menos ódio houver nos conflitos de hoje. Afinal, quase todas as formas de propaganda de ódio aparecem como meios para se estabelecer a comunidade mundial fraternal, e o ódio do mal (ou do que quer que seja rotulado como mal) transforma os que odeiam em santos, o que é praticamente um exemplo da lei lógica da dupla negação: aquele que odeia, e que odeia o que é sagrado, é ele mesmo sagrado. Soa até mesmo ridículo dizer que o ódio, independentemente de seu alvo, produz o mal. Qualquer pessoa, recordando as simples palavras de Spinoza ("O ódio nunca pode ser bom"), ou repetindo o breve preceito de São Paulo, em Romanos 12:21 ("Vencer o mal com o bem"), corre o risco de ser ridicularizada como pregadora ingênua ou de chegar a receber ódio, por ser percebida como inimiga de um mundo melhor.

Nesse contexto, vou repetir princípios que podemos considerar destilações não só dos melhores, mas dos mais indispensáveis e do mais invariável dos ensinamentos morais de muitos grandes profetas religiosos e muitos grandes filósofos:

Não há direito ao ódio, independentemente das circunstâncias.

É um absurdo dizer que alguém merece o ódio.

Nós somos capazes de viver sem ódio.

Renunciar ao ódio de modo algum significa renunciar à luta.

O certo se transforma em errado caso se afirme pelo ódio; ou – o que significa a mesma coisa – é autodestrutivo empregar o ódio em nome da justiça.

Esses são pensamentos há muito conhecidos, alguns dos quais são, obviamente, juízos de valor, enquanto outros dizem respeito a fatos empíricos. Mas é possível produzir argumentos morais, bem como factuais, contra eles. Estes podem ser resumidos em três ideias principais: primeiro, o ódio é natural e, portanto, inevitável; em segundo lugar, o ódio é eficaz em qualquer luta, portanto, também na luta pela justiça; terceiro, o ódio pode ser justificado moralmente, já que existem pessoas e coisas odiosas.

EPÍLOGO

Esses argumentos demandam uma resposta. Sem dúvida é possível que o ódio seja natural no mesmo sentido em que o são todas as outras paixões elementares. Mas se isso quer dizer que ninguém seria capaz de viver sem ódio, a afirmação é, com certeza, em termos empíricos, errada – mesmo sendo poucos aqueles que não deixam o ódio guiá-los, eles existiram e ainda existem em nosso mundo. No caso dessa afirmação sugerir, no entanto, que a maioria de nós, até mesmo a esmagadora maioria, é demasiado fraca para se libertar do ódio, a afirmação pode ser verdadeira, mas isso é irrelevante para a avaliação moral do ódio, e não invalida absolutamente o preceito de viver sem ódio. Todos os preceitos morais não são naturais, até certo ponto, pois eles realmente seriam inúteis se sua função fosse totalmente cumprida por instinto. Uma vez que é certo, por outro lado, que somos capazes de controlar nossas paixões naturais, o fato de que muitos de nós vivemos no mal não torna nenhum indivíduo menos mau. Nós certamente estaríamos em uma posição pior se concordássemos com a noção de Lutero de que Deus estabelece mandamentos que não somos capazes de cumprir – que Deus está simplesmente exigindo de nós feitos inatingíveis. Assim que verificamos que os preceitos morais basicamente excedem nossas capacidades, todas as distinções morais entre os seres humanos devem quase desaparecer, não importando o quanto possamos contar com a misericórdia de Deus.

Contra o desespero de Lutero, eu gostaria de definir o princípio de Kant: se sabemos o que *devemos* fazer de acordo com preceitos morais, também sabemos que somos *capazes* de fazê-los. Na verdade, apenas a partir do fato de que nós devemos fazer algo já aprendemos que podemos fazê-lo, mesmo que não saibamos, necessariamente, se iremos cumprir nossa obrigação nos momentos decisivos. Não sabemos ao certo se um mundo sem ódio é possível, afinal, ou se existem causas naturais que o tornam impossível. Mas mesmo se não levarmos a sério a expectativa de tal mundo – se ficarmos convencidos de que o ódio nunca será erradicado do mundo –, isso ainda não justifica nosso ódio fervendo dentro de nós. O mal deve ser parte do mundo, mas ai daquele que o carrega: essa exortação é um dos mais fortes tijolos na construção da civilização cristã. Sem ela, isto é, sem a convicção de que as estatísticas do mal não desculpam o mal dentro de *mim*, a noção de responsabilidade seria vã e supérflua.

Assim, se é inegável que o ódio gera ódio, esse é apenas um fato da natureza, não uma fatalidade à qual não podemos resistir (como não podemos impedir que um corpo lançado caia ao chão, em vez de subir). Se alguém perguntasse: "É razoável esperar que as vítimas de Himmler ou Beria não odeiem seus algozes; que as pessoas que estão sendo torturadas, humilhadas, roubadas de sua liberdade, sua dignidade e seus direitos elementares devam ser livres do ódio por seus torturadores e opressores; que todas elas sejam capazes de imitar Jesus Cristo?", eu responderia: "Não, não podemos esperar nada parecido." Ainda assim, a questão que permanece é se temos o *direito* ao ódio, mesmo sob circunstâncias tão desumanas e atrozes; se o nosso ódio, tão natural e esperado como possa ser, é moralmente legítimo; em suma, se há pessoas que merecem o ódio.

Afigura-se, a rigor, que o ódio pode ser merecido não mais do que o amor. Nenhum deles pode ser deduzido da justiça. Algo pode ser merecido apenas pela força de uma lei; mas nenhuma lei pode exigir, impor ou forçar o amor; como consequência, nenhuma lei pode exigir o ódio. Ambos são dados gratuitamente, sem razão legal.

Mas pode-se perguntar se não há pessoas, coisas, movimentos e sistemas que mereçam de maneira justa a completa destruição, e se o ódio não é sinônimo de luta pela destruição total. Eu responderia que há certos estabelecimentos humanos, instituições, costumes, esforços, movimentos, sistemas políticos, crenças, talvez até mesmo pessoas, que merecem a destruição. O ódio, no entanto, não é o mesmo que o desejo de destruição (para não dizer a convicção de que algo merece a destruição). Nosso ódio é dirigido a seres humanos e a grupos humanos – a nações, raças, classes, partidos, a ricos ou pobres, a pretos ou brancos –, e não a abstrações como sistemas políticos ou ideias. *Odium peccati*, o pecado do ódio, é uma metáfora: só podemos odiar os pecadores, e, entre eles, talvez, nós mesmos. O ódio é mais do que lutar para a destruição; como o amor, ele inclui uma espécie de infinito, ou seja, a insaciabilidade. Não se empenha na simples destruição, mas em provocar sofrimento, em se tornar Satanás – e é da natureza do diabo nunca ser capaz de alcançar a saciedade em seu trabalho de destruição.

Com isso, também, respondo em parte à segunda pergunta: pode o ódio ser eficaz por uma boa causa, pode ele ser sagrado, nesse sentido? Se fizermos uma pergunta complementar, torna-se evidente que um inequívoco "não" se

EPÍLOGO

insinua como resposta: por que todos os sistemas totalitários sempre precisam de ódio como ferramenta insubstituível? Eles precisam do ódio não apenas para manter a prontidão desejada para a mobilização; não apenas para canalizar o desespero humano, a desesperança e a agressão acumulada em direção a outros e, portanto, transformá-los em uma arma. Não, o desejo pelo ódio se explica porque ele destrói por dentro todos aqueles que odeiam, fazendo-os moralmente indefesos contra o Estado. O ódio se assemelha à autodestruição ou ao suicídio espiritual, e, assim, arranca a solidariedade daqueles que odeiam. A expressão "ódio cego" é pleonástica – não há outro tipo de ódio. Como o ódio ocupa, pelo menos em sua forma completa, toda a esfera espiritual humana, nisso ele é também semelhante ao amor, podendo parecer um meio de integrar a personalidade. Mas o oposto é o caso; o que aponta, por um lado, a assimetria do amor e do ódio, e, por outro, a razão pela qual nenhum Estado totalitário pode renunciar à educação para o ódio. A pura negatividade do ódio, que paralisa toda a comunicação humana, também destrói a unidade interna da personalidade, e, portanto, é insubstituível como meio de desarmar a alma humana.

Nossa integração interna é o resultado da convivência com outras pessoas, de confiança e amizade; não é o resultado do autocentrado e monadicamente isolado vazio do ego. A energia do ódio, que a tudo consome, torna impossível qualquer intercâmbio; e, assim, ela me desintegra espiritualmente, mesmo antes que eu seja capaz de desintegrar meu inimigo. Pode-se dizer que viver em ódio é viver na morte, e que o ódio, que domina a mente de forma continuada, torna-se uma paixão autonecrófila duplamente degenerada. Os sistemas totalitários e os movimentos de qualquer orientação precisam do ódio, menos contra inimigos e ameaças externos do que contra a própria sociedade, e menos para manter a disposição para a luta do que para provocar uma exaustão interior e tornar espiritualmente impotentes aqueles a quem educam e chamam ao ódio, tornando-os incapazes de resistência. A mensagem do totalitarismo, contínua, embora silenciosa, afirma: "Você é perfeito, eles são perfeitamente depravados. Você estaria vivendo no Paraíso há muito tempo, se a malícia de seus inimigos não o tivesse impedido." A função dessa educação é menos criar solidariedade entre aqueles que odeiam do que produzir uma autocomplacência entre seus pupilos, e torná-los moral e intelectualmente impotentes. A autocomplacência do ódio me concede a sensação de que eu sou o feliz possuidor de valores absolutos. Com isso, por fim, o ódio culmina numa grotesca autoidolatria, que é – como no caso dos anjos caídos – somente o lado reverso do desespero.

Se nós realmente amamos, somos acríticos em relação ao objeto do nosso amor. Se realmente odiamos, somos acríticos em relação a nós mesmos, assim como ao objeto de nosso ódio, pois ser crítico significa ser capaz de diferenciar, e o ódio nos torna incapazes de qualquer diferenciação. Ele estabelece nosso acerto total e incondicional contra a baixeza total, absoluta e incurável dos outros.

Esta, então, é a arma secreta do totalitarismo: envenenar toda a fábrica mental dos seres humanos com o ódio, assim roubando-os de sua dignidade. Como resultado de minha raiva destrutiva, eu me destruo, em minha autocomplacência, em minha inocência, minha dignidade perdida; minha coesão pessoal, assim como se perdem a comunicação e a solidariedade para com os outros. Odiar não inclui nada parecido com solidariedade; os que odeiam não se tornam amigos porque compartilham um inimigo detestado. Exceto por momentos de combate direto, eles permanecem alheios ou hostis entre si também. Dificilmente quaisquer sociedades fervem com mais ódio e inveja clandestinos e abertos que aquelas que tentam basear sua unidade no ódio e prometem institucionalizar a fraternidade. E dizer que o ódio tem de ser pago com ódio é dizer que, de modo a vencer em uma luta justa, é preciso primeiro perder as razões para a legitimidade dessa luta.

Não é, de forma alguma, plausível que sejamos impotentes para lutar sem ódio; a força na luta é gerada muito menos pelo próprio ódio do que pela covardia do inimigo. Nossa covardia é o nosso pior inimigo; abandonar o ódio e o fanatismo não significa se retirar da luta. Pode ser verdade que muitos de nós não podemos nos livrar da covardia senão por meio de fanatismo e cegueira autoinfligida. Mas se nós concluirmos que devemos mobilizar o ódio para sermos bem-sucedidos em uma luta, imediatamente comprometeremos a validade da própria luta.

A educação para a democracia é a educação para a dignidade, e isso pressupõe duas coisas: a disponibilidade para lutar combinada com a libertação das garras do ódio. E essa libertação do ódio, que só é alcançada se escaparmos de conflitos, é uma virtude fictícia, como a castidade dos eunucos. Comum a todos os conflitos humanos, no entanto, é um mecanismo natural de autoimpulsão e autoacumulação. Nada é mais lugar-comum do que um conflito insignificante que se intensifica até atingir o nível da hostilidade mortal, uma vez que a forma com que tais conflitos são tratados pode gerar conflitos novos e mais intensos. Reconciliação e vontade de compromisso, sem covardia, sem oportunismo e sem abandonar o que se considera o cerne da questão – esta certamente não é uma arte dada livremente a ninguém como um dom natural. Mas o destino da ordem democrática do mundo depende de nossa capacidade de dominá-la.

Dois princípios fundamentais da educação são colocados um contra o outro. Esquematicamente, podem ser rotulados como as formas de educação calvinista e jesuíta. Não insisto na exatidão histórica desses termos, que, sem dúvida, hoje soam anacrônicos. O ponto é destacar duas teorias opostas da natureza humana, cada uma das quais sugerindo as próprias regras educacionais específicas. A doutrina calvinista prossegue a partir do pressuposto de que nossa natureza é inevitavelmente depravada e que a redenção depende completamente da graça dada de forma livre, não merecida, e (aos olhos humanos) concedida de modo irracional; a educação não pode erguer os malditos do abismo, como também não pode rebaixar aqueles que são predestinados à glória. Como consequência, a função da educação, na verdade, não é ajudar os seres humanos no caminho para a salvação, mas diminuir por meio da coerção o número de ações que ofendem a Deus – por causa de Deus, não dos seres humanos. A rigidez da irrevogável dupla predestinação torna os esforços educacionais fúteis ou redundantes. A depravação completa de nossa natureza torna-os satânicos e odiosos. A necessidade de manter rédeas rigorosas no pecado externo justifica todos os meios.

A filosofia jesuíta, por outro lado, assume não só que ninguém na Terra é absoluta e irremediavelmente depravado, mas também que todos os instintos e energias naturais contêm algum bem e podem ser levados para o bem, de forma que a ajuda sobrenatural vai sempre encontrar algo para agarrar. Embora esse princípio – como qualquer outra máxima – possa sofrer (e de fato tenha sofrido) abusos, ele inclui, acredito eu, uma atitude essencialmente benevolente para com os seres humanos. Ele nos encoraja, tanto quanto possível, a não abandonarmos a esperança de chegarmos a um entendimento com os outros humanos – isso nos impede de sermos plenamente convencidos de que alguém pode personificar o mal puro, enfraquecendo, assim, a disposição ao ódio.

O fenômeno do ódio tem três dimensões: moral, política e religiosa. Pretendi apenas enfatizar a minha opinião de que os lados moral e político do ódio não se contradizem; isto é, não há nenhuma circunstância sob a qual o ódio, embora condenado do ponto de vista moral, possa ser recomendado como politicamente propício para preparar o caminho para um mundo livre de ódio: os meios justificam o fim. No entanto, a tradição religiosa, pelo menos em nosso espaço cultural, exige mais do que o simples abandono do ódio: devemos fazer o bem aos nossos perseguidores e orar por nossos inimigos. Deve tal demanda, que viola os instintos naturais, ser considerada universalmente obrigatória? Apenas a maior banalidade pode ser dada como resposta: é certo que somente muito poucos são, ou jamais serão, capazes dessa tarefa, mas o tecido de nossa civilização repousa sobre os ombros desses poucos, e nós devemos a eles o pouco que somos capazes de fazer.

Demandas carregadas de ódio, conflito e ressentimentos em todas as regiões do mundo humano – aquelas que lembram um *hortus deliciarum*, bem como aquelas que lembram uma colônia penal – parecem nos ameaçar a qualquer momento com uma explosão que tudo consumirá. Por outro lado, a indiferença ou a fuga das tensões promete apenas um apocalipse leve, neutro, gradual e quase imperceptível. Estamos à procura de uma fórmula alquímica para o fogo do purgatório, um fogo que purifica e carrega a dor, mas também a esperança. Ninguém pode se vangloriar de ter descoberto a fórmula, mas temos um vago pressentimento de que não a procuraremos em vão se nos esforçarmos para desenterrá-la de nossas tradições filosóficas e religiosas. Prosseguindo em terreno incerto e pantanoso, nos desviando, recuando, andando em círculos aqui e ali, temos poucos pontos de orientação confiáveis à nossa disposição, que podem ser reduzidos a alguns poucos (e há muito conhecidos) mandamentos e proibições, incluindo o seguinte: esteja disposto a lutar sem ódio; cultive um espírito conciliatório sem concessões nas coisas essenciais.

Em um mundo cheio de ódio, vingança e inveja, que para nós – menos pela pobreza da natureza do que pela nossa voracidade gigantesca – parece cada vez mais estreito, o ódio é um desses males, parece plausível dizer, que

EPÍLOGO

não será retirado por nenhuma ação institucional. Nesse caso, pode-se supor, sem nos expor ao ridículo, que cada um de nós pode contribuir para limitar o ódio na sociedade ao restringi-lo dentro de nós mesmos. Assim, cada um de nós pode alcançar por si só a expectativa incerta e frágil de uma vida mais suportável em nossa Nave de Loucos.

*O texto deste livro foi composto em
Minion Pro, em corpo 11/15*

*A impressão se deu sobre papel off-white
pelo Sistema Cameron da Divisão Gráfica
da Distribuidora Record.*